國家出版基金項目
NATIONAL PUBLICATION FOUNDATION

國家圖書館藏未刊稿叢書·著作編

四庫全書表注

（二）

（清）李文田 著

主編 劉玉才 陳紅彦

鳳凰出版社

權奸彌彰嘆孛星而替月

御製詩四集卷十七題南宋兩朝綱目備要二首其一頷曰侂胄家奴抵罪
　宜禁軍何致以興師深謀亦日出彌遠月出還欲星替之
御注曰史載收侂胄時命殿前司中軍統制夏震選兵三百防護別選兵二
　百守其府門夫侂胄雖竊權實臣子耳有罪執而誅之不過稿治
　家奴其事甚易何致多煩禁旅儀如敵國乎除侂胄之議建於史
　彌遠邇彌遠柄政其擅權用事專任僉壬好惡殊與侂胄無異何
　不鑒其覆轍耶 [redacted]
宋史卷四百七十四姦臣傳曰韓侂胄字節夫魏忠獻王琦曾孫也父誠娶
高宗憲聖慈烈皇后女弟仕至寶寧軍承宣使侂胄以父任入官歷
閤門祇候宣贊舍人淳熙末以汝州防禦使知閤門事孝宗崩光宗以
疾不能執喪趙汝愚議策立皇子嘉王時憲聖太后居慈福宮而侂

胄雅善慈福宫内侍張宗尹汝愚乃使侂胄介宗尹密啓太后翌日垂簾命嘉王即皇帝位寧宗既立侂胄欲推定策恩汝愚曰吾宗臣汝外戚何可言功但遷宜州觀察使兼樞密都承旨侂胄觖望始浸見親幸朱熹白汝愚當用厚賞以酬其勞而疏遠之汝愚不為意右正言黄度欲劾侂胄謀泄斥去朱熹奏其姦侂胄怒使優人峩冠闊袖象大儒戲於上前熹遂去彭龜年請留熹而逐侂胄未幾龜年與郡侂胄進保寧軍承宣使提舉佑神觀自是侂胄益用事而以抑賞故怨汝愚日深雲川劉弢者嘗與侂胄同知閤門事頗以知書自負方議内禪時汝愚獨與侂胄計議弢弗得與聞内懷不平至是謂侂胄曰趙相欲專大功君豈惟不得節度將恐不免嶺海之行矣侂胄愕然因問計弢曰惟有用臺諫爾侂胄問若何而可弢曰御筆批出是也侂胄悟即以

内批除所知劉德秀為監察御史楊大法為殿中侍御史罷吴獵監察御史而用劉三傑代之於是言路皆侂胄之黨汝愚之迹始危侂胄欲逐汝愚而難其名謀於京鏜曰彼宗姓誣以謀危社稷可也慶元元年侂胄引李沐為右正言沐嘗有求於汝愚不獲即奏汝愚以同姓居相位將不利於社稷汝愚罷相始侂胄之見汝愚徐誼實薦之汝愚既斥遂併逐誼朱熹彭龜年黄度李祥楊簡呂祖儉等以攻侂胄得罪太學生楊宏中張衜徐範蔣傅林仲麟周端朝等又以上書論侂胄編置朝士以言侂胄遭責者數十人已而侂胄拜保寧將軍節度使提舉佑神觀又設偽學之目以網括汝愚朱熹門下知名之士用何澹胡紘為言官澹言偽學宜加風厲或指汝愚為偽學罪首紘條奏汝愚有十不遜且及徐誼汝愚謫永州誼謫南安軍慮他日汝愚復用密諭衡守錢鍪圖之汝愚抵衡暴薨留正舊在都堂衆辱侂胄至是劉德秀論正引用

偽黨正坐罷斥吏部尚書葉翥要侍郎倪思列疏論偽學思不從侂胄乃擢翥執政而免思官侂胄加開府儀同三司時臺諫迎合侂胄意以攻偽學為言鉏悍清議不敢顯斥熹侂胄意未快以陳賈嘗攻熹召除賈兵部侍郎未至改除沈、繼祖臺察繼祖誣熹十罪落職罷祠三年劉三傑入對言前日偽黨今變而為逆黨侂胄大喜即日除三傑為右正言而坐偽學逆黨得罪者五十有九人王沇獻言令省部籍記偽學姓名姚愈請降詔嚴偽學之禁二人皆得遷官祚康、年陳讜鄧友龍林采皆以攻偽學久居言路而張釜張巖程松率由此秉政四年侂胄拜少保封豫國公有蔡璉者嘗得罪汝愚執而黥之五年侂胄使璉告汝愚定策時有異謀具其賓客所言七十紙侂胄欲逮彭龜年曾三聘徐誼沈有開下大理鞫之張仲藝力爭乃止其年遷太保封平原郡王六年進太傅、婺州布衣呂祖泰上書言道學不可禁請誅侂胄以周必大為相侂胄大怒決杖流欽州言者希侂胄意劾必大首植偽黨降爲少保一時善類悉罹黨禍雖本侂胄意而謀實始京鏜鏜死侂胄亦稍厭前事張孝伯以爲不弛黨禁後恐不免報復之禍侂胄以爲然追復汝愚朱熹職名留正周必大亦復秩還政徐誼等皆先後復官偽黨之禁寖解三年拜太師監惠民局夏允中上書請侂胄平章國政侂胄繆爲辭謝乞致其仕詔不許允中放罷時侂胄以勢利蠱士大夫之心薛叔似辛棄疾陳謙皆起廢顯用當時固有困於久斥損晚節以規榮進者矣若陳自強則以侂胄童子師自選人不數年致位宰相而蘇師旦周筠又侂胄廝役也亦皆預聞國政超取顯仕群小阿附勢焰熏灼侂胄凡所欲爲宰執惕息不敢爲異自強至印空名敕劄授之惟所欲用三省不預知也言路厄塞每月舉論二三常事而已謂之月課或勸侂胄立蓋世功名以自固者於是恢復之議興以殿前都指揮使

吴曦為興州都統識者多言曦不可主西師必叛侂胄不省安豐守厲仲方
言淮北流民願归附会辛棄疾入見言敵國必亂必亡願屬元老大臣預為應變
计鄭挺鄧友龍等又附和其言開禧改元進士毛自知廷对言当乘機以定中原侂
胄大悦詔中外諸將密為行軍之計先是楊輔傅伯成言兵不可動抵罪至是武
学士華岳叩阍乞斬侂胄蘇師旦周筠以謝天下諫議大夫李大異亦論止開邊
岳下大理劾罷編置大異斥去陈自强援故事乞命侂胄兼領平章臺諫
鄧友龍等继以為请侂胄除平章軍國事蕭逵李壁時在太常論定典礼
三日一朝因至都堂序班丞相之上三省印並纳其第侂胄晚蘇師旦為腹
心除師旦安遠軍節度使自置機速房於私第甚者假作御筆升黜將
帥事関機要未嘗奏稟人莫敢言四年以薛叔似為京湖宣諭使鄧友龍
為兩淮宣諭使程松為四川宣撫使吴曦副之徐邦憲自处州召見以弭兵为

言忤侂胄意削二秩於是左司諫易祓大理少卿陳景俊太學博士錢廷玉皆起而言恢復之計矣詔侂胄日一朝友龍叔似並升宣撫使吳曦兼陝西河東招撫使皇甫斌副之時鎮江武鋒將軍統制陳孝廣復泗州及虹縣江州統制許進復新息縣光州孫成復褒信縣捷書聞侂胄乃議降詔趣諸將進兵未幾皇甫斌兵敗於唐州秦世輔至城固軍潰郭倬李汝翼敗於宿州敵追圍倬倬執統制田俊邁以遺敵乃獲免事聞鄧友龍罷以丘崈代為宣撫使侂胄既喪師始覺為師旦所誤侂胄招李壁飲酒酒酣語及師旦壁微摘其過侂胄以為然壁乃悉數其罪贊侂胄斥去之翌日師旦謫韶州斬郭倬於京口流李汝翼王大節李爽于嶺南已而金人渡淮攻廬和真揚取安豐濠又攻襄陽至棗陽乃以丘崈簽書樞密院事督視江淮軍馬侂胄輸家財二十萬以助軍而諭丘崈募人持書幣赴敵營請用兵乃蘇師旦鄧友龍皇甫斌

所為非朝廷意金人答書辭甚倨且多所要索請侂胄無意用兵師旦等
安得專密又遣書許還河北流民及今年歲幣金人乃有許意會招撫使郭
倪與金人戰敗於六合金人攻蜀吳曦判受金命稱蜀王密乞援於敵譬伸爲議
且為金人指太師平章為首謀宜免繫銜侂胄恐密坐罪曦反狀聞舉朝震
駭侂胄亟遣曦書許以茅土之封書未達而安丙楊巨源已率義士誅曦矣侂
胄連遣方信孺使北請和以林拱辰為通謝使金人欲責正隆以前禮賂以侵
疆為界且索犒軍銀凡數千萬而縛送首議用兵之臣信孺歸白事朝堂
不敢斥言侂胄窮其說乃微及之侂胄大怒和議遂輟起辛棄疾為樞密
都承旨會棄疾死乃以殿前都指揮使趙淳為江淮制置使復銳意用兵
自兵興以來蜀口漢淮之民死於兵戈者不可勝計公私之力大屈而侂胄意
猶未已中外憂懼禮部侍郎史彌遠時兼資善堂翊善謀誅侂胄議甚

祕皇子榮王入奏，楊皇后亦從中力請，乃得密旨。彌遠以告參知政事錢象祖、李壁。御筆云：「韓侂胄久任國柄，輕啟兵端，使南北生靈枉罹凶害，可罷平章軍國事，與在外宮觀。陳自強阿附充位，不恤國事，可罷右丞相，日下出國門。」仍令權主管殿前司公事夏震以兵三百防護。象祖欲奏審，壁謂事留恐泄，不可。翌日，侂胄入朝，震呵止於途，擁至玉津園側，殛殺之。先一日，周筠謂侂胄事將不善，侂胄與自強謀用林行可為諫議大夫，盡擊謀侂胄者。是日行可方請對，自強坐待漏院，語同列曰：「今日大成。」上殿，俄侂胄先驅至，象祖色變。尋報侂胄已押出，象祖乃入奏。有詔斬蘇師旦於廣東。嘉定元年，金人求函侂胄首，乃命臨安府斫侂胄棺，取其首遺之。侂胄用事十四年，威行宮省，權震寓內。嘗鑿山為園，下瞰宗廟，出入宮闈無度。孝宗疇昔思政之所，偃然居之，老宮人見之，往往垂涕。顏棫草制，言其得聖之清；易祓撰答詔，以元聖褒之。

四方投書獻頌者謂伊霍旦奭不足以擬其勳有稱為我王者余嘉請加九錫趙師羼乞置平原郡王府官屬侂胄皆當之不辭所嬖妾張譚王陳皆封郡國夫人號四夫人每內宴與妃嬪雜坐恃勢驕倨掖庭皆惡之其下受封者尤衆至是論四夫人罪或杖或徙餘數十人縱遣之有司籍其家多乘輿服御之飾其僭紊極矣始侂胄以導達中外之言遂見寵任朱熹彭龜年既以論侂胄去貴以戚吳琚語人曰帝初無固留侂胄意使有一人繼言之去之易爾而一時臺諫及執政大臣多其黨與放縱其惡以底大僇開釁用兵帝意弗善也侂胄死寧宗諭大臣曰恢復豈非美事但不量力爾侂胄娶憲聖吳皇后姪女無子取魯寅子為後名珍既誅侂胄削籍流沙門島云

西湖遊跡殊憐野老之藏名

奉書第七十卷之都城紀勝

出錄解題曰山窗愚見十五一卷稱灌圃耐得翁撰不知何人

御製詩四集卷十三題南宋都城紀勝錄曰有序曰宋自南渡之後半壁偏支

而君若臣溺於宴安不以恢復為念西湖歌舞日夕流連豈知剩水

殘山已無足恃顧有若特終焉之志其亡兆蓋見乎幕燕何矣而耐得

翁為此編盛稱臨安之明秀詳民物康阜過京師十倍又謂中興百

年餘太平日久視前又過十數倍其昧於安危盛衰之機亦甚矣哉從

彼或竊見朝廷之上不能振作為此以逢其所好抑亦知其必流於

必貽笑於後世故隱其姓名而託於子虛烏有之倫乎不然則既操

子墨寗未讀孟堅兩都賦託諷諫以立言而為是遽道鋪張也覽是

編其所可知因題句並序如右一綫南還已患危幽燕欽北去竟

忘了正當嘗膽卧薪日却作觀山玩水時後市前朝誇富庶
歌樓酒館鬪笙絲咄非耐得翁傳錄可似蘭臺兩賦辭

北使賓筵深陋詞臣之校射

表言第五十二卷存目之重明節館伴語錄

史部雜史類存目一重明節館伴語錄一卷宋倪思撰此書據永樂大典標題乃思承明集之一篇蓋紹熙二年七月金遣完顏充路伯達來賀重明節思為館伴因紀一時問答之詞饋送之禮及宋制凡奉使伴使皆例進語錄於朝自北宋已然也時金強宋弱方承事不遑而序謂北人事朝廷方謹遣使以重厚為先已為粉飾其他虛夸誕不一而足上下相欺苟掩耳目亦可謂言之不怍矣

御製詩四集卷十三題倪思重明節館伴語錄曰重明館伴紀倪思序語無非飾張詞稱姪却私稱彼屬畏人反謝畏吾儀豈誠強虛弱伸也祇以言辭利啗之南渡偷安顏特腆千秋殷鑒慎

哉斯第三句

御注曰宋高宗致書金朝自稱為姪而倪思此書稱金為虜外附於人以求免禍而私逞其誑嫚自欺欺人不顧後世之非笑亦何益哉第五句

御注曰時宋人甚畏金人而此錄所載轉自誇金使之畏宋且如射之一事金使所嘗被東南文弱之人豈能相勝顧戚錄旨使較射屢中多見其不知量而其自序乃云强其屈而弱其伸不亦深可笑乎第六句

御注曰是錄紀使其接見並無一語切要惟日與之款洽周旋及飲饌餽遺之類實亦無關輕重

宋史卷三百九十八倪思列傳曰

宋鈔僅賸藏蓋志於臨安

袁壽階本十五卷之乾道臨安志

右録解題曰臨安志十五卷府帥吳興周淙彥廣撰首卷為行在所於宮闕閣全不記載藝曰禁省嚴祕不敢明其視宋次道東京記何其大不侔其他沿革亦多疏略張淙有才吳其尹京開湖濬河皆有成績今城中河道通利民户為臨船以濟行旅者蓋自此始

御製詩四集卷二十五天祿琳瑯鑒藏舊版書籍向臣彭元瑞注曰藏書家競貴宋槧今　內府所儲影抄各種精好實有遠過雕本者

御製詩四集卷二十六題乾道臨安志曰南渡恩慳史論之最初輿志始觀茲武林掌故因堪考宋紙存刊乃更奇官署宮城寧復惜吳山越水鎮如斯　臨安四度親訪古當面失哉此細披

御注曰臨安即今杭州府自辛未至乙酉凡四次南巡皆駐蹕杭州數日均未得覯此書雖尋訪古蹟無可考證今始見此宋槧初本追憶旧游不啻覿面失之矣

金刻稀聞寶遺聞於貞觀遺聞之聞疑文字之筆誤也

書第五十一卷貞觀政要　臣彭元瑞

御製詩四集卷二十五天祿琳瑯鑒藏舊版題辭句注曰吳兢貞
觀政要乃金時版祇此一種為世所罕見

御製詩四集卷三十題金版貞觀政要曰好名曾苦議文皇三代下
名好亦臧言不以人廢如是也原同帝範之覆吳兢采輯質文
備梁肅鍰行勅戒詳鈐度披芸欽古鑒甯徒玩綫墨精
良

宋史藝文志故事類曰吳兢貞觀政要十卷

或攻或守徒存十鑑之兵謀

叢書第十一冊卷六江東十鑑

孫子曰善守者敵不知其所攻善攻者敵不知其所守

御製詩四集卷十三題李舜臣江東十鑑六韵曰十勝原無一勝終詮云鑑此合江東徒因南渡君臣怯勵以北征議論公籍是便南成正統詔他未可奏膚功扼吭拊背曹何有掉尾吳頭誰自窮都會上游雍冀北提封次其六閩中少師故是金閶倡棄樟情宰識未通第四句

御注曰李舜臣因宋高宗狃於偏安乃取赤壁以下十戰之勝繪圖系說為江東十鑑上之始言江東之人知有江東不知有天下終言六朝君臣知有不能恢復中原之策其志在陳古以諷時非其出果有當於天下大勢也第九句

御注曰燕京為禹貢冀州得居中馭外之勢故朱子稱古今建都之地莫過於冀其次則關中若江東僻在一隅土狹而氣弱曹何足與北方抗衡哉第十二句

御注曰姚廣孝佐永乐遷都燕京宣陳北地形勢而所編永乐大典首舉江东殘為不達时事豈其身係吳人艷稱故土乎識亦陋矣

宋史藝文志史鈔類曰李舜臣江东十鑑一卷

宋史卷四百四李舜臣列傳曰

相勝相生未信五行之德運

求言第八十二卷大金德運圖說

文選應吉甫華林園詩李善注引劉向七略曰鄒子有終始五德言土德從所不勝木德繼之金德次之火德次之水德次之

梁沈約宋書曆志曰鄒衍五德周為火行五德更王唯有二家鄒衍以相勝立體劉向以相生為義張蒼則以漢水勝周火廢秦不班賈誼則以漢土勝秦水以秦為一代論秦漢雖殊而周為火一也然則相勝之義於事為長

白虎通義五行篇曰五行所以更王何以其轉相生故有終始也木生火火生土土生金金生水水生木是以木王火相土死金囚水休王所勝者死囚

御製詩四集卷七十四題大金德運圖說有序曰大金崇德釋於憂新憂

新安國語金也故建國即以金為號乃因金色白遂謂得而尚之妄
矣且五德之運説本無稽縱如所言亦取其或生或尅議者以宋為
火德遼為水德夫金當為金德夫宋雖南遷正統自宜歸之宋至元
而宋始亡遼金固未可當正統也若夫商尚白周尚赤其見於經者亦
祇白牡騂剛之類各從其色至於上衣下裳元纁相錯則三代同之
而德運之論固未之前聞也自漢儒始言五德迭王遂推三皇五
帝各有所當後復更流為讖緯抑又惑之甚矣夫一代之興必由
積德累仁豈在五行之生尅而服御所尚自當以黄為正餘皆
非所宜元明制度尚黄不傳陳五德之王其義甚正本朝因之足
破漢魏以後之陋説因題是編並闡而正之詩曰德運相承雖有
之繼天立極豈因斯亦經未見明文紀西漢方傳家語辭不出
五行生尅衍那閑若姓順違為即正統當歸正亦曰基仁乃永

基八帝瑞等繼殊別一时色尚已參差宅中國大土雍守表眾
居尊黄寳宜朝夕惕乾惟益勵休祥讖緯底須竒勝朝末讖
國朝述豈破千秋萬古疑

建炎政草媿彼中興

袁吉第一卷建炎以來朝野雜記甲乙集宋中興聖政草

直齋書錄解題曰朝野雜記專以紀上自高宗中興以後朝政國典本末

陳珂碑以錄[illegible]南渡政事[illegible]政詳

宋丁特起靖康紀聞曰靖康二年五月初一日康王即皇帝位于南京肆赦中外改元建炎

御製詩四集卷十五題宋中興聖政草曰少康光武始堪稱何事建炎號中興輕議武揚龜盡善高談堯舜匹先登偏安祗有姑息計北伐虛曾無恢復能徒曰親征望敵返未聞業觀愛終肩求賢進退都無定遠佞優游錢實曾碎寶細人索供故斥璫內侍竊權仍舉凡諸可知時政曲屋安能逃後繩七字永言昭鑒戒艱難天命慎欽承注曰古今中興之君惟夏少康漢光武足以當之

又如商之武丁周之宣王雖並號為中興較有間矣唐肅宗收復兩京其功固不可沒於自唐社未移自不得謂之再造至宋高宗東南半壁委靡無能不思為父兄雪恥比之東晉元帝尚有未逮頗醜稱為中興不亦謬乎鄙劉陸游編輯此書序言堯舜以來獨宋為甚盛之際且謂湯有慚德武未盡善即為尊親者諱亦何至是非顛倒若此宋高宗親征一事固亦大修為鋪張其實往還兩月餘未嘗渡江與金人一戰歸甫三月即傳位孝宗退居德壽年未六十惟圖自逸庸懦甚矣至於文有李綱趙鼎武有韓世忠岳飛或逐或竄死奸如秦檜倚為腹心乃盛稱其沈珠玉碎寶器諸小節抑亦不揣本而齊末矣

宋史藝文志編年類曰宋聖政編年十二卷不知作者又故事類曰耿延禧建炎中興記一卷陸游聖政草一卷

至正刑章斥其左袒

恭書第廿四卷之至正條格

御製詩四集卷十四題至正條格詩曰：出云彌教在明刑，當律何以尚六經。條格居然觀至正，道斯未足示儀型。每為左袒非公允，總為偏安乖轄甯。世祖有元開統主，孫謀貽厥失聰聽。

御注第五句曰：條格所載，大都偏袒蒙古，其居多如試中漢科加一等注授，服色獨不在禁限，甚至因公經過去處，令民間安設房舍應付鋪設，則據累實多。又蒙古毆打漢人，不得還報，及指立證見於所在官司陳訴，違者嚴行斷罰；而蒙古人犯法，不得拷掠監收。是徇私而縱其妄行，大失人心。此在偏安一隅或可，豈帝王宅中建極大公至正之道哉。

李尊洛學辨道命於天原

隸言第五十九卷下道命錄

御製詩四集卷十三題道命錄詩有序曰宋李心傳集當時論伊川程子之事二十餘條其言頗叅半名之曰道命錄意在推尊伊川以道屬之而以命惜之過矣夫天命謂性率性謂道〻即由於天命非命之外別有所謂道也故董仲舒云道之大原出於天天不變道亦不變實為篤論若心傳所為命乃窮通禍福之命即孔子所罕言顧以附屬於道亦小之乎論道矣或者曰孔子不云乎道之將行也與命也道之將廢也與命也何嘗不相提並論不知孔子之言正申明道之行與廢由於窮性復命之能与不能而不繫於公伯寮之沮与不沮公伯寮其如夫子之窮性復命何故朱子亦謂命有兩種其言則引而未發且二程氏之論道亦正不同明道純粹不露圭角伊川則不免於客氣致有洛

蜀之黨。夫黨豈君子所宜有，如東漢之黄憲、徐穉不入黨錮之中，其猶能拔俗識，肯足取。彼顧廚俊及互相標榜，適以自害，猶出於小人之中傷也。若伊川之與蘇軾，皆儒臣人，乃至門户紛歧，而遷附之徒遂至彼此攻訐不已，顯然操同室之戈，亦獨何哉。夫以道學而流爲黨援，其禦至無所底止，非清流之福，更非國家之福，所繫於世俗人心者甚鉅。而心傳道命之說，尤不衷於道，因題是編，並爲裁序而正之。

御製詩曰：天命於人謂之性，道惟率性乃无過。庶知道也世常守，曰康命焉理則那。董子均稱不变者，尼山曾是罕言他。雖云藉此傳名永，亦頗因茲致禍多。兩敗俱傷正何益，出行處順獻非訛。黄徐不入錮中黨，洛蜀還操室裏戈。明道渊乎量無涘，伊川清矣掩斯波。心傳作錄之誠美，取義失斟，費廣羅。

宋李心傳道命錄序略曰：蓋自伊川之被薦而入經筵，逮今百四十年矣。蓋嘗網羅中天以來放失舊聞，編年恭錄，次第送官，因得竊考道學之廢興，乃天下安危、國家隆替之所關繫，未嘗不歎息痛恨於惇、京、檜、侂之際也。自數十年不幸憸邪讒諂之小人立為道學之目，以廢君子，而歸為君子之徒者亦未嘗深知所謂道、所謂學也，則往往從而自諱之，可不歎哉！子曰：道之將行也與，命也；道之將廢也與，命也。故今參取百四十年之間道學廢興之故，萃為一書，謂之道命錄。抑又有感者，元祐道學之興廢係乎司馬文正之存亡，紹興道學之興廢係乎趙忠簡之用舍，慶元道學之興廢係乎趙忠定之去留。彼一時也，聖賢之道學其為厄已甚矣。孟子曰：聖人之於天道也，命也，有性焉，君子不謂命也。至若近世諸公，或先附後叛，或始疑終信，又有或出或入，依違俯仰以求媚於世，蓋所謂焉能為有、焉能為亡者。必也見善明，用心剛，而卓然不惑於生死禍福之際，於道學也其庶幾乎。

宋史卷四百三十八儒林列傳曰李心傳

酈注彙書剖源流於地理

□書第六十九卷水經注

史部地理類二河渠之屬曰水經注四十卷後魏酈道元撰（永樂大典本）道元字

善長范陽人官至御史中尉事迹具魏書酷吏傳自晉以來注水經者凡二家

郭璞注三卷杜佑作通典時猶見之今惟道元所注存崇文總目稱其中

已佚五卷故元和郡縣志太平寰宇記所引滹沱水洛水涇水皆不見於

今書蓋宋人分析以足原數也明以來惟朱謀㙔所校盛行於世而舛謬亦

復相仍今以永樂大典所引各案水名逐條參校非惟字句之訛層出疊

見其中脫錯有至四百餘字者自序一篇諸本皆佚亦惟永樂大典僅存

蓋所據宋槧善本也謹排比原文與近代本鉤稽校勘凡補其闕漏者二千

一百二十八字刪其妄增者一千四百四十八字正其臆改者三千七百一十五字至

於經文注語諸本率多混淆今考驗舊文得其端緒凡水道所經之地

經則云過注則云逕經則統舉都會注則兼及繁碎地名凡一水之名
經則首句標明後不重舉注則文多旁涉必重舉以更端凡書內郡縣經
則但舉當時之名注則兼考故城之跡皆尋其義例一一釐定各以案語
附於下方至塞外羣流江南諸派道元足跡皆所未經故於灤河之正源三
藏水之次序白檀要陽之建置俱不免附會乖錯甚至以浙江妄合姚
江尤為失實自我
皇上命使履視盡得其脈絡曲折之詳
御製熱河考灤源考證諸篇為之抉摘舛謬條分縷擘足永訂千秋耳
食沿譌謹錄弁簡端永昭定論又水經作者唐書題曰桑欽然班固嘗
引欽說與此經文異道元注亦引欽所作地理志不曰水經觀其涪水條中稱
廣漢已為廣魏則決非漢時鍾水條中稱晉寧仍曰魏寧則未及晉代推
尋文句大抵三國時人今既得道元原序知並無桑欽之文則據以刪去舊題亦
闕疑之義爾

魏書列傳酷吏第七十七曰酈道元字善長范陽人也青州刺史範之子太和
中爲尚書主客郎御史中尉李彪以道元秉法清勤引爲治書侍御史累遷
輔國將軍東荊州刺史蠻民詣闕訟其刻峻坐免官久之行河南尹尋即真
肅宗詔道元持節兼黃門侍郎未幾除安南將軍御史中尉道元素有嚴
猛之稱司州牧汝南王悅嬖近左右丘念道元收念付獄悅啓靈太后勅赦道之遂
盡其命因以劾悅是時雍州刺史蕭寶夤反狀稍露悅等諷朝廷遣爲關右
大使遂爲寶夤所害死於陰盤驛亭道元好學歷覽奇書撰注水經四十卷
本志三十篇又爲七聘及諸文行於世
宋王觀國學林卷六酈條曰春秋僖公元年冬十月公子友帥師敗莒師於
酈杜預注酈魯地陸德明音義酈力知反按字書平聲有酈字呂知切魯
地也入聲有酈字郎擊切縣名在南陽亦姓也前漢所謂縣名者前漢地
理志南陽郡酈縣注酈音蹢躅之蹢蓋蹢躅之蹢音持益切與擲
字同音則與字書郎擊切不同矣又宏農郡析縣黃水出鞠水出析谷東至

酈入端水師古注酈音持益反蓋持益反擲乃如氏所謂蹢躅之蹢也
然酈商傳師古注音歷此乃字書郎擊切為姓者也是音訓不相應也觀
國故魯地者力知反南陽者音歷姓亦音歷以酈商酈食其酈炎酈道
元皆音歷也持益反雖設此音與姓不合茲為贅矣
御製詩四集卷十九題酈道元水經注六韻有序曰酈道元水經注自明
至今惟朱謀㙔校本行世其文與杜佑通典樂史太平寰宇記所引
經注往往不合又多訛為改竄殊失本來面目近因裒集永樂大典
散見之書其中水經注雖多割裂而按目稽核全文具存尚可彙輯
與今本相校既有異同且載道元自序一篇亦世所未見蓋猶據宋
人善本錄入第經修後挪綴成編凡篇目混淆經注相錯者悉加
釐正訂其脫簡有自數字至八九千字者亦並為補正以數百年叢
殘缺佚之書一旦復還舊觀若隱有呵護者然亦藝林佳話也因題

六韜紀之檢也斷簡萃金球自序猶存若長真却以殘山將
剩水竟如合浦之延津吴他劉裂審長術際此完成若
有神南北少訛因未列古今聯異究堪循悉心編纂識
宜撰韻目研摩信可飬設以編摩素臣例足稱中尉繼功
人

御製詩四集卷九十二河源詩注曰壬寅二月内命大學士阿桂之子乾清門侍衛
阿彌達前往窮河源所奏星宿海情形有舊圖未備之處星
宿海蒙古語鄂敦淖爾鄂敦即星宿淖爾即海也星宿海有泉千
百涌出俱綠水惟西南一河名阿勒坦郭勒蒙古語阿勒坦即黄
金郭勒即河也此河實係黄河上源其水色黄流東南流更折而
西北回旋三百餘里穿入星宿海因會諸綠水黄色微淡自此
合流東下屈曲千七百餘里遇貴德堡挾沙激浪水色全黄始名

黃河向以星宿海諸泉為河源雖未窮至阿勒坦郭勒之上源而河由星宿海以行語之源亦不至大相逕庭云阿勒坦郭勒之西有巨石高數丈亭亭獨立名阿勒坦噶達素齊老阿勒坦噶達素蒙古語北極星也齊老石也惟此一石峯其山崖壁乃土作黃色赤更無草木壁上為大池池中流泉水噴涌釃為百道皆作金色入阿勒坦郭勒郭勒實黃河真源也又詩後

御記曰按班固漢書張騫傳天子使窮河源其山多玉石采來天子按古圖書名河所出山曰昆侖云而固贊又謂騫使大夏之後窮河源惡睹所謂昆侖者乎故言九州山川尚書近之於星宿遂謂河源出於積石是皆拘墟未見顏色之言蓋千古以上中國以外紀載已缺言語不通而欲究其確實何異北轅適越考元史始有星宿海之名而以為河源元蒙古地郭敦即星宿彼時訛譯為火敦

則漢人不通蒙古語耳此為近之今則更溯以上遂得真源
然崑崙之說亦不為無因蓋崑崙在今回部中回部諸水皆東
注蒲昌海即鹽澤也鹽澤之水皆入地伏流至青海始出則
星宿海諸水皆是也而大河之源獨黄色為靈異更在星宿海
之上非崑崙之水伏地至此以出而挾星宿海諸水為河瀆而何濟
水三伏三見此亦一證矣獨漢書所云東至則因崑崙出玉未免
牽就詢之阿彌達則稱河源皆土山無石無石安能有玉夫非
精通蒙古語及漢書更內之親履其地之人豈能定此事體大
而地遠理博之事不亦甚難乎於甚難而得決疑傳西亦
一大快也

宋史藝文志曰桑欽水經四十卷酈道元注

史腴詳摘有道漢箋之精

是録鮮題曰漢箋十卷括蒼林鉞撰以西漢書分類為五十篇皆句字之古雅者箋其取箋永之義也

因学紀聞十二曰崇文總目史箋十卷漢箋之名本於此

御製詩四集卷二十二題兩漢博聞詩曰還遜劉班承范繼幾篇言功足補秦灰博聞特萃兩書要頗謬還蕪百卷該撰者或訛楊及魯注卻讓馬和裴因披遺籍知來雨正值望霖而庶來第四句御注

御注曰史記一百三十卷岸成數也第五句

御注曰考晁公武讀書志以兩漢博聞為楊侃撰其書採前後漢書中字語為標目先載本文而備列諸家注釋於下不加議論亦類書之體明嘉靖間長洲黃魯曾嘗得其本刻而傳之今版久佚原本因有黃魯曾

序誤據遂稱為黃魯曾撰誤也第六句

御注曰史記注以裴駰集解司馬貞索隱為主而張守節正義尤詳今三注並行其餘若徐廣傳瓚諸家之說附見者不可僂數而前漢書注惟載顏師古後漢書注惟列章懷太子賢其諸家注釋雖亦附錄不能如史記之三注並行也第七句

御注曰周厚堉家藏出樓處名來雨樓

宋史藝文志[redacted]史類曰楊侃兩漢博聞十二卷林鉞漢雋十卷

經笥懸探更賸曾倉之富

後漢書文苑邊韶傳曰韶字孝先陳留浚儀人也以文學知名教授數百人韶嘗晝日假卧弟子私嘲之曰邊孝先腹便便懶讀書但欲眠韶潛聞之應時對曰邊為姓孝為字腹便便五經笥但欲眠思經事寐與周公通夢靜與孔子同意師而可嘲出何典記嘲者大慚

南史許懋傳曰懋兼國子博士僕射江祏甚推重之號為經史笥

舊唐書李守素傳曰守素尤工譜學虞世南曰昔任彥昇稱五經笥今目為人物志

後漢書儒林歐陽歙傳曰濟陰曹曾字伯山從歙受尚書門徒三千人位至諫議大夫

秦王嘉拾遺記卷六曰曹曾魯人也本名平慕曾參之行改名為曾家財巨億學徒有貧者皆給食天下名書上古以來文篆訛落者曾皆刊正垂萬餘卷及國難既衰收天下遺書於曾家連車繼軌輸於

王府諸弟子於門外立祠謂曰曹師祠及世亂家〻焚廬曹慮先文湮
沒乃積石為倉以藏書故謂曹氏為書倉

四庫全書表注四

至於孔庭舊説首宜傳宗

~~隶言第十卷之子夏易傳~~

後漢書徐防傳防上疏曰臣聞詩書禮樂定自孔子發明章句始於子夏

~~提目凡例第四條~~

乾隆四十六年二月十五日

聖諭曰四庫全書之輯廣搜博採彙萃羣書用以昭垂久遠公之天下萬世如經

部易類以子夏易傳冠首實爲説易家最古之書允宜弁冕羣經

提目卷一經部易類一曰子夏易傳十一卷舊本題卜子夏撰案説易之

家最古者莫若是書其偽中生偽至一至再而未已者亦莫若是書唐

會要載開元七年詔子夏易傳近無習者令儒官詳定劉知幾議曰

漢志易十三家無子夏至阮氏七錄始有六卷或云韓嬰或云丁寬然據漢

書韓易十二篇丁易八篇求其符合事殊隳刺必欲行用深以爲疑司馬

貞議亦曰劉向七略有子夏易傳但此書不行已久今所傳多失真本
荀勖中經簿云四卷或云丁寬是先達疑非子夏矣又隋書經籍志云
子夏傳殘闕梁六卷今二卷知其錯繆多矣又王儉七志引七略云易傳
子夏韓氏嬰也今題不稱韓氏而載薛虞記其質粗略旨趣非遠無益
後學云云是唐以前所謂子夏傳已爲僞本晁說之傳易堂記又稱今號
爲子夏傳者乃唐張弧之易是唐時又一僞本並行故宋國史志以假託
子夏易傳與真子夏易傳兩列其目而崇文總目亦稱此書篇第略依
王氏決非子夏所作也朱彝尊經義考證以釋文集解困學紀聞所
引皆今本所無德明鼎祚猶曰在張弧前應麟南宋末人何以所見與
今本又異然則今本又出僞託亦并非張弧之本矣姑存備一家云爾
總目又曰謹案唐徐堅初學記以太宗御製升列歷代之前蓋臣子尊
君之大義焦竑國史經籍志朱彝尊經義考並踵前規臣等編
摩初亦恭錄

御定周易通注
御纂周易折中
御纂周易述義并冕諸經仰蒙
指示命將刊
國朝著述之首俾尊卑有序而時代不清
聖度謙沖酌中立憲實為千古之大公謹悟遵
彝訓例託始於子夏易傳並發凡於此著四庫之通例焉
御製詩四集卷二十五題影宋鈔家語曰天祿書藝傳也非何於家語
都相違祖傳孫辨名因正明影宋刊世已稀多漏鮮全斯乃舉
鈎元提要志焉希慨然嘆對君為政一語與鄭注勑幾第一句
御注曰太乙書藝之事出劉向別傳事屬神怪子所不語第二句

御注曰孔安國撰次孔子家語值巫蠱事起遂闕廢不行劉向以爲時
所未施之故不傳名家安國孫衍爲博士上書辨之

蔡帳祕文叢排異說

袁言第百十卷之論衡

宋高似孫子略引袁崧後漢書曰充作論衡中土未有傳者蔡邕入吳

始見之以爲談助抱朴子曰

真雜曲錄曰王充所著書人仕州從事治中初作論衡北方都未有得

之者王朗嘗詣蔡伯喈搜求至隱處果得論衡捉取數卷將去伯喈曰

惟我與爾共之勿廣也張自令觀之亦未爲奇

蔡伯喈嘗到江東嘆其文高度越諸子及還中國諸儒覺其談論更遠嫂得異書

後漢書王充傳章懷注引袁山松書後漢書曰充所作論衡中土未有傳者

蔡邕入吳始得之恒祕玩以爲談助其後王朗作會稽太守又得其書及

還許下時人稱其才進或曰不見異人當得異書問之果以論衡之益

由是遂見傳焉

劉知幾史通序傳篇曰充自紀述其父祖不肖爲州閭所鄙而答以瞽

頊辭神鯀惡禹聖盛衰於己而厚厚其先何異謹文攘筆學

子名母名數之罪人也

後漢書王充傳章懷注引抱朴子曰蔡邕得異書或搜求其帳中隱

處果得論衡抱數卷持去邕丁寧之曰唯我與爾共之勿廣也

御製詩四集卷十七彙輯四庫全書聯句李汪度注曰穆脩集紀

武廟記所見甚早

諭令每廟刊刻

宋史卷四百四十二文苑列傳曰穆脩

范祖禹之帝學具有淵源

~~表言第九十七卷帝學~~

郡齋讀書志曰帝學十卷范祖禹撰纂自古賢君迨於祖宗務學之事迹為一篇以勸講祖禹元祐時在講筵八年詰旦當講前一夕正衣冠儼然如在上前命子弟侍坐先按講其説平時語若不出諸口及當講其音琅然聞者興起

書錄解題曰帝學上自三皇五帝迄於本朝神宗凡言學之實皆在焉

班固典引曰斟酌道德之淵源章懷注曰淵源喻深遠也李善文選注引蔡邕注曰水深曰淵水本曰源

御製詩四集卷二十六題宋版范祖禹帝學曰元祐盛世心力殫遠乎熙寧又宣和欣若祖禹蒐編在不異九齡金鑑看勤學求師著

儀軌修身蒞政示倪端知之行矣乎猶懸綈几甯惟玩古

觀

御製詩四集卷六十五四庫全書薈要聯句注曰唐太宗帝範久經殘缺今從永樂大典採得全本錄入至范祖禹帝學一書歷敘嘉言善政繫以論斷尤有裨於治理向曾製詩表章並命詳皇子繕本進御以資披覽

宋史卷三百三十七范鎮列傳曰鎮從孫祖禹

曾公亮之武經姑存崖略

本書第九十九卷之武經總要

郡齋讀書志曰武經總要四十卷曾公亮丁度撰康定中朝廷恐群帥昧古今之學命公亮等采古兵法及本朝計謀方略凡五年奏御制度十五卷邊防五卷故事十五卷占候五卷御製序

御製詩卷二十一題宋仁宗武經總要六韻曰於兵千載眾訟真是傳工紙上談居重馭輕自不易困民養卒則何堪若言愛物斯誠有以曰知軍或未諳麗錯決多言猶韙韓琦救浚靈摧覃第觀卌卷称綜古詎曰武經為指南旗鎗綜營維内外慎遵祖制第方戰第六句

御注曰宋仁宗為三代以下令辟其勤民愛物洵有足称至於治兵用武謀要

務則固非所長也第八句

御注曰仁宗時内外禁廂軍總一百二十五萬天下患兵冗帑庾不能給樞密使龐籍請議簡汰之法從之省兵緣數萬人韓琦語云祖宗時就糧之兵不甚多邊陲有事則以京師兵益之其慮也深而費也鮮頃詔樞密院同三司量河北陝西河東及三司權貨務歲入金帛之數約可贍京師及三路兵馬幾何立為定額詔撥祖宗來兵數以聞自是稍加裁制

宋陳振孫直齋書錄解題卷十二曰武經總要四十卷天章閣待制曾公亮撰制度故事各十五卷邊防占候各五卷昭陵御製序慶曆四年也

宋史卷三百十二曾公亮列傳曰公亮字明仲泉州晉江人舉進士
甲科知會稽縣久之爲國子監直講改諸王府侍講試館職授集
賢校理天章閣侍講修起居注擢天章閣待制勾當[illegible]遂
知制誥兼史館修撰爲翰林學士判三班院以端明殿學士知鄭
州後入爲翰林學士知開封府擢給事中參知政事加禮部侍郎
除樞密使嘉祐六年拜吏部侍郎同中書門下平章事集賢殿
大學士公亮明練文法更踐久習知朝廷臺閣典憲首相韓琦
諮建俾與公亮共定大議英宗即位加中書侍郎兼禮部尚書
戶部尚書神宗即位加門下侍郎兼吏部尚書進昭文
館大學士累封魯國公以老避位三年拜司空兼侍中河陽
三城節度使集禧觀使明年起判永興軍一歲還京師旋以
太保致仕元豐元年卒年八十贈太師中書令諡宣靖

橫戈危堞節取陳規

（本書第九十九卷已有守城錄）（卷十五）

御製詩四集題陳規守城錄曰擬蒙德安圍守城因而失事論东京陳規屢
禦寇之暇湯璹深知紀以精以為勞州或可賴通都大邑轉難行
四義守在乘所訓遠追吁衛禍早成第二句

御注曰陳規於靖康丙午權德安府事羣盜王在等攻城規在城上問賊何
因到此賊言东京已破規初不信遣賊遣人詣都城奏功始知城果陷
因嘆當時身不在圍城中以効守禦益論官吏將帥應敵捍禦之失
更因靖康朝野僉言於所載攻守各條下附以已見並為之序第三句

御注曰守城機要備載陳規守德安事自城郭門牆樓櫓之制以及攻城備禦之方凡四十
餘條極為詳備又載羣賊王在等攻德安未兩月而退張世李孝義四日引去楊
進十六日引去孔彦舟三次皆不克而去董平三萬人即日敗去趙壽亦三日引

去曺成李宏閲九月始引去桑仲夏邢尚孫羣賊閲三月引去李横則六十五日引去前後應敵機宜紀載甚悉其後瀏陽人湯璹編為德安守禦録表上其書欲沿邊守牢共為紬繹其意固善夫陳規力保危城九遇賊至皆隨機應敵卒賴安全可謂長於守矣但此特施之郡邑用得其人或見攻效然因幸遇小寇耳若宋靖康汴京之失則由於平時政事之乖違豈盡係臨時捍禦之疎畧彼時即陳規果在圍城又安能救其敗亡之禍乎

宋史卷三百七十八陳規傳曰

總目卷九十九兵家類曰守城錄四卷宋

總目卷九十九兵家類曰

守城錄四卷宋右正議大夫陳規在德安禦寇事蹟也規字元則密州安邱人中明法科靖康末金兵南下荆湖諸郡所在盜起規以安陸令攝守事連敗劇寇建炎元年除知德安府擢鎮撫使羣盜先後來攻隨機捍禦皆摧破去尋召赴行在又出知順昌與劉錡同却金兵又移知廬州兼淮西安撫使卒乾道中追封忠利智敏侯立廟德安事蹟具宋史本傳是書凡分三種首為規所撰靖康朝野僉言後序朝野僉言本夏少曾作備載靖康時金人攻汴始末規在順昌見之痛當日大臣將帥捍禦失策因條列應變之術附於各條下謂之後序徐夢莘嘗採入北盟會編一百三十九卷中然其文與此大同小異疑傳録者有所删潤也次曰守城機要亦規所作皆論城郭樓櫓制度及攻城備禦之方宋史本傳載規有攻守方畧傳世疑即此書次曰建炎德安守禦錄乃瀏陽湯璹作璹淳熙十四年進士官德安教授尋訪規守城遺事作為此書紹熙四年除太學錄乃表上之案規本傳載乾道八年詔刻規德安守城錄

須天下為諸守將法藝文志亦別有劉荀建炎德安守禦錄三卷而無璹書之名疑荀所撰者即乾道所頒之本璹書上於紹熙時距乾道已二十餘年或又據荀書而重加增定歟三書本各自為帙不知何人始併為一編觀書末識語則甯宗以後人所輯矣宋自靖康板蕩寓內淪胥規獨能支拄經年不可謂非善於備禦然此僅足為守一城乘一障者應變之圖而不足為有國有家者固圉之本當時編為程式原欲令沿邊肄習斬保殘疆然至元師南下直破臨安復為東京之續究未聞有一人登陴以抗敵者豈非本根先撥雖有守禦之術亦無所用歟伏讀

睿題闡晰精微抉汴梁喪敗之由申守在四夷之訓夫然後知保邦謨命自有常經區區輸攻墨守之技固其末務矣謹存是帙以不没規一事之長並恭錄

宸翰弁於簡端俾天下萬世知

聖人之所見者大也

握策靈臺參徵蘇頌

表第一百六卷之新儀象法要

之餘解題曰新儀象法要三卷丞相溫陵蘇頌子容撰元祐三年新造渾天儀記其法要而圖其形象進之

續漢書祭祀志中第八梁劉昭注引禮緯含文嘉曰禮天子靈臺所以觀天人之際陰陽之會也揆星度之驗徵六氣之瑞天子得靈臺之則五車三柱明制可行不失其常

續漢書祭祀志曰明帝永平二年正月祀靈臺以望雲物

續漢書百官志曰太史令丞一人明堂及靈臺丞一人本注曰二丞掌守明堂靈臺丞靈臺掌候日月星氣皆屬太史劉昭注引漢官曰靈臺待詔四十二人其六十四人候星二人候日三人候風十二人候氣二人候晷景七人候鍾律一人舍人

御製詩四集卷二十五天祿琳琅鑒藏舊版書籍聯句注曰新儀象法要宋

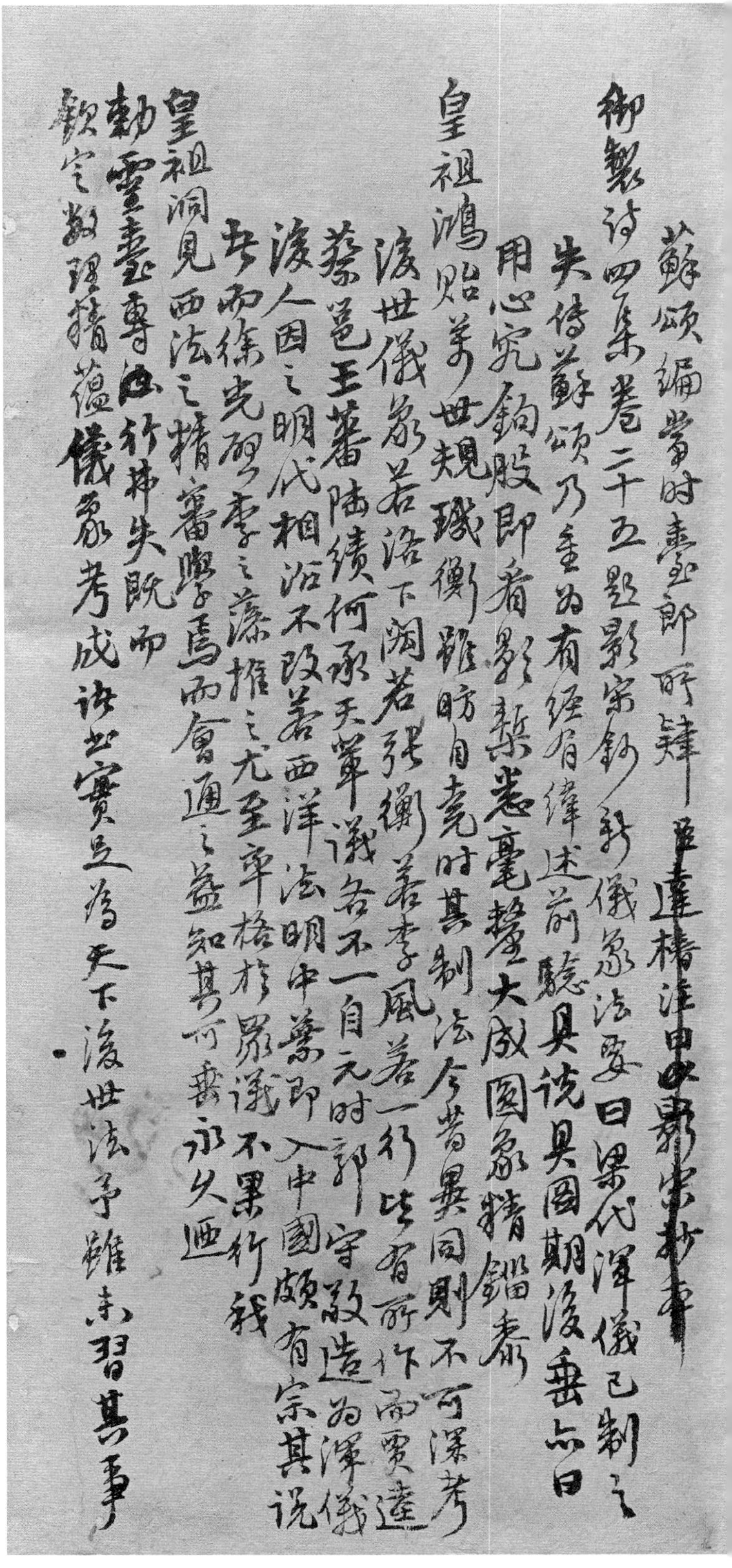
蘇頌編當時臺郎所肄　臣建椿注由此影宋抄本
御製詩四集卷二十五題影宋鈔新儀象法要曰渾代渾儀已制之
失傳蘇頌乃重為有經有緯述前聽具說具圖期後垂亦曰
用心究鉤股即看影藝慙毫釐大成圖象精錙黍
皇祖鴻貽萬世規璣衡雖昉自堯時其制法今昔異同則不可深考
後世儀象若洛下閎若張衡若李風若一行皆有所作而實遠
蔡邕王蕃陸績何承天等議各不一自元時郭守敬造為渾儀
後人因之明代相沿不改若西洋法明中葉即入中國頗有宗其說
者而徐光啓李之藻推之尤至卒格於眾議不果行我
皇祖洞見西法之精審學焉而會通之益知其可垂永久迺
勅靈臺專法行新法既而
欽定數理精蘊儀象考成諸書實足為天下後世法予雖未習其事

從幼聞
皇祖闡論因得篤信而敬守之即如明以前之法每日以百刻計而西法
則以九十六刻計夫一時八刻其理簡明易曉不待智者而知之聞
本朝初曾有沿西洋人私竊四刻者時刻乃一定之數竊將安往
不亦大可笑乎又如日出入之早晚節氣之長短薄蝕之分數今
每驗之輒不爽銖黍非其法至精至密曷克臻此或云堯時璣
衡之法西洋得之其說當存而標論第自
皇祖表章以來迄今百餘年行之無斁雖百世不易可也此蘇頌所撰
新儀象法要以其影抄宋刊且爲錢曾述古堂所藏之物因視
爲舊籍而題弄之又豈見異思遷乎詳識詩後用示來許
宋史卷三百四十蘇頌列傳曰頌字子容泉州南安人父葬潤州丹陽從

居乙第進士歷宿州觀察推官知江寧縣調南京留守推官皇祐五
年召試館閣校勘同知太常禮院還集賢校理知潁州英宗
即位召提點開封府界諸縣鎮公事神宗命爲淮南轉
運使召起居注擢知制誥知通進銀臺司知審刑院大臣薦秀
州判官李定擢太子中允除監察御史裏行頌執奏不已落
知制誥歸工部郎中班歲餘知婺州徙亳州加集賢院學
士知應天府擢秘書監知通進銀臺司還知杭州及修兩朝正史
轉右諫議大夫使契丹遇冬至其國歷後宋一日北人問孰爲是頌
曰歷家算術小異如亥時節氣交猶是今夕若踰數刻則屬子時
爲明日矣或先或後各從其歷可也元豐初權知開封府有僧犯法
子連祥符令頌罷不治貶秘書監知濠州以治獄情罷郡未幾知河陽
改知滄州召判尚書吏部兼詳定官制除吏部侍郎遷光祿大

蘇頌

夫元祐初拜刑部尚書，遷吏部，兼侍讀。請別製渾儀，因命
頌提舉。頌既邃於律曆，以吏部令史韓公廉曉算術，有巧
思，奏用之。授以古法，為臺三層，上設渾儀，中設渾象，下設司
辰。貫以一機，激水轉輪，不假人力，時至刻臨，則司辰出告。星辰
躔度所次，占候則驗，不差晷刻，晝夜晦明，皆可推見，前此未
有也。還翰林學士承旨。五年，擢尚書左丞，嘗行樞密事。七年，拜
右僕射兼中書門下侍郎。罷為觀文殿大學士、集禧觀使。繼
出知揚州，徙河南。告老，以中太一宮使居京口。紹聖四年，拜太子
少師致仕。頌器局閎遠，自書契以來，經史九流百家之說，至於圖緯
律呂、星官、算法、山經、本草，無所不通。尤明典故，朝廷有所制
作，必就而正焉。

宋史卷四百二十七道學列傳曰程頤

算窮秒忽九章研鮑澣之藏

東書第一百七卷之九章算術

孫子算經卷上曰度之所起起於忽欲知其忽蠶吐絲為忽又曰量之所起起於粟六粟為一圭十圭為一撮十撮為一抄十抄為一勺

御製詩四集卷二十九題九章算術有序曰是書雖為晉劉徽注而其名則始見於唐書蓋自李淳風注釋義遂大顯北宋時人畢習其術以湮沒南宋慶元中鮑澣得其本寫入秘閣世亦莫得而見明初編列永樂大典雖依類分排閱者鮮能究其端委則雖存猶亡也茲以校勘四庫全書詞臣於斷簡零篇中裒輯得九篇悉符鮑澣之舊顧鮑本無圖今諸臣按注意補為之雖未必其盡合於古而因注推演而知則亦未嘗或戾視澣所傳殆有過之無不及矣算法自

皇祖表章以来可謂大備矣也至今始出或六題略有时固有莫知其然
而然者乎失九章晰於周官六藝教於洙泗雖未習其事要
不得謂非學者所當肄業及之者也策詩題識如左冀術由來非
所學不知數強以為知大成廣集欽
皇祖六藝胥論愧仲尼分顏笑他劉裂者補圖倣此釋完之时為題略
略今題是用摛毫作弁辭
宋葉紹翁四朝聞見録甲集詞學條曰鮑照法華字澣之為廷評
明于歷學

算窮抄勉九章研鮑澣之藏

[illegible]曰書之所[illegible]……[illegible]於[illegible]

蘇頌撰　遷光祿大夫下　復論入下卷　別字周條上

御製詩四集卷二十九是[illegible]名則

始見於唐書蓋自李淳風注釋義遂大顯[illegible]澣以湮

與南宋慶元中鮑澣得其本寫入祕閣世亦莫得而見明初編列

永樂大典然依韻分排閱者鮮能究其端委則雖存猶亡也茲以

校勘四庫全書詞臣於斷簡零篇中裒輯得九篇悉符鮑澣

之舊題鮑本無圖今諸臣按注之意補為之雖未必能盡合

然可因注推演而知則亦未嘗或乖觀澣所傳殆有過之無不及

矣算法自

皇祖表章以來可謂大備是也至今始出或六題臨有時固有莫知其然
而然者矣夫九章昉於周官六藝教於洙泗雖未習其事要
不得謂非學者所當肄業及之者也集詩題識於右算術由來非
所學不知數強以為知大成廣集欽
皇祖六藝曾論愧仲尼分類笑他劇裂者補圖欣此釋完之時為題臨
晦今題是用搦毫作弁辭
宋葉紹翁四朝聞見錄甲集詞學條曰鮑明法華字潛之為廷評
明于歷學

術雜縱橫十卷　稽趙蕤之撰

唐書藝文志雜家類曰趙蕤長短要術十卷字太賓梓州人開元召之不赴

唐書第百十七卷下長短經

郡齋讀書志曰長短經十卷唐趙蕤撰北夢瑣言云蕤梓州鹽亭人博學韜鈐夫婦俱有隱操論王霸機權正變之術第十卷載陰謀家本缺今存者六十四篇

困學紀聞卷十諸子篇曰蒯通善為長短說主父偃學長短縱橫術邊通學短長史記索隱云戰國策亦名長短也全祖望注曰唐人趙蕤著長短經十卷修談王霸臣虞之說蓋本於此

劉向戰國策序錄曰蓋以為秦孝雖儀公孫衍陳軫代厲之屬生從橫短長之說左右傾側蘇秦為從張儀為橫橫則秦帝從則楚王

所校中戰國策書中書本號或曰國策或曰國事或曰短長

春秋之後　蓋為戰國

戰國策卷三高誘注曰合關東從通之於秦故曰連橫也
御製詩四集卷二十題趙蕤長短經曰鄭公創為救贊論愛憎政業匠和
函向時雖類縱橫說夏末仍歸理道談宋刊弃自教忠堂通度
稱經曰短長比及亂時思治亂不如平日慎行王卷原稱十今失一
總目翻看餘一篇既是梓州善經瀛不應稱君又何為津瀛
文苑繼家寵四庫蒐羅俾贊成邂逅世臣獻遺簡向年論學
御注曰首章隱括蕤序語意二章評作書者三章總論全書四章紀事實
懷西清首章
又三章第二句
御注曰趙蕤自序稱總目六十三篇合為十卷而卷後沈新民跋語乃稱第十卷
缺存者六十四篇今細檢篇目實六十四凡九卷與沈跋合據之蕤序所云十卷
既缺一不應轉多一篇考新民跋乃文獻通考原文其云晁氏則晁公
武讀書志北夢瑣言乃孫光憲所撰今檢公武志亦稱六十三篇而光憲
僅言書十卷不及篇數蓋晁氏據趙蕤序錄載未加詳考至馬端臨

始為釐正耳第与原序踳異處理殊難曉之焉其六十三篇
三字乃五字之訛其十卷陰謀家止有一篇亦未可知姑無可
訂正存以闕疑　又第四本
御注曰是書為編修勵守謙所呈乃其家藏本嘉忠則勵廷儀之名
也守謙之曾祖勵杜訥祖廷儀父宗萬皆侍直内廷今守謙亦
官翰林為四庫全書纂修可謂以文學世其家者

楚中隱士互權韓柳之評

袁書第十七卷之鶡冠子

漢書藝文志（道家類）鶡冠子一篇楚人居深山以鶡為冠

韓愈集讀鶡冠子曰鶡冠子十九篇其詞雜黃老刑名其博選篇四稽五至之說當矣使其人遇時援其道而施於國家功德豈少哉學問篇稱賤生於無所用中流失船一壺千金者余讀其詞而悲之

柳宗元辯鶡冠子曰余讀賈誼鵩賦嘉其詞而學者以為盡出鶡冠子余往來京師求鶡冠子無所見至長沙始得其書讀之盡鄙淺言也惟誼所用為美餘無可者吾意好事者偽為其書反用鵩賦以文飾之非誼有取之決也太史公伯夷列傳稱賈子曰貪夫徇財烈士徇名夸者死權不稱鶡冠子假令當時有其書豈遽略不見耶

御製詩四集題鶡冠子曰鉄爲原歸羣德將雜形匪獨老和黃朱評陸注

同因題柳譔韓纂兩不妨完帙幸存之著楚人失箒卻勝代稱唐
帝常師屢王友屢戒合之紳識將懸第一句
御注曰關卷即云王鈇非一世之器其學術隆俊也注以王鈇為法制引賈誼
言權勢法制人主之斤斧語言任法制不以學術將之而經以持
久難哉是其說雖雜刑名未嘗不歸於道德固非若黃老之專務清
靜亦不至如申韓之流為慘礉也第六句

静以青

御注曰宋韓佃既為注復序云自博選至武靈王問凡十有九篇退之讀此云
十有六篇非全書也朱子評韓文云漢唐誌以為道家者流公語其辭
施於國家功德豈少而柳子厚作辯則曰得其書而讀之言盡鄙淺
所見不同如此朱子雖不置可否然其書且左柳說不免過當朱子又
云漢藝文志有鶡冠子一卷而唐志云三卷語漢時遺缺而至唐而全
以今書校之卷雖唐增於漢而篇則宋增於唐藝本既完備無缺
佃注亦世所罕見自應重刊以廣流傳

御製詩四集卷二十二題武英殿聚珍版十韻注曰昨歲江南所進之書有
鶡冠子即活字版第字體不工且多訛謬耳

發郡名賢不廢呂唐之學

~~表章帝百王之書五卷之帝王經世圖譜~~

書錄解題曰帝王經世圖譜十卷著作佐郎金華唐仲友与正撰凡天文地理礼樂刑政陰陽度數兵農王霸皆之經典兼采傳註類聚羣分凡百二十二篇

宗周以大帝王經世圖譜題辭曰水之流东惟海是歸車之指南其路不迷今是书折衷於聖人示適治之路故名曰帝王經世圖譜非其他類书比也昔漢儒专通一經仍守師說居家用以脩身治官取以決事況乎六經旨趣百世軌範咸聚於此

御製詩四集卷十四題帝王經世圖譜詩有序曰帝王經世之道具在六經諸儒所藏取則不遠顧篇籍繁殺陳披覽非一時可竟唐仲友迺摭羣經要旨列為圖譜旁採傳註附以總說分門別類

條理秩然讀之而其辭易通玩之而其義易見允為政治圭臬
若夫擇之精語之詳提要鉤深用力不繇而見功甚鉅宜周必
大題辭比諸水之流東車之指南也夫左圖右史藉資觀省之益
茲乃彙而為一包括靡遺於永樂大典中搜羅甚富如此也之有
資君道蓋不屈指數也洵稱萬世帝王經世宏編宜備於座右
鑑以朝夕庸詎賞其廣蒐博記已哉序識大端用申作詩之意
后王建極亮天工法在六經載於中守此治其撫亂慎難始
亦要惟修譜圖創見唐仲友敘語詳一言周子究詎止存羊愛
其禮須知示鵠折乎衷四千年裏廢興點百廿篇間類括融
理世津梁心以慕作君軌範貽當聰行間總是珍希有座側
恒應置一通窗日纂言資博考躬行益用勖吾躬

宋史四百三十四儒林呂祖謙傳曰祖謙字伯恭金華人

總目卷三曰古周易一卷宋呂祖謙編 又卷十一曰書說三十五卷宋呂祖謙撰 又卷十五曰呂氏家塾讀詩記三十二卷宋呂祖謙撰朱子與祖謙交最契其初論詩亦最合此書中所謂朱氏曰者即採朱子說也後朱子改從鄭樵之論故祖謙沒後朱子作是書序稱少時淺陋之說伯恭父誤有取焉既久自知其說有未安或不免更定伯恭父反置疑焉竊惑之方將反復其說而伯恭父已下世云云然迄今兩說相持嗜呂氏書者終不絕也 又卷二十七曰

春秋左氏傳說二十卷宋呂祖謙撰春秋左氏傳續說宋呂祖謙撰東
萊左氏博議二十五卷宋呂祖謙撰

御製詩四集卷二十二題呂祖謙歷代制度詳說詩曰中原文獻有家模
講學還從張與朱酌古準今列條目鎔經鑄史宗師謨徂甯
考據資談柄覧見施行洽化樞昔未鐘籲後知重吁嗟此契
那能忘

御製詩四集卷十九題傅寅禹貢說斷詩注曰傅寅禹貢說斷四卷其
於五服九州三江四海辨論甚精呂祖謙唐仲友皆亟稱之其書實可傳
布也

御製詩四集卷六十五四庫全書薈要聯句臣曹秀先注曰朱子與呂祖謙
論詩雖始同終異然存朱子詩集傳之義可以通舊說之拘墟存呂
祖謙讀詩記之義可以杜後來之妄撰故宋以後獨取二家爲宗如毛
詩李黃集解詩傳遺說詩經遺問毛詩解頤之類皆朱氏之
門徑嚴粲詩緝則呂氏之支流也

遺似疑之誤

御製詩四集卷六十五四庫全書薈要聯句臣謝墉注曰永樂大典內所採輯
帝王經世圖譜一書仰蒙
御題褒賞謹載入譜錄類因非花譜茶錄所可儗也
宋史藝文志詩類曰呂祖謙家塾讀詩記三十二卷朱熹詩集傳二
十卷詩序辨一卷

癸辛雜識卷十七朱唐交奏本末條曰朱晦菴按唐仲友事或云呂伯恭嘗與仲友同書會有隙朱主呂故抑唐是不然也蓋唐平時恃才輕晦菴而陳同父頗為朱所進與唐每不相下同父遊台嘗狎籍妓囑唐為脫籍許之偶郡集唐語妓云汝果欲從陳官人耶妓謝唐云汝須能忍飢受凍乃可妓聞大恚自是陳至妓家無復前之奉承矣陳知為唐所賣亟往見朱朱問近日小唐云何答曰唐謂公尚不識字如何作監司朱銜之遂以部內有冤獄乞再巡按既至台適唐出迎少稽朱益以陳言為信立索郡印付以次官乃摭唐罪具奏而唐亦作奏馳上時唐鄉相王淮當軸既進呈上問王王奏此秀才爭閑氣耳遂兩平其事詳見周平園王季海日記而朱門諸賢所著年譜道統錄乃以季海右唐而并斥之非公論也其說聞之陳伯玉式卿蓋親得之稜之語呂云~~卷二十一台妓嚴蕊條~~

又齊東野語卷二十台妓嚴蕊條曰：天台營妓嚴蕊，字幼芳，善琴弈歌舞絲竹書畫，色藝冠一時，間作詩詞，有新語，頗通古今，善逢迎，四方聞其名，有不遠千里而登門者。唐與正守台日，酒邊嘗命賦紅白桃花，即成如夢令云：道是梨花不是，道是杏花不是，白白與紅紅，別是東風情味，曾記曾記，人在武陵微醉。與正賞之雙縑。又七夕，郡齋開宴，坐有謝元卿者，豪士也，夙聞其名，因命之賦詞，以己之姓為韻，酒方行而已成鵲橋仙云：碧梧初墜，桂花纔吐，池上水花微謝，穿針人在合歡樓，正月露、玉盤高瀉。蛛忙鵲懶，耕慵織倦，空做古今佳話，人間剛道隔年期，天上方纔隔夜。元卿為之心醉，留其家半載，盡客囊橐饋贈之而歸。其後朱晦菴以使節行部至台，欲摭與正之罪，遂指其嘗與蕊為濫，繫獄月餘，蕊雖備受箠楚，而一語不及唐，然猶不免受杖，移籍紹興，且復就越置獄鞫之，久不得其情。獄吏因好言誘之曰：汝何不早認，亦不過杖罪，況

已經斷罪不重科何為受此辛苦邪蕊答云身為賤妓縱是
与太守有濫科亦不至死罪然是非真偽豈可妄言以汙士大夫雖
死不可誣也其辭既堅於是再痛杖之仍繫於獄月餘兩月之間
一再受杖委頓幾死然聲價愈騰至徹阜陵之聽未幾朱公
改除而岳霖商卿為憲因賀朔之際憐其病瘁命之作詞自陳
蕊略不搆思即口占卜算子云不是愛風塵似被前緣誤花落花
開自有时總賴東君主去也終須去住也如何住若得山花插滿頭莫
問奴歸處即日判令從良繼而宗室納為近屬納為小婦以終身焉夷
堅志亦嘗略載其事而不能詳余蓋得之天台故家云

臚登識記衍洪範而原非

東書第一卷之二洪範皇極內外篇

後漢書桓譚傳桓譚上疏曰今諸巧慧小才伎數之人增益圖書矯稱讖記以欺惑貪邪詿誤人主焉可不抑遠之哉

後漢書光武本紀曰宛人李通等以圖讖說光武云劉氏復起李氏為輔。李通父守好星歷讖記（初事劉歆）

後漢光武本紀曰讖記曰劉秀發兵捕不道卯金修德為天子

後漢朱浮傳曰浮上疏曰鴻範別災異之文宜惇注鴻範五行之篇名其子為武

王陈路首遁陰陽之法等

總目卷五五術數類總序曰諸家藥訟曰今文古文曰錯簡曰禹貢山水曰洪範疇數雖因其學洪範於後世諸儒並及河圖支離穿鑿諸經義矣故再曲

蔡沈皇極數之類非解經之正軌咸無取焉 又其類後序曰

蔡沈皇極數讀其雖以洪範為名實以洛書九數推衍成文非洪範絕

無所涉但以為書類於義殊乖今悉退列子部術數類中庶不使
旁門小技淆亂聖經之大義焉
總目卷十二經部書類洪範正論條下云本文即五行五事至五福六極
二十字惟敬用農用等十八字乃為禹所加其曰初一次二不過次第名
目非龜文宋儒創為黑白之點方員之體九十之位變書而為圖以至
九數十數劉牧蔡季通紛紜更定又洪範原無錯簡皆切中舊
說之失
總目卷十一洪範口義條曰洪範以五事配庶徵本經文所有伏生大傳
以下逮劉向京房諸人遂以陰陽災異附合其文劉知幾排之詳矣宋
儒又流為象數之學惟圖書同異之是辨經義愈不能明
劉熙釋名曰讖纖也其義纖微也
尚書序曰武王勝殷以箕子歸作洪範

御製詩四集卷十四題宋仁宗洪範政鑒曰天運五行人五事失修徵應
自分明致休豈外常存敬弭咎由来在未萌蔡注旨哉去膠固
箕出備矣示平成昭陵惕鑒政忠厚言行相符仁則誠第五句
御注曰箕子陳疇由五行以及五事推而至於總用五福威用六極而皇
極之建尤為一篇要旨蓋本天道以驗之君身惟當修而用之爲
之地平天成即其錫致五事以建極其理平正無奇所以為治天下之
大法自劉向作五行傳分配類應各舉其事以實之後世宗其說專
以之覘察禨祥失洪範之本義矣惟蔡氏集註謂休咎之應乃
自然之理必曰某事得則某休徵如某事失則某咎徵應斯亦膠
固不通而不足語造化之妙其論甚醇可以破群疑而訂經訓是
編標曰政鑒雖不能離向歆窠臼然仁宗以敬天修己之誠見之

為惻怛之心忠厚之政實可法耳

御製詩四集卷六十五四庫全書薈要臣曹秀先注曰洪範本治世之大訓自劉歆妄加推測指為河圖洛 相為經緯之説遠宗傳益穿鑿附會至論洪範錯簡其紛紜變亂尤為晦蝕經義今敍字

聖訓卷刪所不錄

安議井田從周官而更誤

本書卷十九卷上初稿全無見夏休井田譜

御製詩四集卷十四題夏休井田譜曰仁政必由經界始井田穀祿亭因
平踐於今古特殊異設也闊闊多變更誰肯忘私舉公事難
稱均地限民名斯之未信關雎意周禮周官敢漫行　第六句
御注曰井田之法見於周禮特詳然宜古而不宜於今亦由時會之遷變
春秋以還民不能盡循其舊況自商鞅變法之後乎漢武時去
周未遠而董仲舒限民名田之議尚不能行北魏孝文均田之
令更無論矣蓋八家同養公田通力合作在當時相習而安自
為良法美意迨阡陌既開人私其產富者兼并貧無寸壤苟欲
仿授田遺制必將奪富者之所有以與貧者勢必至於爭擾滋亂既
均民而適以擾民王道固當如是耶　嘗以為欲復井田或乘大亂之

後制度初定，庶可因以均齊畫一。蓋當承平日久，生齒盛而田野沿襲，無可改絃更張之理。夏休此書亦泥古而不通於今，徒為紙上空談則可，設取而行之，不亞於王安石之變壞成法，不止於則。雖蘇官禮之言，豈易言哉。

宋陳振孫直齋書録解題曰：周禮井田譜二十卷，進士會稽夏休撰。紹興間表上之。按紹興中樓鑰刻之，永嘉陳止齋為之序。

總目一百二十二雜家採芹録四卷，明徐三重撰。力主均田限田之議，反覆引據，持之最堅。究而論之，自阡陌既開以後，田受於民，不授於官，二千餘年於茲矣。即有聖帝明王，斷不能一旦舉天下之民，奪其所有，益其所無，而均之；亦斷不能舉天下之田，清釐其幾在限外，幾在限内，此可聽其買賣，此不可聽其買賣，而限之，使黠豪反得隱蔽為姦，猾胥反得挾持漁利，而鄉里愚懦紛紛然日受其擾。故漢董仲舒北魏李安世唐陸贄牛僧孺宋留正謝方叔元陳天麟皆反覆言之而卒不能行此豈非因權不屬時不可也宋太宗承五季凋殘之餘宋高宗當南渡草創之初以天子之尊決意行之久終無成效則三重所言其迂謬實當可見矣

錢塘遺事深識首鼠於宋元

~~書前第五十十卷：錢塘遺事~~

宋袁文襄脩閒評〻曰首鼠猶言進退耳唐郭子儀傳云薛嵩寇首鼠是矣

灌夫傳曰与長孺共一老禿翁何為首鼠兩端

御製詩四集卷二十一題劉一清錢塘遺事曰失策明題去建康卻耽山水便都杭湖邊歌舞酣歌樂天外徽欽棄遠荒八帝歷年終〻三百五多奸少正致淪〻翻出千古垂殷鑒漫例飛鴻往歸堂

御注末句曰是書為汪雲洲飛鴻堂所藏因假借用目送飛鴻事

御製詩四集卷四十六再題劉一清錢塘遺事曰遺事錢塘撰一

清興亡政要紀分明考蹤似仕又如隱致歎為凡與作荊進據失
兼失退據宗泯異更異元泯湖山歌舞依然在鏡古詠非般

照呈第三句

御注曰其人始末史傳無考也則紀南宋一代軍國大政賢奸進退略於
高孝光甯而詳於理度以後有正史所不及者蓋似宋時曾任
職官故能諳習掌故如此而卷端題識惜高宗不都建康而
都於杭士大夫湖山歌舞視天下事於度外卒至納土賣國云云則
又似在隱者流置身局外為旁人之議者考其蹤跡蓋在仕隱間云

第六句

御注曰一清初稱元為北兵北朝似為宋民矣其記元師下江州下安慶則又
改稱大元記京城歸附則稱大兵入臨安府一人之書而前後稱謂自
相矛盾實為進退無據云

錢塘遺事深識首鼠於宋元

春言第五十一卷 錢塘遺事

宋袁文甕牖閒評曰首鼠猶言進退耳唐書郭子儀傳云薛嵩首鼠是矣

史記魏其武安侯列傳曰武安侯已罷朝出止車門召韓御史大夫載怒曰與長孺共一老禿翁何為首鼠兩端

御製詩四集卷二十一題劉一清錢塘遺事曰失策明題去建康却耽山水便都杭湖邊歌舞酣歌樂天外欽徽遠荒八帝歷年幾百五多奸少正致淪亡翻出千古無殷鑒漫倒飛鴻往歸堂

御注末句曰是書為汪砢玉所藏因假借用目送飛鴻事

御製詩四集卷四十六再題劉一清錢塘遺事曰遺事錢塘撰一

清興亡政要紀分明考蹤似仕又如隱致歎為凡与作荊進攝失兼失退據宗泯異更異元泯湖山歌舞依然在鏡古詠非般

岳呈第三句

御注曰其人始末史傳無考但則紀南宋一代軍國大政賢奸進退略於高孝光甯而詳於理度以後有正史所不及者蓋似宋時曾任職官故能諳習掌故如此而卷端題識惜高宗不都建康而都於杭士大夫湖山歌舞視天下事於度外卒至納土賣國云云則又似石隱者流置身局外為庶人之議者考其蹤跡蓋在仕隱間云

第六句

御注曰一清初稱元為北兵北朝似為宋民矣其記元師下江州下安慶則又改稱大元記京城歸附則稱大兵入臨安府一人之書而前後稱謂自相矛盾實為進退無據云

曲洧叢聞徵墟據戈於洧蜀

奉書齋百二十一卷之曲洧舊聞

書錄解題曰曲洧舊聞一卷直秘閣新安朱弁少章撰弁於晦菴為
從父建炎丁未使虜十七年既歸而卒

王明清揮麈三錄三卷曰朱弁字少章徽州人學文於晁早歲漂泊游京洛
晁以道為學官嘉之歸以從女又以李處中術游公卿間六飛在維揚有薦之於
援修武郎閤門宣贊舍人副王正道倫出疆被拘凡十九歲紹興壬戌始南歸易
宣教郎直秘閣主管佑神觀以終近朱元晦以其族人為作行狀而尤先生近之
作誌銘有聘遊集三十卷曲洧紀聞一書事多出於晁氏之言世頗傳之
宗張端義貴耳集曰伊川溪一世道統之宗用大臣薦為崇政殿說書以帝
王之學輔導人主傳其所學自范文正公論事始分朋黨伊川則曰洛黨如朱光
庭賈易附之力攻蜀黨蘇氏父子也朝廷不恩寂怡攻黨小人立黨初不是本

爲宗社計，借此陰移人主禍福之柄，竊取壽祿而已。如君子不立黨，伊川見道之明，未能免焉。厚邱則曰道學，慶元則曰僞黨，深思由來，皆非國家福。

御製詩四集卷二十三題曲洧舊聞四首曰：留金邦紀金閨事，曲洧依然紀舊聞。
二帝播遷雖自取，禍緣新法變紛紜。建隆端拱政堪徵，紹聖
宣和百事興。設使子孫守祖制，何緣奕世不繩承。汴都學校頌
傳真，說部非同耳食倫。何事偏安安半壁，冰天雪窖忘君親。
清濁渭涇本自殊，操戈同室若爲乎。因翻汝環獨藏本，聊恨
尔時程與蘇。

宋周煇清波雜志卷上曰：朱弁，新安人，建炎戊申歲副王倫使虜，被留館于雲中，紹興丁巳歲王先得還，至紹興癸亥和已定，朱方南歸，嘗著曲洧舊聞云。

宋沈作喆寓簡卷五曰劉元城常言程氏之學自有佳處至椎魯不學之人竄迹其中狀類有德者其實土木偶也而盜一時之名东坡譏罵靳侮略無假借人或過之不知东坡之意懼其為楊墨將率天下之人流為矯虔庸惰之習也澗之恨不力耳豈過也哉又卷十曰司馬溫公薨時程頤以臆說斂如封角狀东坡嫉其怪妄因怒詆曰此豈信物一角附上閻羅大王者耶人以东坡為戲不知妖亂志所載冥寃卿事已有此語东坡以比程之隨耳坡每不假借程氏誠不堪其迂僻也

宋史卷三百七十三朱弁列傳曰朱弁字少章徽州婺源人少穎悟讀書日數千言既冠入太學晁說之見其詩奇之與歸新鄭妻以兄女

原本未休
未是本卷
都城浅
羽

絖聽有取旁通方朔之言

東言第百二十一卷第六十篇敬齋古今黈　盧辯注曰絖紸

大戴礼子張問入官篇孔子曰黈纊塞耳所以弇聽也　淮南主術訓

兩纊為黈瑱也案此記與莊說及郭詩之義則人君以黃纊充耳大夫

漢書東方朔傳日用素絲為以玉也従毛王徒以石飾玉及鄭謂充耳為

玉名義乖錯故志詳

文選陸東都賦李善注引大戴礼曰黈纊塞耳所以塞聽也

御製詩四集卷二十九題敬齋古今黈有序曰永樂大典所收雖多而依類雜

排割裂淩亂以有用之書散置無用識可惜已蒞命詞臣重加校錄

裒輯於零斷之餘竟多若干古今黈其一也此書目見於元史

者凡四十卷今所收得僅五之一而四庫總編具有條理仍不失為

完也且翔晰疑義析衷釐正尤極精審洵散篇之寂佳者至
李治以黈名也惟取義於不外聽予則以黈纊塞聰有合於君臨
之道因題什而序之韻分也劉太多端不學從來致浩歎裒散
挪金資翰苑連珠集腋得神完覃研喜見仁卿著典核應同
觀國看方觀創言也蘊古衍繹文亦暢作君難
御注曰黈纊塞耳而聽於無聲張蘊古大寶箴語

指佞無難慎聽韓非之說

~~表第十二百一卷之韓~~

王充論衡是應篇曰儒者又言太平之時屈軼生於庭之末若草之狀主指佞人佞人入朝屈軼建末以指之聖王則知佞人所在

梁沈約宋書符瑞志曰黄帝至德光被群瑞畢臻有屈軼之草生於庭佞人入朝則草指之是以佞人不敢進

御製詩四集卷五十八讀韓非說難曰韓非著其說難發世態揣摩竟莫遺寧謂繇人之說者破其術祗在無私

漢書藝文志曰韓子五十五篇名非韓諸公子使秦李斯害而殺之

陳思書苑引筆陣而成圖

文獻通考經籍十七曰書苑菁華二十卷陳氏曰臨安書肆陳思集别

唐張彥遠法書要錄有衛夫人筆陣圖曰一如千里陣雲隱隱然其實有形、如高峰墜石磕磕然實如崩也丿陸斷犀象乚百鈞弩發丨萬歲枯藤乀崩浪雷奔𠃌勁弩筋節右七條筆陣圖出入斬斫圖永和四年上虞製記又法書要錄王羲之題筆陣圖後曰夫紙者陣也筆者刀矟也墨者鍪甲也水硯者城池也心意者將軍也本領者副將也結搆者謀略也颺筆者吉凶也出入者號令也屈折者殺戮也

形下丶字

御製詩四集卷二十三題書苑菁華曰好惡為君宜慎哉蒐書緣之翰手筆識來不能無彼因有此用識心存欲政推運筆語家備傳法臚

蓋廿卷允稱才臨池那盡帝王事獨愛公權一語該

御注曰是書為宋陳思撰凡二十卷採摭秦漢以逮唐人運筆結字之法兼及法帖古刻而以諸家詩文論及書法者附之

宋王楙野客叢書卷二十一曰古之戰陳字用陳字於靈公問陳之類是也至王羲之小學章獨阜旁作車為戰陣字而今觀漢簡字或書陣字後人改之耳非當時之本文也

顏氏家訓書證篇云雖王羲之小學章獨阜傍作車縱復俗行不宜追改六韜論語左傳也

馬總意林摹詞條所擇者

卷貳第百二十三卷子意林

唐書藝文志雜家類曰馬總意林一卷

通志藝文略雜家類意林三卷馬總撰

郡齋讀書志曰意林三卷唐馬總會元撰初梁庾仲容取諸家也術數雜記凡一百七家抄其要語為三十卷總增損成三軸前有戴叔倫楊伯存序

卷十四日意林三卷唐大理評事扶風馬總會元撰以庾鈔增損裁擇諸子書也

直齋書錄解題曰馬總仕至尚書僕射嘗副裴晉公平淮西者也

文選陸機文賦曰雖眾辭之有條必待茲而效績又曰普辭條與文律良余膺之所服

御製詩四集卷二十一題意林三絕句曰集錄裁成庾穎川意林三軸用茲傳漫撫撮要失備載嘗鼎一臠知味全都護安南致不頗用傳

術致政平和齊出五卷銅柱二無忝祖爲馬伏波六經等古示
綱常訓子何妨取所長節度豈徒矜佔畢要知制事有良
方

新唐書六十八馬總列傳曰總字會元系出扶風貞元中辟署滑州姚南仲
幕府坐姚累泉州別駕徙□王傅元和中以虔州刺史遷安南都護徙桂
管經略觀察使入爲刑部侍郎十二年遷御史大夫副裴度宣慰淮西吳
元濟平爲彰義節度留後尋改彰義爲淮西拜淮西節度使徙忠武陸華
州防禦鎮國軍使李師道平析鄆曹濮等爲一道除總節度賜號天
平軍長慶初劉總上幽州鎮地詔總徙天平而召總還會總卒穆宗以
鄆人附賴總復詔還鎮二年檢校尚書右僕射入爲戶部尚書總篤學雖
吏事倥傯書不去前論著頗多卒贈右僕射謚曰懿

黃伯思之博洽石墨精研

~~表書目十卷之東觀餘論~~

書錄解題曰東觀餘論三卷祕書郎昭武黃伯思長睿撰伯思右丞黃履之孫吳園張根之壻於李忠定綱為中外襟袂故忠定誌其墓伯思元符庚辰進士年四十而死好古博雅此有集一百卷此但止法帖刊誤及序跋古書畫器物考名餘論

宋李綱集黃伯思公墓誌銘曰公諱伯思字長睿邵武人天資穎悟敏風度夷粹恬嘉讀書日誦千餘言嘗夢孔雀集于庭覺而賦之詞采甚麗弱年甫冠入太學優等與薦遂送禮部南省屬哲宗升遐徽宗亮陰不言詔罷廷試時朝廷方以宏詞取士公將應其科屬会稽公薨公以毀得疾士論惜之公未第前以銓試第一人調磁州司法參軍久不之任丞星改通州司戶丁內艱不赴服除授河南府戶曹參軍秩滿受代少保莘國公鄧公洵武辟知右軍巡院留二年除詳定九域圖志所編修官兼六典檢閱文字改京秩尋充監議崇恩太后園陵使司主管牋表以修書恩陞朝列除祕書省校書郎既入館縱觀冊府藏書雅愜所好再遷祕書郎丁奉議公

夏不勝哀毀疾遂劇釋服至京師清癯骨立而嗜學不倦蓋好昔也
後除舊職不數月竟不起年四十公自幼學至強仕未嘗釋卷故所學汪洋
浩博上自六經下至諸子百家歷代史氏天官地理律歷卜筮無不精詣又好古文奇
字官洛下日與公卿所蓄三代彝器款識遂能了達并古器說凡四百二十六篇地志
文字尤富古器說東觀古圖地志說見于九域圖志有東觀文集一百卷尤精
小學奉朝命翰林侍書王著續正法帖病其乖偽作刊誤二卷首所論特雅

君子非公其誰當之

御製詩四集卷二十五天祿琳瑯鑒藏舊版書籍聯句臣曹文埴注曰明版東黃伯思
觀餘論是書內有法帖刊誤一種辨正王著之失頗稱精核

欽定閣帖釋文考異多採之

文心雕龍誄碑篇贊曰石墨鐫華頹影豈忒

御製詩四集卷三十題明版東觀餘論曰米已瀾王黃斥米從來嚴訟每
紛如千年下識千年上識乎寧當識事虛筆正明言在心正

古書垂法在今書重摹滔化加評訂也覺斯之未信争予
所題幽石思鷄華序曰余[redacted]私心竊慕古人每獲一名碑
必摩弄累日余居近關秦漢唐故都遺名書多在焉西安類官解
林為家故其蹟所及片石隻字必且駐觀其佳者輒蹤記之以侯好
事貴人從逸摹搨從之副本三十年所收裝池成帙用欵題之
公例竊刻跋語實所則魏氏之言以名其書曰石墨鷄華示誰同
好
宋史藝文志小學類曰黃伯思東觀餘論二卷又曰黃伯思法帖
刊誤一卷
宋史卷四百四十三黃伯思列傳曰伯思字長睿其遠祖自光州固始徙
閩為邵武人又云伯思好古文奇字洛下公卿家商周秦漢彝器款識研

究字畫體製悉能辯正是非道其本末遂以古文名家凡字書討論備悉初淳化中博求古法書命待詔王著續正法帖伯思病其乖僞龐雜考引載籍咸有依據作刊誤二卷

孫逢吉之淹通雲龍遙溯

奉言百三十五卷之職官分紀

直齋書錄解題曰職官分紀五十卷富春孫逢吉彥同撰大抵本職

林所增廣之撰條例粘密可資詳備矣秦少游序之元祐七年也

左傳昭公十有七年傳曰秋郯子來朝公與之宴昭子問焉曰少皞氏鳥名官何

故也郯子曰吾祖也我知之昔者黃帝氏以雲紀故為雲師而雲名大皞氏以龍紀故

為龍師而龍名我高祖少皞摯之立也鳳鳥適至故紀於鳥為鳥師而鳥名

漢書百官公卿表曰傳述其官以為宓羲龍師名官黃帝雲師雲名張晏注曰庖

羲將興神龍負圖而至因以名師與官也黃帝有景雲之應因以名師與官也

御製詩四集卷二十七題職官分紀曰立政惟人義豈磨股肱書起勑幾歌

古今制異雖沿襲黃職同生協和經史歷編無不備縹緗

獨弃有堪多双松出屋东皋隱構出對數又以何弟六句

御注曰是書為宋孫逢吉撰本楊侃職林而推廣之凡官職之古今異制不相沿襲者俱分目編次不強為附合體例最爲精審徵引史傳亦極詳博第七句

御注曰此書蔣曾瑩家藏也屬既以隱居為志即不必寓意於紀職官之書因戲詰之

宋史藝文志職官類曰孫逢吉職官分紀五十卷

宋史卷四百四孫逢吉列傳曰

按此為南宋之孫逢吉者是兩人

多知舊事類纂之錄　全

來言第七十卷之武林舊事

後漢書蔡邕傳曰太尉馬日磾曰伯喈曠世逸才多識漢事

御製詩四集卷四十六題增補武林舊事曰補因廷煥原周密舊事武林想像閒正向金朝稱娙際那似豪興賞湖山都人士女走如狂天子真稱孝壽皇便是北方有歸櫬安能五國鮮淒涼朝歌暮舞勝都京水秀山明湊雅情繪出承平真氣象只時豈果是承平

宋周密武林舊事序曰乾道淳熙間三朝授受兩宮奉親古昔所無一時聲名文物之盛號小元祐豐亨豫大至寶祐景定則幾於政宣矣予曩於故家遺老得其梗概及客脩門閒閒退璫老監談

先朝舊事輒耳諦聽如小兒觀優終日夕不少倦既而曳裾貴
邸耳目益廣朝歌暮嬉酣玩歲月意謂人生正復若此初不
省承平樂事為難遇也及時移物換憂患飄零追想昔遊殆
如夢寐而感慨係之矣歲時檀欒酒酣耳熱時為小兒女戲道
一二未必不反以為誇言欺我也故欲萃為一編如吕滎陽雜記而加
詳孟元老夢華而近雅病忘慵惰未能成書世故紛來惧終於不暇紀載
因摭大槩雜然書之青燈永夜時一展卷恍然類昨日事而一時朋遊淪落
如晨星霜葉而余亦老矣噫盛衰無常年運既往後之覽者能不興慨
我寤歎之悲乎四水潛夫書

武林舊事卷三西湖遊幸條曰淳熙間壽皇以天下養每奉德
壽三殿遊幸湖山宰執從官以至大璫應奉諸司及京府彈壓

等多乘大舫無處數百時承平日久樂與民同凡遊觀買賣皆無所禁畫楫輕舫旁午如織至於果蔬羹酒關撲宜男戲具鬧竿花籃畫扇彩旗糖魚粉餌時花泥嬰等謂之湖中土宜歌妓舞鬟嚴妝自衒以待招呼者謂之水仙子蓋耳目不暇給焉凡仕宦恩賞之經營禁省臺府之囑託貴璫要地大賈豪民買笑千金呼盧百萬以至痴兒騃子密約幽期無不在焉日糜金錢靡有紀極故杭諺有銷金鍋兒之號此語不爲過也

沈約宋書曰王淮之字元曾晉尚書僕射彬之元孫也曾祖彪之位尚書令博聞多見練悉朝儀自是家世相傳並諳記江左舊事

一洗清波吳詞筆之諫墓

表吉第一百四十一卷之清波雜志

御製詩四集卷二十七題明人影宋鈔清波雜志曰逸史犂然志紹熙父老侍奉此條奇唐鈎晉跡隔一間明影宋刊非兩岐世道人心斯繫矣南遷北伐早畀之清波門外西湖水洗盡當年諫墓辭

御注曰此書雜錄志古今事蹟而於高宗南遷臨安建都特詳於題宋中興聖政草詩已論之茲不復贅

宋周煇清波雜志自序曰煇早侍先生長者與聆前言往行有可傳者歲晚遺忘十不二三暇日因筆之非曰著述長夏無所用心賢於博弈云爾時居都下清波門目[illegible]為清波雜志紹熙壬子六月

新唐書一百一韓愈列傳曰劉叉者亦一節士聞愈接天下士步歸之能面道
人短長後以爭語不能下因持愈金數斤去曰此諛墓中人得耳不若與
劉君為壽愈不能止歸齊魯不知所終

宋史藝文志小說類曰周煇清波別志二卷

案此附見新
書韓愈傳
再查

太平御覽待粉飾手稿名

表言第百三十五卷太平御覽

郡齋讀書志曰太平御覽一千宋朝李昉等撰太平興國中昉被詔輯經史故事分門

宋敏求春明退朝錄曰太宗詔諸儒編故事一千卷曰太平總類文章一千卷曰文苑英華小說五百卷曰太平廣記醫方一千卷曰神醫普救總類成帝日覽三卷一年讀周賜名曰太平御覽

書錄解題曰太平御覽以前代修文殿御覽藝文類聚文思博要及諸書參譯修纂太平興國二年原號太平編類受詔八年書成改名以三朝國史考之館閣及禁中書總三萬六千餘卷而御覽所引書多不著錄蓋可見矣

御製詩四集卷●二十一題太平御覽書六韻曰太平誰不喜求實亟求名必也勵乾惕還當戒滿盈設徒資翻閱終致詡皇亭宋帝

懷魏德三世弭衆英搜羅雖已富考證未云精四庫翻
其目五言寫我情
宋王闢之澠水燕談錄卷六曰太宗銳意文史太平興國中詔
李昉扈蒙徐鉉張洎等門類羣書一千卷賜名太平御覽
太宗日閱三卷因事有闕暇日追補之嘗曰開卷有益朕不
以爲勞也

國學紀聞偶抨彈 其迂論

袁言序首 卷之國學紀聞

元袁桷國學紀聞序曰禮部尚書王先生知濂洛之學日趨浙爾固陋瞠目拱

手面牆背芒然矣爲國學紀聞二十卷淵奧精實非細繹不能解 先生諱應

麟字伯厚自號深寧居士

御製詩四集卷六十五四庫全書薈要聯內注李注度注曰如春秋直解困

學記聞鐵崖古樂府歸有光集等書並有

御製文亦恭錄卷首

宋史卷四百三十八 儒林列傳曰 王應麟

宋謝伋四六談麈曰陸益中德先解人宣和再為中執法嘗彈蔡絛范丞相建炎間荅其啓云久居言路抨彈多權貴之臣屢掌文衡皆拔時純正之士

宋洪邁容齋四筆曰唐世臺官雖職在抨彈然進退從違皆出宰相不若今之雄緊

晚唐小史入廚甯取乎危言

~~宋書第百四十二之唐闕史~~

通志藝文略第三曰闕史三卷唐高彥休撰記大歷以後至乾符事

唐書藝文志曰小說家類高彥休闕史三卷

書錄解題曰（卷十一）唐闕史三卷唐高彥休撰自號參寥子乾符中人

黄伯思東觀餘論曰跋唐高彥休闕史後曰政和三年秋于東都清平坊借此書敘云甲辰歲編次蓋僖宗中和四年也而其間有已書僖號者蓋後人追改之彥休敘事頗可觀但過為緣飾殊有鏡溪虬户體此其贅云

御製詩四集題唐闕史詩曰知不足齋真不足謂於書籍是賢乎長編大部歸度閣小說危言亦入廚闕史兩篇傳摭拾晚唐遺蹟見規模彥

休自號參寥子參得寥天一也參

御注曰知鮑士恭家藏書處名知不足齋

唐參寥子闕史序曰武德貞觀以後吮筆為小說者多矣貞元大曆以前捃拾無遺矣大中咸通而下或有可以為誇尚者資談笑者垂訓誡者惜乎不書於方冊輒從而記之愚乾符甲午歲生唐世二十有一始隨鄉薦於小宗伯或預聞長者之論退必書于搗網歲月滋久所錄甚繁中和歲齋衙構逆翠華幸蜀構虜未期鳴鑾在遠旅泊江表問安之暇出所記述亡逸過半又刪去之十存三四焉其五十一篇分為上下卷約以年代為次甲辰歲清和月編次

南齊書陸澄傳曰王儉戲澄曰陸公書廚也

宋史藝文志曰闕史一卷參寥子述又曰高彥休闕史三卷

南宋按鞠深擿其曲筆

御製詩四集卷五十五詠程史隆興按鞠事曰孝宗初𠋫銳志期復
古宮中戒晏安習勞御鞠馬擊鞠殿庭中張帝豫風雨一日馬覺
疲奔逸入殿廡馬馳上擬楣垂立扶而下衆陛驚失色繼乃頌神武
鳴呼有是哉殿豈試馬所然而有其對乃曾經目覩為南齋侍郎
援經詩皇子下直乘馬歸馬入齋罥楣失覗遂致病休致還田里
二事正相同一笑常堪拊岳珂方譽之謂符厥藝祖
御注曰岳珂載孝宗此事謂與藝祖抵城挽鬃宗若合符節以譽孝宗之
英武誠不值一噱如珂所紀善馳控者必不為此乃至首觸於楣猶復
攀楣垂立其為能已可驚見者何足譽之有若藝祖因試惡馬且不
施銜勒馬逸上城斜楣墜地徐起追馬騰上事載宗史其可移生於

騰馬而不在觸楣孝宗何堪比擬適与齊呂南之騎馬入門罣楣傷
腦同資笑柄耳
宗陸振知直翁出録解　題曰桯史十五巻岳珂撰桯史者猶言柱記
也原注曰說文桯牀前几也

十七卷騷人薈類更證以草木之名

卷第百四十八卷之齋

欽定補繪騷全圖三卷

總目集部楚辭類四

國朝蕭雲從原圖乾隆四十七年奉

敕補繪蕭雲從原本書

御製詩四集卷二十七題宋版楚辭曰信是身清志猶烈允宜朱注向爲刊害公有疾託蕭艾以隱撫蕙蘭論古怡明論今

閣責人則易責躬難畢然惕若披芸處敢作尋芳澈閬觀

御製詩四集卷三十一題影宋鈔吳仁傑離騷草木疏曰疏傳草木異

別王特重離騷廿五章豈為春園閑桃李獨存古道弔沅湘

辨雖魚魯篇之核義寓興觀字之芳雖是羅田版亦矣步兵

從可識中郎

御製詩四集卷八十七題蕭雲從山水長卷曰四庫呈覽離騷圖始識雲

從其人也羣稱國初善畫人二王惲黃伯仲其 案此題在四庫全

書第一部告成以後矣 又卷八十九

御製題補繪蕭雲從離騷全圖八韻曰蘊史老田野披憐長卷情不緣四庫

韓那識此人名亦詮道由寓三閭蹟以呈圖之為手繪並用見心精歲

久惜散佚朝西清命補成昔圖一百五另史表幽貞惟屈性無屈曲名

平鳴不平還云可以汲披閱凜王明第二句

御注曰四庫全書館進呈蕭雲從所著離騷圖始知其善畫

二百年吏部清吟特賞其烟霞之氣

葉夢得避暑錄話曰王荆公初未識歐陽文忠公至和初為羣牧判官文忠還朝始見知遂有翰林風月三千首吏部文章二百年之句

御製詩四集卷二十七題宋槧謝宣城集曰李杜稱詩久樸淡鏤板于茲奚資陸古藻績且怡情詎祇摛辭麗頗多契理精歟嘆判刺史何據五言城第六

御注曰是集於宋紹興丁丑秋宣城守樓炤鏤於郡齋距謝朓已六百五十餘年又六十四年為嘉定庚辰郡守洪伋以舊版字畫漫漶復刊之

陳振孫直齋書錄解題卷十六曰謝宣城集五卷齊中書郎陳郡謝元暉撰集本十卷樓炤知宣州止以上五卷賦與詩刊之下五卷

此書時應用之文襄世之事可采者已見本傳及文選錄視詩芳
焉無待云也
宋朱翌猗覺寮雜記卷上曰歐陽永叔贈介甫□□□□□月三千首吏
部文章二百年介甫答云他日若能窺孟子□□□敢望韓公議
者謂介甫怒永叔以退之□□□有□乃南□謝朓吏部也
沈約見其詩云二百年來無此□□□□唐為誤以余考之歐公必不以謝
比介甫介甫不應誤以謝為韓□□□與高錫望書曰唐朝以文索
士二百年間作者數十輩獨高□□□許□歐公用此事介甫未嘗誤
認事也
宋陳鵠耆舊續聞卷一曰中書侍郎公嘗與翌新仲言歐陽公與王荊公詩云
翰林風月三千首吏部文章二百年荊公答云他日若能窺孟子終身
何敢望韓公歐公笑曰介甫錯認某意所用事乃謝朓為吏部尚書沈約
與之書云二百年來無此作也若韓文公迨今何止二百年耶前後

名公詩話至今博洽之士莫不以歐公之言為信而荊公之詩為誤
不知荊公所用之乎乃[illegible]以山之史部也二百年來無
此文也歐公知其一而不知[illegible]二埃介甫[illegible]曰歐公坐讀書未博
[illegible]
御注曰是集於宋紹興丁丑刻[illegible]
五十餘年又六十四年至十三為嘉定庚辰郡守洪伋以舊版字畫漫漶
復刊之
陳振孫直齋書錄解題卷十八謝宣城集五卷尚書郎陳郡謝
朓撰集本十卷樓炤知宣州止以上五卷賦與詩刊之下五卷

出當時在朝之氣象世之事可求者已見本傳及文選餘視諸子
焉無待于也
宋朱翌猗覺寮雜記卷上曰歐陽永叔贈介[illegible]月三千首吏
部文章二百年介甫答云他日若能窺孟[illegible]敢望韓公議
者謂介甫怒永叔以退之[illegible]乃南[illegible]謝朓吏部也
沈約見其詩云二百年來無此[illegible]為誤以余考之歐公必不以謝
出介甫介甫不應誤以謝為韓[illegible]與馬錫詩云曰唐朝以文索
南齊書謝朓傳曰朓長五言詩數擧稱為[illegible]云詩[illegible]歐公有七十介甫未嘗誤
謂事也
宋陳鵠耆舊續聞卷一曰中書待[illegible]翌新仲言歐陽公與王荊公詩云
翰林風月三千首吏部文章二百年荊公答云他日若能窺孟子終身
何敢望韓公歐公笑曰介甫錯認某之意用事謝朓為吏部尚書沈約
與之書云二百年來無此作也若韓文公迨今何止二百年耶前後

蕉摊録　杜續柬灛鬻之膠

杜甞作柳

史記太史公自序正春

以膠五兩于帝以付外庫西使
子吳張弦西使乃乞以餘膠續之以
晉張華博物志卷二漢武帝時西域
後從武帝射於甘泉宮帝弦斷
口濡膠爲水注斷弦兩頭相連弦　來去不斷
總目卷百四十九集部别集類曰九家集注杜詩三十六卷内府藏本宋
郭知達編知達蜀人前有自序作於淳熙八年又有曾噩重刻序作
於寶慶元年噩據書録解題字子肅閩清人淩迪知萬姓統譜則
字噩甫閩縣人慶元中尉上高後遷廣東漕使未詳孰是此本王

洪宗郎王安石黄庭堅薛夢符杜田鮑彪師尹趙彥材之注而去
取之别裁有法陳振孫稱重刊板五羊漕司字大宜老最爲善本此本
即重家初印宋板中之絶佳者
又卷一百五十集部别集類曰五百家注音辯昌黎先生文集四十卷
内府藏本宋魏仲舉編仲舉建安人慶元六年刻於家塾實當
時坊本也首列評論詁訓音釋諸儒名氏一篇自唐燕山劉氏迄潁人
王氏共一百四十八家又附以新添集注五十家補注五十家廣注五十家
釋事二十家補音二十家協音十家正誤二十家考異十家統計稱三百
六十八家大抵虚構其目蓋與所刊五百家注柳集均一出肆賈習氣然其
間有考證音訓者數十家原書多失傳賴此以獲見一二亦不可謂非仲舉
之功也
又曰五百家注音辯柳先生文集二十一卷外集二卷新編外集一卷龍
城録二卷附録八卷内府藏本宋魏仲舉編其版式廣狹字畫肥

瘠与所刻五百家註白勳集纖毫不爽蓋二集一時並出也前有訓詁評論姓氏亦不足五百家蓋諸家論韓者多論柳者少特姑以五百家之名与韓集相配耳外集二卷新編外集一卷乃原集未錄之文共二十五首附錄二卷則羅池廟碑及崇甯紹興加封誥詞之類而諸言註五則亦在其中又附以龍城錄二卷序傳碑記共一卷後序一卷而柳文綱目文安禮年譜則僅冠之卷首其中如封建論後附程敦夫論又揚柳酒箴李華楨銘屈原天問則爲錫天論亦採掇叢雜而甯宛丘漏亦有資考訂者且槧鍥精工在宋版中亦稱善本今流傳五六百年紙墨如新与昌黎集注先後同歸

祕府珠還合浦劍會延津是尤可寶貴矣

御製詩四集卷二十五天祿琳琅鑒藏舊版書籍聯句臣周煌注曰五百家注柳子厚集乃　武英殿舊貯因移得五百家注韓集取校之同為韓醇刊本且鈐雙璽臣梁國治注曰九家集注杜詩是也從　武英殿庫貯殘書內檢得之

五百家注昌黎集韓本自為擷拾之富寶祇百四十八家而已

御製詩四集卷二十七再題宋版九家注杜詩曰允氏之戈和氏弓續增天祿吉光中浣花眉列森森金帙金粟身存舊卷簡尤物寓論題兮晚逢時亦有塞兮通武英棄置今方出絜矩人材默惕衷第四句

御注曰世以職經緣之未作經冊者為卷簡緣最為難得此書而頁用之是書度庋塵　武英殿庫架不知幾許年茲以校勘四庫全書始物色及之且翔其為宋槧善本即此不可以悟人材之或有沈淪耶

御製詩四集卷二十五題郭知達集九家注杜詩曰平生結習寢於詩
老杜真堪作我師（之出處）鋟實郭集存仍寶慶及漕臣
九家正注宜存耳餘氏支辭概去之適以遺編搜四庫乃
斯古刻見漕司爭珍際遇殊鷺晚尤物闡華固有時重以琳
瑯續天祿我聞是遍讀何辭

御注曰是編為宋郭知達集九家注乃王文公宋景文豫章先生王源
叔薛夢符杜時可鮑文虎師民瞻趙彥材見於知達序其言
王文公即王安石宋景文即宋祁王源叔名洙杜時可名田師民瞻
名尹趙彥材名次公薛夢符鮑文虎即其名豫章先生蓋黃
庭堅也版刻於廣東詳見曾噩序卷後署云寶慶乙酉廣東
漕司鋟版馬端臨文獻通考載此版亦稱為善本此書舊藏武英
殿僅為庫貯陳編無有知其為宋槧者茲以校勘四庫全書向武
英殿移取書籍始鑒及之而前此竟未列入天祿琳瑯書目之集

之遇合遲早亦有數耶！天禄琳瑯惜早已成，此本當爲續入

上等。

御製詩四集卷二十九題宋版韓昌黎文集句：載道情文詩不磨，齊昌黎步更伊何。唐家制度傳垂露，宋氏鎸鋟存摩窠。真是起衰空八代，弗慙瀚瀚息千波。言宜長短因氣盛，玩味多年受益多。

十洲記曰：續弦膠，或名連金泥。此膠能屬連弓弩斷弦，連刀劍斷折之金。膠連，使人挽擊他處即斷，此終不復脫。天漢二年，帝幸北海祠恒山，西國王使至，獻膠四兩。帝幸華林苑射虎而弩弦斷，使者從駕，因上膠一分，使口濡以續弦。帝驚曰乃使武士數人對擊，終日不斷。膠青色，如碧玉。帝乃重之，厚賂使者而遣之。御覽所引

並探郊祁擬以棠華之句

東書第百卷二卷之宋元憲集宋景文集

郡齋讀書志曰宋元憲集四十四卷一作緹中集二十卷宋庠撰庠字公序開封雍邱人天聖中擢進士第一入翰林為學士皇祐元年拜相嘉祐中復為樞密使封莒國公以司空致仕初名郊字伯庠御史言其姓符國號名應郊天乃改今名宋景文集一百五十卷宋祁撰祁字子京與其兄郊同舉進士奏名第一章獻以為弟不可先兄乃擢郊第一而以祁為第十當是時俱以詞賦妙天下號大小宋累遷知制誥除翰林學士承旨卒方平為之請謚景文

御製詩四集卷四十一題元憲景文集並各書其卷首有序曰宋庠宋祁兄弟同負盛名且同舉進士時以大小宋並稱乃其官位一至宰輔一均為士業所就既殊情性亦各異故其詩文沈博新警因各隨其性之所近而為世所傳誦則同及戒其子不令刊類文集行世亦同造其

後雖經合刊而仍歸散佚又同落後蒐輯成集並以聚珍版印而流傳之文無特同其間不同之故庠與祁固無從知之余亦烏從而知之能甚散也由於皆韜晦而其所似也幸有永樂大典之僅存佚之於七百餘年以前而完之於三百餘年以後則又後歸於同余因合題一詩並冠於兩集簡首更使之不同而同則向之所謂同不同其時可勿深論是之謂大同二宋合刊曾紀王惜郭分集失傳詳學好古者綜雖晦行不負言文益彰伯也孫及表揚仲弟强識富文章能綜儉遇及奉遇弗愧元方與季方收拾碎珍得全册吟題七字劉前行休嗟大典終割裂愛禮韋存萃餘華

宋史卷二百八十四宋庠列傳曰庠字公序安州安陸人後徙開封雍邱天聖初舉進士開封試禮部皆第一擢大理評事同判襄州召

試遷太子中允直史館歷三司户部判官同修起居注再遷左
正言兼知制誥並史館修撰知審刑院改權判吏部流内銓
遷尚書刑部員外郎仁宗頗以為右諫議大夫同知樞密院事
中書言故事無自知制誥除執政者乃詔為翰林學士庠初名郊
李淑忌其先已以奇中之言為不祥帝特為之因改名庠寶元
中以為右諫議大夫參知政事與宰相呂夷簡論數不同乃以庠知
揚州未幾以資政殿學士徙鄆州進給事中復召為參知
政事慶歷七年旱用漢策免三公故事罷宰相特削一官以庠
為右諫議大夫明年除尚書工部侍郎充樞密使皇祐中拜兵部
侍郎同中書門下平章事集賢殿大學士言事者劾罷遷工部尚書
慶歷三年諫官包拯奏庠不戢子弟庠亦請去乃以刑部尚書

觀文殿大學士知河南府後徙許州又徙河陽再遷兵部尚
書以檢校太尉同平章事充樞密使封莒國公與副使程戡不
協戡罷而御史言庠昏惰乃以河陽三城節度同平章事判
鄭州徙相州以疾召還英宗即位移鎮武寧軍改封鄭國公庠
在相州即請老至是求之乃出判亳州以司空致仕卒贈太尉兼侍
中謚元獻庠與祁俱以文學名天下儉約不好聲色讀書不倦嘗
校定國語撰補音三卷又輯紀年通譜區別正閏為十二卷為
十二卷摭垣叢志三卷尊號錄一卷別集四十卷弟祁字子京
同時舉進士禮部奏祁第一庠第三章獻太后不欲以弟先兄乃
擢庠第一置祁第十八呼曰二宋釋褐復州軍事推官孫奭薦之
改大理寺丞國子監直講召試授直史館再遷太常博士同知禮儀

院遷尚書工部員外郎同修起居注權三司度支判
官徙判鹽鐵句院同修禮書次當知制誥而度方參知
政事乃以為天章閣待制判太常禮院國子監改判太常
寺度罷郡亦出知壽州徙滁州還知制誥權同判流内銓
以龍圖閣直學士知杭州留為翰林學士提舉諸司庫務
聲應辭乃增置句當公事官徙知審官院兼侍讀學士度
復知政事辭翰林學士改龍圖學士史館脩撰修唐書
累遷右諫議大夫充群牧使度為樞密使祁復為翰林學士
累請中~~詔記直書~~進溫成皇后為貴妃祁當制不俟旨寫
誥不送中書徑取官告院印用之坐出知許州數月復召為侍

讀學士史館修撰還給事中直龍圖閣學士坐其子從張
彥方游出知亳州兼集賢殿修撰歲餘從知成德軍還
爲禮部侍郎徙定州加端明殿學士特遷吏部侍郎知益
州爲除三司使右司諫吳及嘗言祁在定州不治縱家人在蜀
奢侈御史中丞包拯亦言祁益部游燕且兄方執政不宜任三司
乃加龍圖閣學士知鄭州唐書成遷左丞進工部尚書入判尚書
都省踰月拜翰林學士承旨復爲羣牧使得疾祁尤能文
善議論然清約不及庠論者以祁不至公輔亦以此云修唐書
十餘年自守亳嘗以稾自隨爲列傳百五十卷預修又撰大
樂圖二卷文集百卷祁卒敕其子不請謚久之學士承旨張方
平言祁法應得謚謚曰景文

文恭著作先跋尹兩跟行　一

~~永吉第百年二十卷之文恭集~~

御製詩四集卷二十八題胡宿文恭集曰久曾刪裂付全雖四庫搜羅為復完出與立朝有本末可歎還佚醜彫殘既經呈覽斯予了自占嘗潛令彼安道集原錄俾鈔錄至文乃令會錄刊刻坊故詩篇忠告道院青詞寔異端去取之間繁旗擇示旌大聯付儒官第十句

御注曰胡宿文筆頗佳允宜刊以傳世第集中並及道場青詞殊乖正道且代翁坊致語及為內中侍御撰詞則尤為瑣狎自當存其正者刊行全集鈔存可耳

宋史卷三百十八胡宿列傳曰

宋史卷三百十九歐陽脩列傳四

宋史卷二百九十五尹洙列傳曰

忠肅風裁抗蘇經而特立

~~末書第百十三卷之忠肅集~~

書録解題曰劉忠肅集四十卷丞相忠肅公東光劉摯莘老撰凡四舉於鄉試

禮部為第一登嘉祐四年甲科劉元城為集序述其出處大槩

御製詩四集卷四十一題劉摯忠肅集六韻曰散編裒集還全璧世久湮淪

詩始今必有鬼神為呵護自然天地佑忠忱未嘗釋卷於經處遂却匪

空言見理深出處一身守直亮是非兩字辨僉壬明陳十害邪鋒鬭

分析二章正氣森六百載餘惜惘爲裕陵見擯獨何心

御注曰劉摯文集四十卷見於宋史藝文志及馬端臨文獻經籍考世久無傳

本今從永樂大典所載中裒集編綴各體具備共得文二百八十五

首詩四百四十三首以原書卷目相校尚可得十之六七云

宋葉夢得石林燕語卷十四劉丞相摯家法儉素閨門雍睦凡冠

巾衣服制度自其先世以來嘗守一法不隨時增損故承平時其子弟雖爲士大夫聞望而知其爲劉氏也

宋史蘇軾傳曰軾字子瞻眉州眉山人嘉祐二年試禮部第一殿試中乙科調福昌主簿以才識兼茂薦對策入三等除大理評事簽書鳳翔府判官治平二年入判登聞鼓院英宗召試直史館熙寧二年王安石執政以判官告院安石使御史謝景溫論奏其過軾遂請外通判杭州徙知密州徙徐州湖州御史李定摭其表語訕謗逮赴臺獄神宗憐之以黃州團練副使安置移汝州軾上書自言有田在常願得居之報可哲宗立復朝奉郎知登州召爲禮部郎中遷起居舍人元祐元年遷中書舍人尋除翰林學士二年兼侍讀三年權知禮部貢舉四年請外拜龍圖閣學士知杭州六年召爲吏部尚書改翰林承旨復以讒請外乃

以龍圖閣學士出知潁州七年徙揚州未閱歲以兵部尚書召
兼侍讀尋遷禮部兼端明殿翰林侍讀兩學士為禮部尚書
八年哲宗親政乞補外以兩學士出知定州紹聖初御史論軾
掌內外制日所作詞命以譏斥先朝遂以本官知英州未至貶
寧遠軍節度副使惠州安置又貶瓊州別駕徽宗立移廉
州改舒州團練副使徙永州還提舉玉局觀復朝奉郎建
中靖國元年卒于常州年六十六軾自為舉子至出入侍從必以愛
君為本忠規讜論挺挺大節羣臣無出其右但為小人忌惡擠
排不使安於朝廷之上
宋史劉摯列傳曰劉摯字莘老永靜東光人嘉祐中擢甲科
歷冀州南宮令以治行聞徙江陵觀察推官用韓琦薦得館

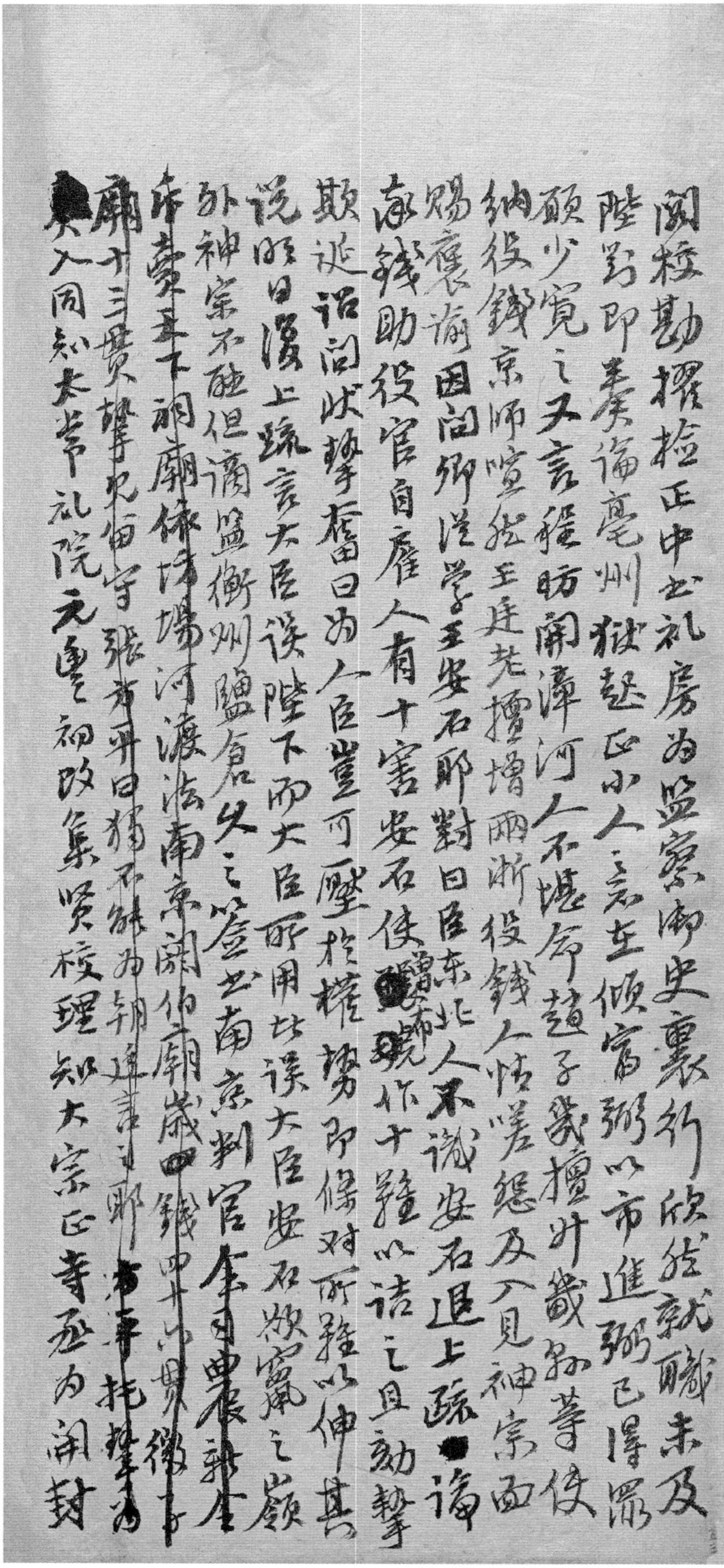

閱校勘，擢檢正中書禮房，為監察御史裏行，欣然就職。未及
陛對，即差備亳州獄，鞫正小人，忘在傾官，謂以市進，謂已得罪，
頗少寬之。又言程昉開漳河，人不堪命，趙子幾擅升戴物等使
納役錢，京師喧然，王廷老擅增兩浙役錢，人情嗟怨。及入見，神宗面
賜褒諭，因問：「卿從學王安石耶？」對曰：「臣東北人，不識安石。」退上疏●論
斂錢助役，官自雇人，有十害。安石使曾布作十難以詰之，且劾摯
欺誕。詔問狀，摯奮曰：「為人臣豈可壓於權勢？」即條對所難，以伸其
說。明日復上疏，言大臣誤陛下，而大臣所用皆誤大臣。安石欲竄之嶺
外，神宗不聽，但謫監衡州鹽倉。久之，以簽書南京判官。會因申裹新舍
斥，豪奪下祠廟，條陳場河渡，依南京祠伯廟歲四錢四十八貫徽，
廟十三貫。摯見留守張方平曰：「獨不能為朝廷言耶？」乃托摯為
[illegible]入同知太常禮院。元豐初，改集賢校理，知大宗正寺丞，為開封

府推官神宗開天章閣議新官制除丞禮部郎中回以南
官舍人非他曹比途出劉摯門即命之俄遷右司郎中坐以
開封不置曆事罷歸明年起知滑州哲宗即位召為吏部
郎中改秘書少監擢侍御史時蔡確章惇在政地與司馬光不
相能摯因久旱上言願進忠良若天戒黜確為山陵使靈駕
發引前夕不入宿摯劾之不報又疏確大惡有十論章惇凶悍
輕侮無大臣體皆罷去引朱光庭王巖叟為言官執憲數
月正色彈劾多所糾出百僚畏憚時人以比包拯呂晦元祐元年
擢御史中丞拜尚書右丞進左丞中書侍郎遷門下侍郎胡
宗愈除右丞諫議大夫王覿疏其非是宣仁后怒將加深譴摯

閑救甚力簾中屢詰曰若有人以門下侍郎為姦邪甘受之
否摯曰陛下審察毀譽每如此天下幸甚然願頤大體宗愈
進用自有公議必致好諫官而後進恐宗愈亦未安宣仁后之意
解六年擢尚書右僕射摯性峭直有骨鯁不為利怵威誘
自初輔政至為相脩嚴憲法辨白邪正專以人物處心孤立一意不受謁
請子弟親戚入官皆令赴銓部以格調選未嘗以干朝廷與呂大防同位國
家大事多決於大防惟進退士大夫實執其柄然持心少恕勇於去惡竟
為朋讒奇中先是邢恕謫官永州以書抵恕摯故與恕善答其書有永
州佳處第往以俟休復之語排岸官茹東濟傾險人也有求於摯
不得見其書陰錄以示御史中丞鄭雍侍御史楊畏二人方交

摯摯遂箋釋其語上之曰休復者語出周易以俟休復者俟他日太皇太后復子明辟也又章惇諸子故与摯之子游摯亦間與之接雍畏謂延見接納為牢籠之計以冀後福宣仁后於是面喻摯曰言者謂卿交通匪人為異日地卿當一心王室若章惇者雖以宰相處之未必樂也摯皇懼退上章自辯執政亦為之言宣仁后曰垂簾之初摯排斥姦邪實為忠直但此二事非所當為也以觀文殿學士罷知鄆州給事中朱光庭駁云摯忠義自奮朝廷擢之大位一旦以疑而罷天下不見其過光庭亦罷七年從大名又為雍等所遏徙知青州紹聖初來之邵周秩論摯變法棄地罷奪職知黃州再貶光祿卿分司南京蘄州居住將行語諸子曰上用章惇吾且得罪若惇顧國事不遷怒百姓但責吾曹死無所恨正慮意在報國復

法令益峻奈天下何憂形於色無一言及遷謫意四年陷邢恕之謗貶
鼎州團練副使新州安置唯一子從家人洋泣願侍旁不聽至數月以疾卒
年六十八初摯与呂大防為相文及甫居喪在洛望服除恐不得京官抵书
邢恕曰改月遂除八朝之計未可必當塗猜怨於鷹揚者益深其徒实繁司
馬昭之心路人所知也濟之以粉昆必欲以眇躬為甘心快意之地可為寒
心其謂司馬昭者指呂大防獨當國久粉昆者世以駙馬都尉為粉侯韓嘉
彥尚主以兄忠彥為粉昆也恕以书示蔡碩蔡渭之上本訟摯及大防等十
餘人陷其父確謀危宗社引及甫本為證時章惇蔡卞誣造元祐諸人
事不已因是欲殺摯及梁燾王岩叟等以為摯有廢立之意遂起同
文館獄用蔡京安惇雜治逮問及甫及甫元祐末復德大防除權侍郎

又忠彥雖罹哲宗眷々未衰乃託其亡父嘗説司馬昭指劉摯彩謂王巖叟面白如粉昆謂梁燾字況之況狀兄弟又問實狀但云疑其事勢如此会摯卒京奏不及考驗遂免其子官与家屬徙英州凡三年死於瘴者十人徽宗立詔反其家屬用子跂請得歸葬跂又伏闕訴及甫之誣遂貶及甫幷謂於湖外後摯中大夫蔡京為相降朝散大夫後又復觀文殿大学士大中大夫紹興初贈少師謚曰忠肅

勤王留守呼北渡年凡三

表言第十首至本卷上宗忠簡集

宋史宗澤傳四卷三百六十宗澤列傳曰

殉節侍郎吐南朝壯惟一

袁書第百五十五卷 忠愍集

書錄解題曰李忠愍集十二卷吏部侍郎臨洺李若水清卿撰後二卷為附錄其死事時方三十五歲本名若冰以靖康出使改今名詩文雖不多而詩有風度文有氣槩足以知其所存矣

宋丁特起靖康紀聞曰靖康元年十一月二十二日金兵壓境閏十一月二十五日金人縱火燒諸門二十七日金人遣李若水入城告諭少帝勿須攜還及遊幸駕出郊議大事三十日上擁數騎出南薰門詣晚駕未回十二月初二日駕歸初九日以後金人索取金帛靖康二年正月初九日詔云朕以初十日出郊見兩元帥初十日平旦駕出南薰門十一日午時刻侍郎至自大金元帥以金銀表段少駕未得回二月十一日上自軍前批付云我以失信為大金人所廢太上皇帝亦批御劄云速令太子出來是晚皇后太子公主並出南薰門十二日金人移文城中立張邦昌治國事十四十五十六十七日開封府津遣王公帝姬宗室節次出門哀號之聲達于遠近二十七日李若水見及從吏單在軍中道軍中事云金人初廢上時蕭慶持詔讀罷迫上脫袍獨若水抱持上呼天

仲若為金人所因累令金官高尚書諭若水以高爵若水抗論云皇帝非失
信以祖宗積累之艱難三世方得河東陵寢在焉大河在焉而不敢輕與金人
惟義所在而已且如二元帥自去歲城陷之後再立主上亦事大國歃血未
乾又復違背又于金銀所須之外雖之需索無厭貪人土地取人婦女玉帛
而覆我宗社害我生靈是巨賊耳弔民伐罪豈如是乎二酋大怒令
拽下殿於青城東華門外敲殺之臨死罵聲不絕于口自金人強暴傾危
王室士大夫能以身死社稷之難者繆聞若水一人而已萬世之下宜不能掩
其忠也　卷四百四十六忠義列傳曰
宋史李若水傳

御製詩四集卷二十九題李若水忠愍集曰主和誤國罪實辭即使弗和
禍亦隨慷慨捐軀誠可尚詩文成集合教無浩然之氣塞天際不幸
而生革命時全彼忠還申已義事非得已慘何為
御注曰或謂若水初亦頗主和議卒能慷慨殉節足以自贖此以和議均非自
屬正論第彼時宋勢日弱金勢日強求和固適以自趣其亡即不請和
亦未必能懷敵而幸免於禍非有識者未易見及此耳

學如和叔原不限以宗朱

~~袁燮有古文十卷絜齋集~~

直齋書錄解題曰：絜齋集二十六卷，後集十二卷，禮部侍郎四明袁燮和叔撰。

絜齋集中有象山集序曰：先生自知學，講求大道，不得弗措，久而浸明，又久而大明，此心此理，貫通融會，美在其中，不勞外索。揭諸當世曰：學問之要，得其本心而已。心之本真，未嘗不善，有不善者，非其初然也。孟子嘗言之矣：向為身死而不受，今為宮室之美、妻妾之奉、所識窮乏之者得我而為之，此之謂失其本心。其言昭晰如是，而學者不能深信，謂道為隱而不知其著，謂道為遠而不知其近，求之愈過，道愈湮鬱。至先生始大發之，如指迷塗，如藥久病，迷者悟，病者愈，不越於日用之間，而本心在是矣。嗚呼！先生之惠後學宏矣。先生之言，大率由中出上而啓沃君心，下而切磨同志，又下而開曉黎庶，及其他難能英達，皆此心也。儒釋之所以分，義利之所以別，剖[redacted]析至精，於辨白黑，遏俗學之橫流，援天下於陷溺，吾道之統盟，不在茲乎。

[redacted]困學紀聞禮記篇曰：朱子答項平父云：子思以來教人之法，惟以尊德性、道問學兩事為用力之要。今子靜所說專是尊德性事，而某平日所論問學上多，所以為彼學者多持守可觀，而某看義理不細；而某自覺於為己為人多不得力。

御製詩四集卷三十一題袁燮絜齋集六韻曰：學為君子儒，體用必相符。性悟宗陸，身名未異朱。邊情言敷志，民務政多殊。大典惜割玉，裒編今合珠。靈車袪藻繪，實地有功夫。傳世固在此，詩文餘事乎。第四句

御注曰：袁燮師事陸九淵，得其指授，具有原本。又步以名節自期，立朝慶

進讜言所至政績皆可紀在南宋諸儒中可謂學有體用者集中劄子殘及三十首其料敵論邊深得要領而陸氏篇述治要亦切實可見施行向惟散見永樂大典中今為蒐輯得廿四卷雖未必能盡還原書之舊亦可存十之六七因命刊刻以廣流傳

宋蒙紹翁四朝聞見錄慈甲集慈湖疑大學一條曰考亭先生以陸學都是禪頸領但差而陸氏則謂考亭先生失之支離鵝湖之會考亭有詩其既云舊學商量加邃密新知培養轉深沈陸復齋云留情傳注翻榛棘著意精微轉陸沈象山云易簡工夫終久大支離事業轉浮沈蓋二氏之學可見矣

宋史卷四百袁燮列傳曰

宋史卷四百二十九道學列傳曰

詩到儀卿乃轉極其入墨

袁首第百六十三卷　滄浪集

御製詩四集卷四十六題嚴羽滄浪集曰言志曾聞舜典宣如何詭識所為禪一假禪宗以定詩品濫傳釋義奈滄浪先詩後

御記曰按嚴羽滄浪集詩辨以為禪道在妙悟詩道亦在妙悟且要舉正法眼小乘禪一臨濟曹洞之類以定詩品不惟引釋教以證儒宗已為冠履倒置比擬不倫豈知佛生於周昭王時至漢明帝時始入中國其教亦惟演經守律而已至達摩於蕭梁時至中國始倡禪宗頓悟之說是廣延所為詩言志於乃數典之最祖被時之詩亦可以禪宗概之乎夫詩有別裁須涉禪趣固無不可若宗之蘇軾及錢朝之張照每有吟詠託禪

意者十之七八已失詩之本旨矣嚴羽此篆津之以禪門
乘果究詩之品格其所謂不涉理路不落言詮者明
早自犯涉理路而落言詮即禪家所謂擔板漢未必非
此人也詩以闡之用示後之學詩者

讀祕閣明詹初論古之非

叢書第百六十三卷之寒松閣集

文選陸機答張士然詩曰祕閣阻且玄李善注引曰祕書省亦爲祕閣引機弔魏武文機出

補著作遊乎祕閣也

御製詩四集卷五十六題詹初讀李敬業傳曰一謀亂唐因李勣討其

移祚子識賢禍成韓盤子狄烈何多寒松反快焉

御注曰李勣陛下家事一言成武之逆過以貽累家國實爲千古罪人其

子敬業起兵以討僞周雖無成而忠不可沒死有重於泰山

者何憐禍之足云若敬業真能幹父之蠱不云勣乃有是子而

詹初詩顧云乃知敢禍者憐禍亦歸躬且序云武氏之立未幾而勣

之嗣先滅予於此深快天道之有知云云噫是何言耶 詹初之意

蓋以爲武氏之禍由勣而勣之子先死此惑於庸俗禍福之見而不知

忠烈大義千載不朽發業固未嘗死也因題識以斥正之

從宦金淵贊仇遠耽吟之癖

表章第十四卷十八卷之金淵集

御製詩四集卷二十九題仇遠十二辰體詠金川事詳閱有序曰近於永樂大典散篇中裒輯得仇遠金淵集有所謂十二辰體者頗創見可喜惜一詩凡三易韻且嫌牛蛇字參差用於句中不若鮑照遠甚，詩之精密余昔嘗題照體論君道茲題仇遠此體詠金川事所用十二支字並列句首從鮑法也日來大功將成盼捷益切寢食為之不安指銷成此聊以自遣而灌鼠屡融藉以取譬於施力之易易庶幾吉語是徵耳　鼠竄猖金川狂肩吐蕃種牛相卻忘恒自昔虎驕動虎年印背盟構(?)鄰封兔兔穴營三窟蟻鬭相銜捐龍驤未蛇勞方伯命戒董蛇蝎尚其心還延竟憤懵馬年增築碉呑併心益誦羊子效父(?)鬮角曾布悠猴譎不可赦王師發精

勇雞助非所圖羣番籌安單猶苟与蝟營壓卯山陰獲猪犇

羌兒俘成功不旋踵 又

御製用十二辰本字題四庫全書有序曰昨歲效仇遠十二辰體詠金川事多以肖生字用於句首且通體一韻非好為其難蓋參用明遠數詩例也詩中如虎年馬年適符金川時事而牛相則又以數典借用及之所謂因難見巧亦幸巧不傷雅耳曾命內廷諸臣和韻亦皆閣筆且云不可無一不能有二其語豈其然乎茲以十二辰本字題四庫全書非畏難亦非避熟取材固各有宜焉其惟十二支字本不同韻今於韻腳用之非可遷就因倣遠體三易韻摭古韻叶之自然恰合仍以示內廷及四庫全書諸臣共效其體當如前詩之訣為實參少溪耳耶 四庫搜經史集子絕勝書畫收張丑木天群彥聚清寅甯一青藜照金卯名山蒐校及茲辰緒札摉餐歲始巳詎以單書廣剪午遠成類信斯之未玩愒有戒居申申繼晷於焚膏

窮二酉乙覽集燭金屈戌三家子夏難已亥

御製詩四集卷三十四題方竹杖用倪瓚韻曰竹取其方玉取堅玉相竹杖

兩誠從形原中矩無踰節一心纖如空有異國湛演倪辭茂擬簧

洛陽何必慌為椽倦勤他日資扶老應謝陶家運甓瓢

楊維楨取其辨統而頌莽則當誅

表章第百六十八卷之東維子集及鐵崖古樂府

漢書揚雄列傳曰

困學紀聞卷十諸子篇曰法言末篇稱漢公斯言之玷過於美新矣司馬公雖曲爲之辯終不能滌莽大夫之羞也

總目一百六十八東維子集條下云陶宗儀輟耕録載楊維楨辨統論一篇文旨謂元繼宋而不繼遼金此集不載此篇未喻其故今恭奉

諭旨補入集内蓋維楨雖反顏吠主罪甚揚雄而其言可採則不以其人廢之仰見

聖人袞鉞之公上超萬古非儒生識見之能窺也

總目一百六十八卷~~東維子集~~鐵崖樂府條下云維楨於明初被召不肯受官賦老客歸謠以自況其志趣頗有可取而樂府補內有所作大明鐃歌鼓吹曲乃非刺故國頌美新朝判然若出兩手

又一百五十二騎省集條下云以視楊維楨作明鼓吹曲反顏而詆故主者其心術相去遠矣

劉宗周閔其完忠而吠堯爲可恕

表言第百七十二卷之劉蕺山集
集部別集類二十五曰劉蕺山集十七卷明劉宗周撰講學之風至明季
而極盛亦至明季而極弊宗周雖源出良知而能以慎獨爲宗以敦行爲
本其學問特爲篤實東林一派始以務爲名高繼乃釀成朋黨小人君子
雜糅難分宗社淪亡勢猶未已宗周雖亦周旋其間而愛國如家不染
植黨爭雄之習立朝之日如除詔獄汰新餉招無罪之流亡以收天下之泮渙
還內廷掃除之職正儒帥失律之誅皆切中利弊一阨於魏忠賢再阨於
溫體仁三阨於馬士英薑桂之性介然不改卒以首陽一餓日月爭光在有
明末葉可稱皦皦完人矣

御製詩四集卷二十九題劉宗周黄道周集有序曰比因輯四庫全書
各省採博訪遺編以進裒聚既廣則甄別宜精而明末諸人文集

内多有論列邊防兵事抵觸本朝者館臣隨時檢出請燬理固
宜然亦不可不有所決擇因於幾餘披覽衡定之夫為明臣而指斥
我朝所謂吠非其主本無可罪或其人品無繫重輕言事又剿
竊無據及已入本朝苟活求生又謬託為明遺民如屈大均之流者
燬之誠不足惜若黄道周之持論典嚴則宗周之蹠躬則不可燬蓋
二人當明政不綱權移奄宦獨能守正不阿多所彈劾至今猶想
見其風節凜然而且心殷救敗凡有指陳悉中時弊假令當日能
用其言覆亡未必如彼之速卒之致命遂志以身殉國允為一代完
人若因字句干犯併其全書而棄之致使忠臣義士正直之論不
能並傳不朽余豈忍為之哉爰命廷臣就其應避之字量為删改
出仍錄存而存之俾天下後世知余大公至正之心維持名教而不苟小
節重其人因及其書且為千古之君若臣垂戒示勸不徒味其文藝而
已既以宣諭並題詩各書其簡端集綈排纂四庫亦靡研去取

其間以道侍人多抒忠斯可録言雖簡諱忽從稍甯同仲達
咲莞日不愧觀文報宋年平日犯顔急盡節如之二者實堪憐

四庫查禁書目日劉念臺奏疏四本明劉宗周撰

凡茲
獨斷咸稟
聖裁豁此同情實寫公義
總目凡例第一條曰是書每進一編必經
親覽宏綱巨目悉寫
天裁定千載之是非決百家之疑似
權衡獨運褒貶斯昭
睿鑒高深迴非諸臣管蠡之所及隨時
訓示瞭若發蒙謹恭錄
聖諭爲一卷載諸簡端俾共知我
皇上稽古右文功邁刪述与歷代官脩之本泛稱御定者迥不相同

苞千齡而建極道出於
天綜百氏以歸型言裒諸
聖

唐書樂志太和舞曰穆穆我后道應千齡

漢書敘傳曰總百氏贊篇章

尚書洪範篇曰皇建其有極

晉書禮志曰創千齡之英範

揚雄法言曰人各是其所是而非其所非將誰使正之曰萬物紛錯則懸諸天衆言淆亂則折諸聖

權衡筆削事通乎春賞秋刑

史記孔子世家曰至於為春秋筆則筆削則削子夏之徒不能贊一辭

文選顏延年曲水詩序注引申子曰君必有明法正義若懸權衡

以稱輕重所以一羣臣也

文子曰因春而生因秋而殺

絜度方圓法本乎
乾規坤矩

荀子賦篇曰圓者中規方者中矩唐楊倞注曰言滿天地之圓方也
秦王嘉拾遺記曰庖犧時未有書契規天為圖矩地取法
文選東都賦李善注引范子曰天者陽也規也地者陰也矩也
呂氏春秋序意篇曰[illegible][illegible]嘗得學黃帝之所以誨顓頊矣爰有大圜
在上大矩在下汝能法之為民父母

是以儀璘懸耀揆景蒐趨

唐李謿碧落碑曰樹儀璘以同象

明董斯張廣博物志（卷一天道）曰日一名樹臬儀月一名結璘　原注出太洞經

文選劉峻演連珠曰[illegible]揆日[illegible]

文選陸倕新刻漏銘曰揆景測辰儆宮戒井

文選王融三月三日曲水詩序曰揆景緯以裁基

宋王楙野客叢書卷二十一曰古之陰影字用景字如周礼以土圭測景之類是也自葛洪撰字苑始加彡為陰影字

陳徐陵主紀曰待詔之徒爭趨金馬稽古之秀雲集石渠

周礼大司徒曰以土圭之灋測土深正日景以求地中

鏞棧先鳴聆音麕集

尔雅 樂曰大鍾謂之鏞中者曰剽小者曰棧

梁周興嗣千文曰聆音察理

左傳 公 年傳曰求諸侯而麇至杜預注曰麇羣也

顏延年皇太子釋奠會作詩曰懷仁憬集抱智麕至

鯨鐘方聲聞蓬館以晨登

班固東都賦曰於是發鯨魚鏗華鐘章懷注曰鯨魚謂刻杵作鯨魚形也薛綜西京賦注云海中有大魚名鯨又有獸名蒲牢蒲牢素畏鯨魚鯨魚擊蒲牢蒲牢輒大鳴呼凡鐘欲令其聲大者故作蒲牢於其上撞鐘者名為鯨魚鐘

列子湯問篇曰渤海之東有五山焉一曰岱輿二曰員嶠三曰方壺四曰瀛洲五曰蓬萊所居之人皆仙聖之種

鶴籥嚴閟楚蘭齋宿以繼

楚辭 宋玉招魂曰蘭膏明燭華容備些 王逸注曰以蘭香練膏也

陳徐陵玉臺新詠序曰絳鶴晨嚴銅蠡晝靜

陳江總為陳六宮謝表曰鶴籥晨啓雀釵曉映

列仙傳曰周靈王太子七月七日乘白鶴駐山巔謝時人而去

後世稱太子之駕曰鶴駕禁曰鶴禁

通典曰左右監門衛垂拱中改為鶴禁衛

披文计数甯止於万七千篇

漢王充論衡案书篇曰六略之録万三千篇

元馬端臨文獻通考百七十四經籍曰煬帝好讀书置学士百人自經術文章兵農地理醫卜釋道乃至捕博鷹狗皆為新书共成三十一部万七千卷

按月程功務得夫四十五日

荀悅漢紀曰冬則民既入婦人同巷夜績女功一月得四十五功必相從者所以省費燎火同巧拙而合習俗也

漢書食貨志曰冬民既入婦人同巷相從夜績女工一月四十五日必相從者所以省費燎火同巧拙而合習俗也

裁縫無迹先成綴白之裘

文心雕龍附會篇曰若築室之須基構裁衣之待縫緝矣

傳寫相爭齎夾汗青之竹

晉書左思傳曰思造三都賦成豪貴之家競相傳寫洛陽為之紙貴
梁書劉孝綽傳曰孝綽辭藻為後進所宗每作一篇好事者咸諷誦傳寫
陳書徐陵傳曰國家有大手筆皆陵草之好事者傳寫成誦被之華夷
後漢書吳祐傳曰祐父恢為南海太守祐年十二隨從到官恢欲殺青簡以寫經書
章懷注曰殺青者以火炙簡令汗取其青易書復不蠹謂之殺青亦謂汗簡義見劉向別錄也
劉向列子序曰皆以殺青書可繕寫唐殷敬順列子釋文曰謂汗簡刮去青皮也
唐書劉知幾傳曰（知幾奏記於蕭至忠）今史司取士有倍東京閣筆相視含毫不斷頭白可期汗青無日

下缺

宋蘇軾东坡志林卷 異事類 曰嘗有三老人相遇或問之年一人曰吾年不可记但憶少年时与盤古有舊一人曰海水變桑田时吾輒下一籌尔来吾籌已满十間屋

架羅黄卷積盈有似於添籌

旧唐书高宗纪戊午勅曰比用白纸多為虫蠹今後尚书省下諸司州縣宜並用黄纸其承制敕之司量為卷軸以備披檢

避暑閒覽曰古人寫书皆用黄纸以檗染之所以辟蠹故曰黄卷

唐书狄仁傑傳曰仁傑為兒时门人有被害者吏就詰衆爭辯对仁傑誦书不輟置吏讓之答曰黄卷也中方与聖贤對何暇偶俗吏語耶

宋祁筆记曰古人写书盡用黄纸故谓之黄卷

或曰古人何须用黄纸曰蘖染之可用辟蟫

出處校對[illegible]
龍[illegible]制[illegible]二

几擁烏皮刊謬時防其埽葉

宋周煇清波雜志卷中曰印板文字訛舛為常蓋校書如埽塵旋埽旋生

晋書齊獻王攸傳曰攸就人借書必手刊其謬然後反之

宋沈括夢溪筆談卷二十五曰宋宣獻博學喜藏異書皆手自校讎常謂校書如埽塵一面埽一面生故有一書每三四校猶有脫謬

元文獻通考百九十三引巽巖李氏曰昔人謂校書猶風庭埽葉隨埽隨有詎不信耶 案巽巖名燾字仁父

畢昇活板六漸看字是排成

宋沈括夢溪筆談曰板印書籍唐人尚未盛為之自馮瀛王始印五經已後典籍皆為板本慶歷中有布衣畢昇又為活板其法用膠泥刻字薄如錢唇每字為一印火燒令堅先設一鐵板其上以松脂臘和紙灰之類冒之欲印則以一鐵範置鐵板上乃密布字印滿鐵範為一板持就火煬之藥稍鎔則以一平板按其面則字平如砥若止印三二本未為簡易若印

~~第七十七卷史部政書類考工之屬~~

數十百千本則極為神速常作二鐵板

~~欽定武英殿聚珍版程式一卷提要曰~~

一板印刷一板已自布字此印者纔畢則第二板已具更互用之瞬息可就每一字皆有數印如之也等字每字有二十餘印以備一板內有重複者不用則以紙帖之每韻為一帖木格貯之有奇字素無備者旋刻之以草火燒瞬息可成不以木為之者木理有疏密沾水則高下不平兼與藥相黏不可取不若燔土用訖再火令藥鎔以手拂之其印自落殊不粘污一

御製詩四集卷十七彙輯四庫全書聯句詩注曰應行刊刻之書甚
多仿宋人活字板法刻成單字排印用力少而成功速流傳
更易
御製詩四集卷二十二題武英殿聚珍版十韻序曰校輯永樂大典
內之散簡零編並蒐訪天下遺籍不下萬餘種彙爲四庫全
書擇人所罕覯有裨世道人心及足資考鏡者剞劂流傳
嘉惠來學第種類多則付雕非易董武英殿事金簡以
活字法爲請既不濫費棗梨又不久淹歲月用力省而成功速
昔沈括筆談記宋慶曆中有畢昇爲活字版以膠泥燒成而
陸深金臺紀聞則云毘陵人初用鉛字視版印尤巧便斯皆活
版之權輿顧埏泥體麤鎔鉛質輭俱不及鋟木之工緻茲

刻單字計二十五萬餘雖數百千種之書悉可取給而校讐
之精妙今更有勝於古所云某某活字版之名不雅馴因以聚
珍名之[illegible]而系以詩稽古摟四庫於今突五車開鐫恩
壽世積[illegible]積版或充閭張帖唐院集周文[illegible]代餘同為製活
字用以印全書越題冠號富過鄭架飾欄圍省雕氏功
信謝鈔胥聯牘爭堪例埏泥法似疏毀銅昔悔彼刊木此懲予
既復羨製叢還教慎魯魚成編示來學惠志符初

七十七

曾鞏官書已見序録校上

案宋曾鞏所校各書其序見鞏集中，序末校上俱削。獨其今本汲古閣刻十七史從宋槧翻雕，惟南齊書、陳書有鞏等序録，其陳書綴聯曰：陳書六本紀、三十列傳，凡三十六篇，唐散騎常侍姚思廉撰。始思廉父察，録二代之事未就而陳亡。察比死，隋文帝訪梁陳故事，察因以所論載，每一篇成，輒奏之。察之將死，屬思廉以繼其業。唐興，思廉遂受詔為陳書，貞觀十年上之，世亦傳之者少，自祕府所藏往往脫誤。嘉祐六年八月始詔校讎，使可鏤板，臣等以相校，至八年七月，陳書三十六篇者始校定，別為目録一篇。臣恂、臣穆、臣藻、臣覺、臣彥若、臣洙、臣鞏謹叙目録，昧死上。姚宏校本戰國策有鞏序，曰：至之編校史館書籍臣曾鞏序。

宋韓淲澗泉日記曰：北齊書獨無序，蓋其成時熙寧之初，其先校書學士皆出外補矣。

宋百歲寓翁楓窗小牘卷下曾子固南豐序是一部十七史序

宋史三百十九曾鞏列傳曰

加以

乾行至健

七旬之念典彌勤

周易乾卦韓康伯集解曰彖統卦乾健也言天之體以健為用

周易又乾象曰天行健君子以自強不息李鼎祚集解曰何妥曰天體不健能行之德健也所以乾卦獨變名為健

者宋衷曰晝夜不懈以健詳其名餘卦各當名不假於詳矣虞翻曰君子謂三乾健故

強天一日一夜過周一度故自強不息

尚書說命曰念終始典于學

御製詩四集卷七十五學古重日詠曰服膺兩字勉修身猶且誠言行未能　庚子十

語我學成無可學知他不復學之人

御製詩四集卷五十五己亥年降旨免各省漕糧詩序曰明年屆朕七旬開袠之歲尔時實踐萬民偉澤之辰爰詔從庚子為始再輪蠲七省之輸輓

離照無遺一字之褒譏恆審

周易離卦彖曰離麗也象曰明兩作離大人以繼明照于四方荀爽曰陰麗於陽
相附麗也亦為別離以陰離陽也離者火也託於木是其所附麗也 炎盛在上
而體在下也 李鼎祚集解引虞翻曰兩謂日與月也乾五之坤成坎坤二之乾
成離離坎日月之象故明兩作離作成也日月在天動成萬物故稱作矣
或以日與火為明兩作也陽氣稱大人則乾五大人也乾二五之光繼日之明
坤 震東兌西離南坎北故曰照于四方

晉杜預春秋左氏傳集解序曰身默雖以一字為褒貶然皆須數句以成言

晉范甯春秋穀梁集解序曰一字之褒寵踰華袞之贈

御製詩四集卷七十九辛丑謁堯祠堯母陵詩後有

御記曰擱背誦如今人或謂之背念詩雖俗然念者懷也誦其如不懷其理

可乎與其人可乎張照亦有童子念經之句可謂先得我心然竹坡

詩話已早見之矣

梁騶練士庚郵遞初寫之函

文選魏都賦劉逵注引魯詩傳曰古有梁鄒梁鄒者天子獵之田曲也

今本六韜犬韜篇曰武王問太公曰練士之道奈何

後漢書班固傳章懷注引魯詩傳曰古有梁鄒者天子之田也文選吳都賦善注同

御製詩四集卷十六癸巳[redacted]中秋後一日發蹕木蘭行圍之作有木

蘭迴蹕至避暑山莊一什有恭奉

皇太后迴蹕至御園作 仲夏

御製詩四集卷十四癸巳有恭奉

皇太后啓程駐蹕避暑山莊作五月十四日至避暑山莊作有題夏休井田譜

詩題中興聖政草詩題陸機守城錄詩題鶡冠子詩

雲輧巡方乙夜展重修之卷

張衡東京賦曰結飛雲之袷輅

班固東都賦曰乃動大路遵皇衢省方巡狩躬覽萬國之有無

文選陸佐公刻漏銘善注引漢舊儀曰晝漏盡夜漏起省中用火中黃門持五夜甲夜乙夜丙夜丁夜戊夜也

周禮司寤氏掌夜時鄭注曰夜時謂夜晚早若今甲乙至戊

御製詩四集癸巳有命校永樂大典因成八韻在卷十一是卷有當肯青啟

羅蒞譜卷三十二中秋日即事詩注曰近歲每以八月十六日啟蹕

壽蒐等係是月天津迴鑾中間亦未有往木蘭行圍

御製題四庫詩

列子說符篇曰宋人有為其君以玉為楮葉者三年而成鋒殺莖柯毫芒繁澤亂之楮葉中而不可別也此人遂以巧食宋國子列子聞之曰使天地之生物三年而成一葉則物之有葉者寡矣故聖人恃道化而不恃智巧

至三至再成玉楮之遲雕

尚書多方篇曰至于再至于三

~~齊民要術曰楮宜澗谷間種之秋上楮子熟時多收淨淘曝令燥耕地和麻子漫散之秋冬仍留麻勿刈為楮作煖明年正月放火燒之一歲即沒人三年便中斫其剝皮自能造紙~~

乾隆三十八年二月初六日

聖訓曰昨據軍機大臣議覆朱筠條奏內將永樂大典擇取繕寫各自為一部

諭該分派各館修書翰林前往一恐責成不專徒致歲月久稽汗青無日

英，即派軍機大臣爲總裁官，仍於翰林等官內選定，責令尽時書

司查校，候朕裁定。

又三十八年二月十一日

聖訓曰：昨據軍機大臣議覆朱筠條奏校核《永樂大典》一摺，今已派令軍機大臣

爲總裁，揀派翰林等官詳定規條，酌量辦理，請旨俟輯自書，

刻期告竣，不得任意稽延，徒誚汗青無日。

御製詩四集卷七十九《辛丑經筵畢文淵閣賜茶作》注曰：辦理《四庫全書》始於

癸巳歲，迄今將及十年，尚未蕆功，蓋謄録議敘較優，承辦者或致

留此館局以爲邀恩之地，則是自私自利而不計公事之淹留矣。

御製詩四集卷八十三《題文津閣》詩曰：鈔胥何致偷其滯，董亦寬容俟彼延。木

架亦補此空待，幾時得覩貯全編。

一

數千摘金根之屢誤

張晏曰春秋萬八千字當云減而云成數字誤也

二

蔡邕獨斷曰秦并天下或曰

續漢書輿服志曰殷瑞山車金根之色劉昭注曰殷人以為大路於是始皇作金根

之車輿服志又曰乘輿金根安車立車輪皆朱班重牙貳轂兩轄金薄繆龍

崔豹古今注曰為輿倚較文虎伏軾龍首銜軛左右吉陽筩鸞雀立衡櫎文

畫輈羽蓋華蚤

李綽尚書故實曰韓昶為集賢校理史傳中有說金根車處皆臆斷之曰

豈其誤歟必金銀車也悉改根字為銀字

劉禹錫隋唐嘉話錄曰

对

⑨

周易履彖尾厲見於集解引虞翻義曰謂變訟初為兌也
與謙旁通以坤履乾以柔履剛謙坤為彖艮為尾乾為人
乾兌乘謙震足蹈艮故履彖尾兌悅而應彖口與上絕故
不咥人剛當位故通俗儒皆以兌為彖乾履兌非也兌剛鹵
非柔也案此文則表文似當作坤原為彖方與虞義合
若坤為金其文易識為彖容有疑義也且彖下與半比
類為偶仍無於文而協抑或別有出典欲姑存其説以俟駁正
寶奎書局石林薌溪記 卷八由

芋或成羊細撿鈔書之謬

史記貨殖傳曰汶山之下沃野下有蹲鴟至死不飢 徐廣曰[illegible]騆曰水鄉多鴟其下有沃野灌溉一曰大芋

隋顏之推家訓勉學篇曰江南有一權貴讀誤本蜀都賦注解蹲鴟芋也乃為羊字人饋羊肉荅書云損惠蹲鴟舉朝驚駭不解事義久後尋迹方知如此

困學紀聞卷八經說篇曰古未有板本好學者患無書桓譚新論梁子林初楊子林所寫萬卷至於白首南齊沈驎士年過八十手寫細書滿數十篋梁袁峻自寫書課日五十紙抱朴子所寫反覆有字金樓子謂細書經史莊老離騷等六百三十四卷在巾箱中 後周裴漢借異書躬自錄本其勤如此 編蒲緝柳一也

芊本亦作芋

漢書藝文志曰芊子十八篇名嬰齊 十子之後師古曰芊音弭又芊子四篇百年後秦時一

梁孝元皇帝金樓子卷六雜記篇曰世人相與呼父為鳳毛而孝武亦施之祖便當可得通用不知此言意何所出王翼在座聞孝武此言遲造謝超宗向侍御坐天旨云弟有鳳毛暫借一看翼非惟不曉此旨近不知超宗是謝鳳之兒超宗感觸既深狼狽起還內襄陽之翼即是於孝武座呼羊肉為蹲鴟者乃其人也

壹

毫釐不漏戳旁添待補之戈

禮記經解篇曰易曰君子慎始差若毫釐繆以千里

史記自序曰易曰失之毫釐差以千里　壹

漢書司馬遷傳曰易曰差以毫釐謬以千里

老子道德經曰天網恢恢疏而不漏

續漢書律志曰太史令虞恭等議夫數出於抄智以成毫氂毫氂積累以成分寸

大戴禮記禮察第四十六曰君子慎始差若毫氂繆之千里　又保傅篇第四十八曰易曰正其本萬物理失之毫氂差之千里故君子慎始也

唐張彥遠法書要録曰

唐張懷瓘書斷云太宗工隸師虞世南嘗患戩字難於戈法一日書戩字乃空其落世南取筆填之以示魏徵曰朕學世南似盡其法卿看之公曰天筆所臨萬象不能逃其形非臣書所可擬仰觀聖作惟戩字戈法頗逼真上深嘆公為藻識

塗黈必嚴羅上綱纈加之网

宋敏求見編卷十七曰：今進士試卷末塗注乙共計若干字。唐時已有此例，韓愈讀鶡冠子有曰：余三讀其辭而悲之，文字脫謬為之正三十有五字，乙者三，滅者二十有二，注者十有二字。云劉蛻文塚銘序云：實得二千一百八十綫，有塗者，乙者，有注揩者，有雲漫皆者，有朱墨圍者。

南部煙花記曰：隋煬帝嘗會飲，為拆字令，左右取離合之意，語杳娘曰：我取杳字為十八日。宮婢羅羅侍立，分罷字為四維。

明方以智通雅篇用類曰𥫗先生言東方朔用三千卷牘兩人共
㸞乙鈎止也
持舉人主上方讀之止輒乙其處語以筆鈎斷畫止也升菴以
㸞乙讀為㸞點讀訛為㸞注兩實六年命廬多延匾蒙張以
滄簃詳長定循次格㸞注乙二十條升菴以㸞乙為讀為㸞點
後訛為㸞注㸞注然則閑簡之分㸞注乙何以分為

剔除不盡時飭以妄下雌黄

司馬相如子虛賦曰其土則丹青赭堊雌黄白坿

後魏賈思勰齊民要術曰雌黄治書法先於青硬石上水磨雌黄令熟曝乾更於磁碗中研令極熟曝乾又於磁碗中研令極熟乃融好膠清和於鐵杵臼中熟擣丸如墨丸陰乾以水研而治之永不剥落

顔氏家訓三卷曰校定書籍亦何容易自揚雄劉向方稱此職余觀天下書未徧不得妄下雌黄

夢溪筆談卷一曰館閣新書淨本有悞字處以雌黄塗之嘗校改字之法刮洗則傷紙貼之又易脱粉塗則字不没塗數遍方能漫滅唯雌黄一漫則滅仍久而不脱

查对

魏志董卓傳曰[illegible]鑄小錢大五分錢無輪郭文章
不使肉好無輪郭不磨鑢

輪郭空存[illegible]。指其意同也白

梁沈約宋書曰自元嘉中鑄四銖錢輪郭形製與古五銖同孝建初鑄四銖文曰孝建其後稍去四銖專為孝建形式薄小輪郭不成廢帝景和二年鑄二銖錢文曰景和形式轉細無輪郭不磨鑢謂之莱子莢葉市井通用之

旧唐書苗晉卿傳曰晉卿及同列侍郎宋遙主文選天寶二載御史中丞張倚男奭參選晉卿與遙以倚初承恩欲悅附之考選人判等凡六十四人分甲乙丙科奭在其首衆知奭不讀書論議紛然明皇大集登科人御花萼樓親試登第者十無一二而奭手持試紙竟日不能下一字時謂之曳白

錢在明
周鐵
許傑令

乾隆四十二年十一月十四日

奉旨：前日披覽四庫全書館所進宗澤集內將夷字改寫彝字，狄字改寫敵字。昨閱楊繼盛集內改寫亦然。而此兩集中又有不改者，殊不可解。夷狄二字屢見於經書，若有心改避，轉為非理。如論語夷狄之有君，孟子東夷西夷，又豈能改易，亦何必改易。且宗澤所指係金人，楊繼盛所指係諳達，更何所用其避諱耶？因命取原本閱之，則已改者皆係原本妄易，而不改者原本皆空格加圈。二書刻於康熙年間，其謬誤本無庸追究。今辦理四庫全書，應鈔之本，理應斟酌妥善，而空格則係分校所填，既知填從原文，何不將其原改者悉為更正？分校、覆校俱係職官，豈宜失檢若此。至總裁等身為大臣於

此等字面尤應留心細勘何竟未能逐一校正俱即著交部
分別議處毋再輕率干咎

明周纖芥無欽

睿照無遺

世説新語言語篇曰袁羊曰何嘗見明鏡疲於屢照

後漢書朱暉傳曰暉說太子曰高宗明君吉甫賢臣及有纖介放逐孝子

後漢書方術董扶傳曰蜀丞相諸葛亮問廣漢秦宓董扶及所長宓曰董扶褒秋豪之善貶纖芥之惡

御製詩四集卷六十五四庫全書薈要聯句臣朱珪注曰薈要二分總計二萬二千餘冊陸續呈

覽每有訛誤悉蒙指示改正而全書之間次進御者已積數萬冊莫不皆然

睿照如神館臣無不欽服

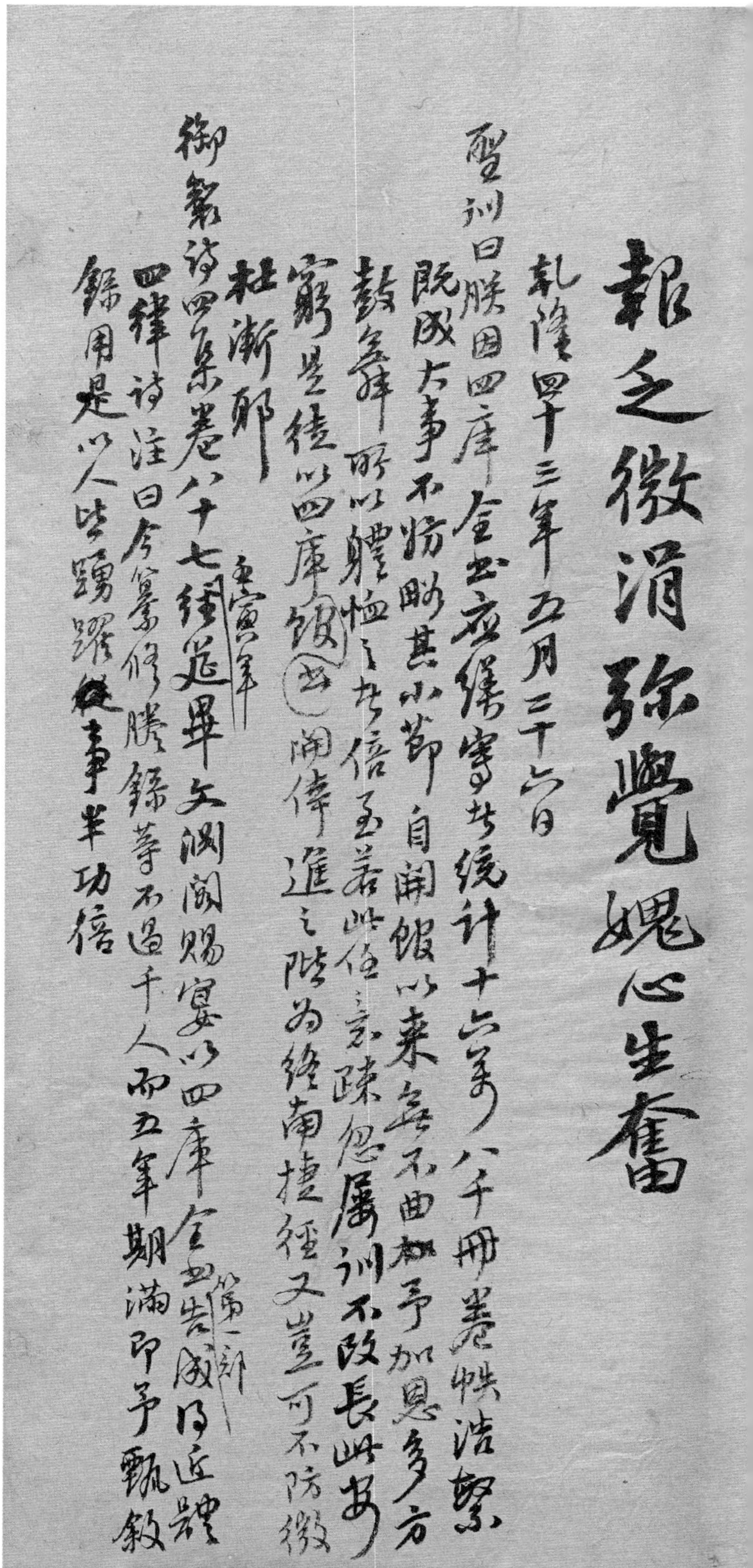

報知微涓彌覺媿心生奮

乾隆四十三年五月二十六日

聖訓曰朕因四庫全書應繕寫者統計十六萬八千冊卷帙浩繁既成大事不妨略其小節自開館以來無不曲加予加恩多方鼓舞所以體恤之者倍至若此任之疏忽屢訓不改長此安窮是徒以四庫館書開倖進之階為終南捷徑又豈可不防微杜漸耶

御製詩四集卷八十七經筵畢文淵閣賜宴以四庫全書第一部告成得近體四律詩注曰今纂修謄錄等不過千人而五年期滿即予甄敘錄用是以人皆踴躍從事半功倍

若夫考勤校惰，稽課雖詳；荷寵逾紫，恩慈實渥。

御製詩四集卷十七四庫全書聯句詩注曰：校對各員就其校出錯謬分記功過。

文選王褒洞簫賦曰：蒙聖主之渥恩。潘岳西征賦曰：流春澤之渥恩。

乾隆四十三年五月二十六日

聖訓曰：前定總裁總校分校等按次記過，三月查核交部議處，原不過略示懲儆，使知愧勵。乃各總裁僅請每部抽看十之一二，以圖卸責，身為大臣，即不宜如此存心。乃既經抽看而仍聽其魯魚亥豕累牘連篇，其又何詞以自解飾耶？嗣後務宜痛加猛省，悉心校勘。此去取謄錄分校之際，更不宜左袒屢乞恩准，以無負朕稽古右文之

風雲得路先登或列於九官

世說新語輕詆篇曰孫綽作列仙商邱子贊曰傳是風雲為我龍攄

漢書劉向傳向上疏曰舜命九官濟濟相讓益勸曰當世曰禹作司空弃

后稷契司徒皋陶（咎繇）作士師垂共工作朕虞伯夷秩宗夔典樂龍納

言也凡九官也

御製詩四集卷十七賞輯四庫全書聯句臣紀昀注曰總纂臣紀昀蒙

恩由編修即陞侍讀臣陸錫熊由郎中改擢侍讀尤為

異數其餘諸臣遍檢邀

恩者甚衆臣昀等暨總校臣陸費墀三員年節並蒙

恩賞與內廷翰林同臣陸錫熊注曰並

命聯句入二十八人之內兼與重華宮茶宴

雨露均沾中考亦賜以一級

敕也高祖紀、、、年詔曰三載考績自古通經朕今三載一考考即黜陟欲令易沛無妨於賢者才能不壅於下位各令當曹考其優劣爲三等上上者遷之下下者黜之中中者守其本任

敕也高陽王雍傳曰正始之格汎前任可上中者三年升一階汎前任可上中者六年進一級三年一考自古通經今以汎前六年升一階檢無懲犯倍年成級

唐劉肅大唐新語曰盧承慶爲吏部尚書總章初校內外官考有一官督運遭風失米承慶爲之考曰監運損糧考中下其人容止自若承慶重其雅量改注曰非力所及考中中既無喜容亦無愧詞又改曰寵辱不驚考中上

唐六典職官志曰觀察處置使掌察所部善惡歲以八月考其治以衆總爲上考省刑爲中考辦稅爲下考防禦使所治以無虞爲上考清苦爲中考政成爲下考團練使所治以安民爲上考懲奸爲中考得情爲下考

呂氏春秋曰甘露時雨不私一物 此條據文選三十[illegible]注引呂氏春秋

宋朱翌猗覺寮雜記卷下曰新晉敘級詔新敕一首轉爵一級詔一首爲一級 衛書使

御覽

柏臺聯句駐鳳律之新聲 表言 賜聽 賜聯句

文心雕龍明詩篇曰聯句共韻則柏梁餘製 孝武愛文柏梁列韻又 又時序篇曰孝武崇儒潤色鴻業

武帝柏梁殿聯句 任昉文章緣起曰七言詩漢 柏梁展朝讌之詩金堤製恤民之詠

呂氏春秋曰伶倫制十二筩聽鳳鳥之鳴以別十二律

文選顏延之秋胡詩曰椅梧傾高鳳寒谷待鳴律

漢書武帝元鼎二年紀曰春起柏梁臺服虔注曰用百頭梁作臺因名焉師古曰三輔舊事云以香柏為之今書字皆作柏服說非

漢書律歷志曰黃帝使泠綸制十二筩以聽鳳之鳴其雄鳴為六雌鳴亦六比黃鍾之宮而皆可以生之是為律本

御製詩四集卷千　辛卯年一葉　積四　全上聯句詩四首序曰

御製詩四集卷十七重華宮茶宴廷臣及內廷翰林詩內

御注曰四庫全書總裁既令聯句吟宴并其總校之翰林三人亦令至重華宮入宴以識

呂氏春秋曰黃帝令伶倫作為音律伶倫自大夏之西乃之崑崙之陰取竹於嶰谿之谷以生空竅厚薄均者斷兩節間其長三寸九分而吹之以為黃鐘之宮曰舍少次制十二筒以之崑崙之下聽鳳皇之鳴以別十二律其雄鳴為六雌鳴亦六以比黃鐘之宮適合生可生之而律之本也

芸署題名踵麟臺之故事表言設文淵閣直閣及校理臣名

旧唐書劉知幾傳曰蓬山之下良直差肩芸閣之中英奇接武

郡齋讀書志曰麟臺故事五卷程俱撰紹興初復館職肖入館纂集旧聞成十二篇

乾隆四十一年六月初一日

聖訓曰昨四庫館進呈裒集永樂大典散篇内有麟臺故事一編為宋待制程俱撰具詳前時館閣之制頗稱賅備方今搜羅遺籍彙為四庫全書每輯録奏進朕親披閱釐正特於文華殿後建文淵閣弆之以充策府而昭文治不可不設官兼掌以副其實自宜為衷宋制設文淵閣領閣事總其成其次為直閣事又其次為校理其每銜應設幾員及以何官兼充著

御製詩四集卷九十三聯句官表聯句注曰文淵閣於乾隆丙申建藏弆四庫全書設領閣事提舉閣事直閣事校理檢閱等官以大學士以下館閣諸臣充之

宋蘇易簡續翰林志卷上曰太宗時蘇易簡為學士上嘗語曰玉堂之設但虛傳其說未有正名乃以紅羅飛白玉堂之署四字賜之

宋陳振孫書錄解題卷六曰麟臺故事五卷中書舍人信安程俱致道撰中興之初復置館職俱為少蓬采摭舊聞參攷裁定條上既略施行而為書十有二篇以進俱在政和時凡三入省故其見聞為詳

宋趙升朝野類要卷一題名條曰進士及第各集鄉人于佛寺作題名鄉會此起于唐之慈恩寺塔也若官司州縣廳事各立題名碑於蓋備遺忘爾

宋史藝文志故事類曰程俱麟臺故事五卷

宋史卷四百四十五文苑列傳曰

思匀蝶翅祖帖雙鈎

袁言 賜法書名帖

酉陽雜俎續集支動篇曰衛公畫得峡中異蝶翅闊四寸餘深褐色每翅上有二金眼

明楊慎丹鉛錄曰六朝人書字也摹臨特盛其出廓填者即今之双鈎曰影書也其外今之響搨

御製詩四集卷十八渲化軒詩(注)昨歲曾取刻帖時双鈎油條填墨對臨自五月中駐避暑山莊至木蘭行圍迴蹕凡四閱月計臨三遍

御製詩四集卷十九鈎填渲化閣帖成因題以句曰畫填閣帖手雙鈎 石版既成斯贅旒却命廓填排十册迴看初搨勝三舊解書那易工中選得貌應從神外求惜絲因之惜摹本 中郎恍遇步兵儔

御製詩四集卷十閣古樓詩注曰近於御園東構軒以校摹
閣帖石刻嵌之廊壁
御製詩四集卷十七彙輯四庫全書聯句臣陸費墀注曰上年
以重刻閣帖頒賜群臣聯句
明姜紹書韻石齋筆談卷下昇元帖條曰宋太宗萬幾之暇留
意翰墨淳化三年出御府所藏墨蹟命侍書王著摹勒板中
集為法帖十卷惟大臣登二府者得賜故法帖譜系以閣
本為祖然江南李後主命徐鉉以所藏古今法書入石名昇
元帖然在淳化以前當為法帖之祖

國朝孫承澤閒者軒帖考曰昇元帖南唐李後主出祕府珍藏
刻帖四卷每卷後刻昇元二年三月建業文房模勒上
石爲淳化閣帖之祖余止見宋人翻本上有賈秋壑印朱瑩

帙箋龍紋

天書五色 表言 賜御筆龍方福壽等字

漢書宣帝五鳳三年紀曰三月詔曰鸞鳳又集長樂宮文章五色

石虎鄴中記曰石虎詔書以五色紙著鳳雛口中

唐楊巨源寄中書同年舍人詩曰五色天書詞煥爛九華春殿語從容

猩毛擢穎賦魚子之華牋 袁言 賜筆 賜
牋綫

張華博物志異獸篇曰猩猩若黃狗人面能言

旧唐書韓愈傳曰愈作文毛穎傳譏戲不近人情此文章之甚
紕繆者

唐李肇國史補曰紙則有蜀之魚子十色牋揚之六合牋韶之竹牋

韓愈集毛穎傳曰毛穎者中山人也

晉書潘尼傳曰莫不飾才鋭智抽鋒擢穎

唐韩偓詩曰猩色屏風畫折枝

龍尾雕紋驅麝煤之芳氣 表言賜研澄泥硯賜徽墨

宋朱長文墨池編曰歙州之山有石俗謂之龍尾石亦亞於端州若得其心則巧匠就而琢之貼水之處圓轉如渦旋可愛矣

何薳春渚紀聞曰三衢徐氏所寶龍尾溪石近貼水處有圓暈幾寸許正如一月狀其色明暗隨月虧盈是亦異矣

袁文甕牖閒評曰舊聞鳳咮龍尾硯至今人以為寶蘇易簡硯譜又載歙州龍尾山雖有其名而山實無石

唐韓偓 詩曰蜀紙麝煤添筆媚

元陸友墨史卷中曰宋姜潛字至之兗州人隱居奉符之太平鎮文潞公通判州事日訪潛於姜之曰近頗難得嘗求佳煤自製久之攜綫囊訪公曰此即煤也瀉之則盈盤接之則如紋又曰此亦可以如茶啜之無害公如其

言咽一茶疏食頃忽發欬幣手拿上聲芳馥外射姜日此所謂射

煤也所射人者傳之懊矣思成版珍惜之

銀罌翠管細縈百和之香

表言　賜花餅玩器

香牌

杜甫集臘日詩口脂面藥隨恩澤翠管銀罌下九霄

蘇軾集皇太后閣春帖子詞曰翠管銀罌傳故事金花綵勝作新年

玉臺新詠　博山爐中百和香鬱金蘇合及都梁

漢武帝內傳曰七月七日設座大殿以紫羅薦地燔百和之香

乃借陳宮標

困學紀聞評詩云東坡春帖用銀罌翠管出老杜臘日詩而注者改為銀鉤此邢子才

所以有日思誤書之語也

賜袍套尺頭端午

錦段紗羅交暎五明之扇

表言 扇

文選張衡四愁詩曰美人贈我錦繡段

唐杜甫端午日賜衣詩曰細葛含風軟香羅疊雪輕

西京雜記曰趙飛燕為皇后其女弟在昭陽殿上遺三十五條有雲母扇

孔雀扇翠羽扇九華扇五明扇

晉崔豹古今注曰五明扇舜所作也既受堯禪廣開視聽求賢人以自輔故作五明扇焉

繡囊垂佩鋌貯朱提　表言　賜荷包銀定

杜甫集宣政殿退朝晚出左掖詩曰宮草微微承委佩

宋司馬光資治通鑑二百五十七卷曰呂用之紿楊行密曰用之有銀五萬鋌胡三省釋文辨誤曰此言銀鋌也今人冶銀大鋌五十兩中鋌半之小鋌又半之世謂之鋌銀

漢書食貨志曰黃金重一斤直錢萬朱提銀重八兩為一流直一千五百八十它銀一流直千是為銀貨二品

漢書地理志曰犍為郡屬益州朱提縣山出銀　應劭曰朱提山在西南　蘇林曰朱音銖提音時北方人名匕曰匙

續漢書郡國志曰犍為屬國朱提山出銀銅　劉昭注引南中志曰旧有銀窟數處

（諸葛亮書云漢嘉金朱提銀）

查上林 乙

珍毛毨氍毹茸　表言　賜貂袿裘飄帶

司馬相如長門賦　羅丰茸之遊樹兮

帕裁白氎

胡三省通鑑釋文辯誤卷十引通俗文曰帛三幅曰帕

案顏氏家訓通俗文服虔撰也

續漢書西南夷傳注引外國傳曰諸薄國女子織作白疊花布

梁書高昌國傳曰高昌國多草木草實如繭繭中絲如細纑名為白疊子國人多取織以為布布甚軟白　宋史高昌國傳曰高昌國出貂鼠白氎毛繡文花蕊布　唐沙門元應一切經音義阿含經注曰白疊字體作㲲毛布也

宋袁文甕牖閒評曰白疊布也今字書出一㲲字為白㲲也

雕盤列飣果分西域之甘袁言詠果 賜葡萄西瓜

唐釋元應一切經音義第十九卷佛本行經十二注曰飣丁定反江南呼飣食為飣餖

唐韓愈集贈劉師服詩曰妻兒以我生悵望盤中不飣栗與梨

御製詩四集卷六十五四庫全書薈要聯句臣陸錫熊注曰纂校諸臣第其善等量予優擢賜賚而遠方貢果時至屢命分賞遍及賚為從古詞臣未有之榮

華俎嘗新瓜勝東陵之種 表言 賜哈密瓜

史記蕭相國世家曰召平者故秦東陵侯秦破為布衣貧種瓜於長安城東瓜美世俗謂之東陵瓜從召平以為名也

漢書地理志曰敦煌縣屬敦煌郡杜林以為古瓜州地生美瓜師古曰即春秋左氏傳所云允姓之戎居于瓜州者也其地今猶出大瓜長者狐入瓜中食之首尾不出

水經注曰渭水又逕長安城北漢惠帝元年築六年成即咸陽也十二門當三門名霸城門又名青城門亦曰青門門外舊出佳瓜是以阮籍詠懷詩云昔聞東陵瓜近在青門外指邵平門也

自

天宣賜多非夢寐所期無地酬

恩惟以文章爲報

魏文帝[redacted]典論論文曰文章者經國之大業不朽之盛事

文選

周煥始宋撰勒長編

直齋書錄解題曰續通鑑長編一百六十八卷禮部侍郎李燾仁父撰司馬公之為通鑑也先命其屬叢目叢目既成乃修長編然後刪之以成書燾上表自言未可謂之通鑑止可謂之長編故其書雖繁蕪而不厭也其卷數雖如此而冊數至餘三百蓋逐卷又自分子卷或至十餘

宋周密癸辛雜識後集曰李仁甫為通鑑長編作木廚十枚每廚作抽替匣二十枚每替以甲子誌之凡本年之事有所聞必歸此匣分月日先後次第之井然有條真可為法也

祕書丞高安劉公諱恕字道原嘗同司馬公修資治通鑑

宋劉恕羲仲通鑑問疑曰道原在書局止類事跡勒成長編其是非予奪之際一出君實筆削

宋史藝文志史部編年類曰李燾續資治通鑑長編一百六十八卷

別採英華先爲縮本

隋書經籍志總集部曰古今詩苑英華十九卷梁昭明太子撰　唐書藝文志總集部曰古今
詩苑英華二十卷僧惠淨續古今詩苑英華集二十卷

文選甘泉賦李善注引孝經援神契曰玉有英華之色

御製詩四集卷十七題辨四庫全書聯句內臣曾先注曰於全書內擇其精醇先爲薈要繕貯摛藻堂即以武英殿纂修翰林分校薈要

御製詩四集卷五十夏日居寫居雜興第二首注曰余持蒐載以籍輯爲四庫全書分別應刊應鈔存目三種用廣流傳以嘉惠天下并于冊又擇其尤精者爲薈要俾大內之摛藻堂及御園之摛藻堂合經史統計爲書凡千六百種有奇視昔藏書之富殆無有過於此者

御製詩四集卷六十五重華宮茶宴內廷大臣翰林等題四庫全書薈要聯句並成二律詩注曰薈要粹全書之精每部凡萬二千冊一貯摛藻堂於己亥年告

成一所味腴書室於庚子年告成
御製詩四集同卷六十五四庫全書薈要聯句臣英廉注曰所載皆　命
於全書中擇其尤醇者經部列架六史部列架十並在左子部
列架六集部列架十並在右經緝瓆注曰經部一百七十三種史部
七十種子部八十二種集部一百三十九種以所收貴精故視全書不
及十之三

昱曦長庚之紀歲慶叶
嵩呼

漢書武帝紀元封元年詔曰朕用事華山至於中嶽親登嵩高
御史乘屬在廟旁吏卒咸聞呼萬歲者三登禮罔不答其令祠官
加增太室祠師古注引荀悅曰萬歲山神稱之也
史記封禪書曰東幸緱氏禮登中嶽太室從官在山下聞若有言萬歲
云問上上不言問下下不言於是以三百戶封太室奉祠命曰崇高邑
毛詩大東篇曰西有長庚傳曰日既入謂明星為長庚庚續也
御製詩四集卷五十五四庫全書薈要聯句序曰往在文淵新葺曾題其
於篇題繼以天祿琳瑯藏書近新於斯詠茲嘗鴻篇既勒徵太乙之效
禎祥況重壽星方昌值長庚之紀歲
御注曰歲甲午以四庫全書聯句乙未以天祿琳瑯聯句今年庚子適當七旬萬壽

屬太乙之占祥象符奎聚

宋史太祖紀乾德五年三月五星聚奎

天文志曰乾德五年三月五星如連珠聚於奎婁之次

世說德行篇劉孝標注引檀道鸞續晉陽秋曰陳仲弓從諸子姪造荀

朗陵父子于时德星聚太史奏五百里賢人聚

文獻通考二百九十三象緯考曰宋太祖乾德五年三月五星如連珠聚於

奎占曰分從鎮星晨見東方占曰有德受慶大人奄有四方子孫蕃

昌從鎮星王者重致天下重福明年真宗降誕

易緯乾鑿度太乙之神以其時日下行九宮

文選甘泉賦李善注引春秋合誠圖曰紫宮帝室太乙之精

宋史南唐李氏世家附韓熙載傳曰初乾德丁卯年五星連珠於奎奎

主文章又在魯分時太宗鎮兖海中國太平之符也

八年敬繕挹古今四庫之精

唐書藝文志曰元宗命兩都各聚書四部列經史子集四庫通志藝文略目錄類曰梁天監六年四部書目四卷殷鈞撰梁東宮四部目錄四卷劉遵撰梁文德殿四部目錄四卷劉孝標撰陳天嘉六年壽安殿四部目錄四卷陳德教殿四部目錄四卷隋開皇四年四部目錄四卷牛宏撰又開皇八年四部目錄四卷又四部書目錄序錄三十九卷殷淳撰唐羣書四錄二百卷唐四庫搜訪圖書目一卷開元四庫書目四十卷崇文總目六十六卷祕閣四庫書十卷

宋史藝文志目錄類曰唐祕閣四部書目四卷唐四庫搜訪圖書目一卷

兩部分做合大小二酉之數

御製詩四集卷十七重華宮茶宴廷臣及內廷翰林用四庫全書聯句復得詩注曰御花園摛藻堂中本就大內所有書籍分四庫度貯之茲命于敏中王際華於全書中擇其尤精者別爲薈要與全書一體繕錄仍按四庫陳弆堂中

御製詩四集卷六十五四庫全書薈要聯句臣編隆安句注曰薈要凡二分其一貯大內摛藻堂地甚一乾清宮北其一貯御園含經堂東偏味腴書室架函較摛藻堂稍多但仍不離六一之數耳

太平御覽卷四十九引盛宏之荆州記曰小酉山上石穴中有書千卷相傳秦人於此學因留之故梁湘東王書賦云訪酉陽之逸典余亦將取威武酉名書之所自昉也

御定佩文韻府酉字下引郡國志曰大酉山在辰溪山下有洞名大酉洞小酉山在辰州府又名烏速山在酉溪口山下有石穴中有書千卷舊云秦人避地隱學於此自酉溪北行十餘里與大酉山相連故曰二酉

惟全書之浩博實括羣言

揚子法言曰或問羣言之長曰羣言之長德言也李善注文選文賦引法言宋衷注曰羣非一也

合衆手以經營倏逾數載

白虎通四時篇曰載之言成也載成萬物終始言之也五帝言載三
王言年
蔡邕獨斷曰三代年歲之別名唐虞曰載載歲也言一歲莫
不覆載故曰載也
爾雅　曰夏曰歲商曰祀周曰年唐虞曰載郭璞注曰載取
歲終更始也

手薰蘭櫝方粗就而未終

宋吳淑事類賦引

韓子曰楚人有賣其珠於鄭者為木蘭之櫝薰以桂椒之櫝綴以珠玉飾以玫瑰輯以

以翡翠鄭人買其櫝而還其珠此可謂善賣櫝矣未可謂善鬻珠也

太平御覽卷七百十二韓非子外儲說左上第三十二侍曰楚人賣其珠於鄭者為木蘭之櫃

薰以桂椒綴以珠玉飾以玫瑰輯以翡翠鄭人買其櫝而還其珠未可謂

羽

善鬻珠也

之櫝

此可謂善賣櫝矣未可謂善鬻珠也

閣從丁雲楣已先成以有待

文選張衡西京賦曰雕楹玉碣繡栭雲楣薛綜注曰楣梁也

味雲氣畫如繡也李善注曰王褒甘泉頌采雲氣以為楣

御製詩四集卷三十題文源閣詩序曰因輯四庫全書豫構閣為度貯之所其

式一仿浙江范氏之天一閣閣凡三在大內者曰文淵在避暑山莊者曰

文津　茲在御園者曰文源既藏工賦詩以落之又

御製題文津閣詩序曰度四庫全書之閣凡三文淵文源而外山莊之文津其

權輿也閣始於乾隆甲午秋月越次年乙未夏月蕆功適駐蹕

於此賦詩落成又卷三十四

御製題文淵閣曰四庫庋藏待層樓皆構新　肇功始昨夏斷手逮今春

又卷三十八

御製文津閣詩曰藏書豈猶待集成斯已珍注曰建閣為貯四庫全書之用
然鈔錄尚需數年閣中空曠用仿四庫全書函之式裝潢古今圖書
集成全部度架排列亦頗可觀又卷六十三
御製乙亥題文津閣詩注曰建由甲午成乙未四庫將因備庋珍印此鈔
刊未及半叢他閣漸排擺庋
御注曰予輯四庫全書并命繕為四冊庋閣中今校錄之功尚未及半
御製詩四集卷八十三題文津閣曰預擬閣樓收四庫無勤魚魯校訛質

文河疏論初如江别篇三

郭璞山海經注曰岷山大江所出也崍山南江水所出也崌山北江所出也三江皆發源於蜀而注震澤禹貢紀其源而及其委耳庚博物志卷六

尚書禹貢三江既入疏曰韋昭云吴松江錢唐江也吴地記云松江東北行七十里得三江口東北入海為婁江東南入海為東江并松江為三江庚仲初揚都賦注同

宋朱長文吳郡圖經續記卷中曰書云三江既入震澤底定三江者北江中江南江也歷丹陽毗陵者為北江即今之大江也首受蕪湖東至陽羨者為中江分于石城過宛陵至於吳區者為南江三江在震澤上下而皆入於海震澤之流有所自洩自以底定今三江數道中絕故震澤有泛溢之患理勢然也

唐駱賓王投筆海曰字中蝌斗競落文河筆下蛟龍爭

對
水經注一川
對

筆海朝宗，總乃瀆增以四

爾雅釋水曰江河淮濟為四瀆四瀆者發源注海者也

庾駿賓王秋日送尹大赴京詩序曰請振詞鋒用開筆海
李善上文選注表搴中葉之詞林酌前修之筆海
應劭風俗通曰江淮河濟為四瀆瀆通也所以通中國垢濁
劉熙釋名曰瀆獨也各獨出其所而入海
白虎通義巡狩篇曰瀆者濁也中國垢濁發源東注海其功著大
故稱瀆也爾雅云江河淮濟為四瀆也
令狐德棻後周書四十二蕭圓肅傳曰圓肅梁武帝之孫太宗末進位大將軍初授貝州刺史有文集十卷又
撰時人詩筆為文海四十卷
明董斯張廣博物志卷二十六引楊泉物理論曰夫五經則四海也傳記則
四瀆也
詩沔水篇鄭箋曰水流而入海小就大也詩疏春見天子曰朝夏見曰宗

望洋無際遽創始之爲難

御製詩四集卷三十四宜芸館自題曰近因四庫求遺籍益覺瞠乎若望洋

莊子秋水篇曰河伯行至于北海東面而視不見水端始旋其面目望洋向若而歎曰今我睹子之難窮也

登岸有期已觀成〻可冀

文選頭陀寺碑 李善注引僧肇論曰涅槃經思無退轉即便前進既前進已得到彼岸 彼岸山去嶮於如來

梁書江紑傳智者法師引無量壽經曰慧眼見真能度彼岸

北史張普惠傳曰道由化深故諸漏可盡 法隨礼積故彼岸可登

校刪繁之別帙又閱兩年

文心雕龍鎔裁篇曰謝艾王濟西河文士張俊以爲艾繁而不可刪濟略而不可益

通志藝文略別有方類曰刪繁方十卷謝士泰撰

困學紀聞卷十諸子篇引杜牧注孫子序曰孫武書數十萬言魏武削其繁剩筆其精切凡十三篇因注解之

隋書經籍志目

太平御覽六百一引東觀漢記曰張霸字伯饒以樊儵刪嚴氏春秋猶多繁辭乃減爲二十萬言更名張氏學

~~謂由[illegible]述~~

勒彙總之鴻裁已盈一部

梁昭明太子文選序曰凡次文之體各以彙聚

御製詩四集卷八十六壬寅歲文源閣詩曰四庫鈔謄將遠紀文淵藏弆幸堪論。

御注曰編錄四庫全書自癸巳年迄今將及一紀文淵閣所弆一部

茲始告竣弆閣矣

御製詩四集卷八十七仲春經筵有述詩注曰文淵閣藏成已久而四庫

全書第一部昨歲冬始得告成今排列架上古今美富畢臻

於此實為慶幸云

插籤分帙次排手甲乙丙丁

文獻通考職官十曰：晉秘書郎掌中外三閣經書，武帝分秘書圖籍為甲乙丙丁四部，使秘書郎中四人各掌其一。

韓愈集送諸葛覺往隨州讀書詩曰：鄴侯有藏書，插架三萬軸。一一皆牙籤，新若手未觸。

文選任彥昇王文憲集序李善注引臧榮緒晉書曰：李充字宏度，為著作郎。于時典籍混亂，刪除煩重，以類相從，分為四部，甚有條貫，秘閣以為永制。五經為甲部，史記為乙部，諸子為丙部，詩賦為丁部。

南史梁徐君蒨幼聰朗好學，尤長丁部書。又梁張率傳曰：率勑鈔乙部書。

南史到溉傳曰：遷司徒主簿，直待詔省，勑使鈔甲部書，為十二卷。

列架臚函色別其赤青白黑

隋書經籍志曰中原文教〻盛符姚而已宋武入關收其圖籍府藏所有纔四千卷赤軸青紙文字古拙

唐書藝文志曰列經史子集四庫有正有副軸帶帙籤各異色以別〻

雲仙雜記引唐餘錄曰倪若水藏書甚多列架不足疊隱而置　宋唐餘錄六十卷宋王皞撰見郡齋讀書志及文獻通考此書今佚

後漢書襄楷傳曰初順帝時琅邪宮崇詣闕上其師于吉於曲陽泉水上所得神書百七十卷皆縹白素朱界青首朱目號太平清領書

乾隆四十二年八月十九日

聖諭曰朕命纂輯四庫全書原以嘉惠天下萬世以諸同好今外省藏書家進到之書既經陸續給還所有在京大臣等呈進書籍亦應一體給還本家俾其世守若為

翰林院藏副。計則各處所進書函長短闊狹不一，分架插架不能齊整，莫若
俟四庫全書鈔錄四分完竣，令照式再鈔一分，貯之翰苑，既可備耽書之人
入署就閱，而詞布詞林，亦為玉堂增一佳話。其各督撫購進諸書，將來仍
可彙交武英殿另行陳設收藏。

御製詩四集卷十七纂輯四庫全書聯句臣陸費墀注曰：經史子集
以青赤白黑四色分別裝潢。

御製詩四集卷五十五遂初堂[illegible]詩注曰：今編輯四庫全書，蒐訪海內
遺籍，及內府所藏鈔刻，擇其佳者，謄寫成帙，按四部分色裝潢，通
計每分三萬六千冊。

御製詩四集卷六十五四庫全書薈要聯句臣福隆安句注曰：自劉向始勑七
畧，荀勖中經簿以下門目遞有增損，至唐始列經史子集四庫之稱。
賅當今全書實用其例，別色裝潢，取法四庫，薈要悉仍之。

經崇世教貴實徵而賤虛談

世說言語篇曰：王右軍與謝太傅同登冶城，王語謝曰：今四郊多壘，宜人人自效，而虛談廢務，浮文妨要，恐非當今所宜。

總目凡例第十四條略曰：聖賢之學主於明體以達用，凡不可見諸實事者皆屬卮言。儒生著書務為高論，陰陽太極累牘連篇，斯已不切人事矣。凡斯之類，並削其異說，黜彼空言，庶讀者知致遠經方，務求為有用之學。

國學紀聞卷八經說篇曰：自漢儒至於慶曆間，談經者守訓故而不鑿。自七經小傳出而稍尚新奇矣，至三經義行，視漢儒之學若土梗。陸務觀曰：唐及國初學者不敢議孔安國、鄭康成，況聖人乎？自慶曆後，排繫辭，毀周禮，議孟子，譏書之胤征、顧命，黜詩之序，不難於議經，況傳注乎？斯言可以箴談經者之膏肓。

宋顏延之曲水詩曰：崇虛非徵，積實莫尚。

梁鍾嶸詩品序曰：永嘉時貴黃老，稍尚虛談。

孔安國尚書大序曰足以垂世立教

漢書敘傳曰桓生欲借其書嗣報曰吾子既繫攣於世教

總目卷三十三五經總義後序曰漢儒五經之學惟易先變且
盡變惟書與禮不變詩與春秋則屢變而不能盡變蓋易乃數惟
人所推象惟人所取理惟人所說故一變再變而不已書紀政事禮
具器數具有實徵非空談所能臆亂詩則美刺可以意解名物
訓詁不可意解也春秋則褒貶可以詞奪事迹始末不可以詞奪也故
二經雖屢變而不盡變今所甄錄徵實者多不能以浮談無根疑
天下積經也
總目卷三十四五經總義類存目後序曰先儒授受大抵專
治一經其兼通諸經各有論說者鄭康成以下曠代數人耳宋明
以來撰述彌衆非後人學問遠過前儒後儒精研之則見難泛濫
之則見易求實據則議論少務虛談則卷軸富也緊存其
目古今人巧拙之異華實之分亦大概可睹矣

史繫人心削誣詞而存公論

齊東野語自序曰余齠侍膝下竊剽緒餘已稍敘次意嘗疑某事與世俗
之言殊某事與國史之論異也日過庭質之先子出曾大父大父手澤數十大帙
示之曰某事然也又出外大父日錄及諸老雜書示之曰某事與若祖所記同然
也其世俗之言殊傳訛也國史之論異私意也小子識之又曰定哀多微詞有所辟也牛李
總目凡例第十二條曰論史主於示褒貶然不得其事迹之本則褒貶
何據而定如劉子翼入隋為著作郎宏文館直學士明載唐書劉禕之
傳而通鑑綱目書貞觀元年徵隋秘書郎劉子翼不至尹起莘發明遂
特書隋官以美之與陶潛稱晉一例是未知其人之始終可定其人之賢否乎
黨也愛憎一衰議論乃公國史凡幾修是非凡幾易而吾家乘不可刪也小子
識之

多 異 志 有 所 當

既諸子百家之糅博收而不悖聖賢

唐書藝文志曰諸子之論各成一家自前世皆存而不絕也

莊子天下篇曰百家之學時或稱而道之百家往而不反必不合矣

漢書藝文志曰諸子之言紛然殽亂

總目凡例第十七條曰儒者著書往往各明一義或相反而適相成或相攻而實相救所謂言豈一端各有當也今所採錄惟離經畔道顛倒是非者掊擊必嚴懷詐挾私熒惑視聽者屏斥必力至於闡明學術各擷所長品騭文章不名一格兼收並蓄如渤澥之納衆流

漢書敘傳曰藝文志曰凡諸子百八十九家各引一端崇其所善

史記賈誼傳曰廷尉吳公言賈生年少頗通諸子百家之書

後漢書安帝永初四年紀曰詔謁者劉珍及五經博士校定東觀五經諸子傳記百家藝術

無十人九集之非叢沐而窮構門戶

梁孝元皇帝金樓子卷四立言篇曰諸子興於戰國文集盛於二漢至家家有製人人有集其美者足以叙情志敦風俗其弊者只以煩簡牘疲後生往者既積來者未已翹足志學白首不徧或者之所重今反輕今之所重古之所賤嗟我後生博達之士有能品藻異同刪整蕪穢使卷無瑕玷覽無遺功可謂學矣

周氏樊謝傳曰謝經學通贍無解之多引漢魏以來諸家義說而之後生不能曉悟皆背而譏之曰樊氏講之多門戶然傳者推其博物

上沿虞夏咸挹海以求珠

揚雄法言曰虞夏之書渾渾爾

宋書王微傳曰吏部尚書江湛舉微為吏部郎微與湛書曰今王道洪亶必將採擷潛寶傾海求珠自可卜肆巫祠之間馬棧牛口之下

文心雕龍奏飾篇贊曰倒海探珠傾崑取玉

下採元明多披抄而見寶

世說新語文學篇孫興公云陸文若排沙簡金往往見寶

梁鍾嶸詩評曰（謝混云）陸文如披沙簡金往往見寶

二百卷條

六千篋璋分圭合延閣儲珍

文選任彦昇爲范始興作求立太宰碑表李善注引劉歆七略曰孝武皇帝敕丞相公孫弘廣開獻書之路百年之間書積如山故内則延閣廣内秘室之府

宋書謝莊傳曰莊製木方丈圖山川土地各有分理離之則州郡殊別合之則宇内爲一

漢書藝文志如氏注引劉歆七略曰外則有太常太史博士之藏内則有延閣廣内秘室之府

文選左太冲詠史詩曰對珪不肯分李善注引解嘲曰析人之珪又謝靈運述祖德詩曰珪甯肯分善注曰古者封爵皆隨其爵之輕重而賜之珪璧

郡齋讀書志曰崇文總目六十四卷王堯臣等撰凡四十六類計三萬六百六十九卷

總目凡例第九條曰今檢所列諸書各撰爲提要分之則散弁諸編合之則共爲總目

白虎通義瑞贄篇曰何謂五瑞謂珪璧琮璜璋也禮曰天子珪尺有二寸又曰博三寸剡上左右各寸半厚半寸半珪爲璋

御製詩四集卷十七彙輯四庫全書聯句詩注曰書函每以楠木香致蠹易以木匣用垂永久

御製詩四集卷六十五四庫全書薈要聯句臣英廉句注曰函皆以木其二三種同函者用板别之

二百卷部次州居崇文引目

元馬端臨文獻通考經籍考曰淳化八年館閣火九年新作崇文院景祐二
年上經史八千四百二十五卷明年上子集萬二千三百六十六卷因仿開
元四部錄為崇文總目慶歷初成書嘉祐中命崇文總目除前志所載刪
去重複訛謬定著一千四百七十四部八千四百九十四卷元豐三年改官
制廢館職以崇文院為祕書省政和七年校書郎孫覿言慶曆間嘗命
儒臣集四庫為籍名曰崇文總目景祐中仁宗皇帝詔儒臣即祕書
所藏編次條目所得書以類分門賜名崇文總目神宗皇帝以崇文院為祕
書省稽四庫書者循崇文舊目乞到書名復搜訪詔祕書省官按次以更
崇文之歸一迺命覿等按次名曰祕書總目靖康之變散失莫考高宗治
江淯照五年書目成計書四萬四千四百八十六卷嘉定十三年復詔祕書丞
張攀等續書目又得一萬四千九百四十三卷紹定辛卯火災書多闕

对

續漢書百官志曰將軍領軍皆有部大將軍營五部部校尉一人

部下有曲曲有軍候一人

漢史游急就篇曰分别部居不雜廁

宋陳振孫書錄解題卷曰崇文總目一卷景祐初王堯臣同聶冠

卿郭稹呂公綽王洙歐陽脩等撰定凡六十六卷諸傳皆有論

議歐公文集頗見數條今此惟六十六卷之目耳題云紹興改定

宋周輝清波别志卷中曰國朝慶曆間命儒臣集四庫為籍名

曰崇文總目凡三萬六百六十九卷亦後於總目外日益蒐補校正

皆為善本

釋名訓義因李肇之解題

文心雕龍序志篇曰原始以表末釋名以章義

漢劉熙釋名序曰名之於實各有類義百姓日稱而不知其所以然之意

故撰天地陰陽四時邦國都鄙下及民庶應用之器即物名以釋義

文獻通考卷一百八十五經籍考曰經史釋題崇文總目云唐李肇撰題九經

下止唐氏實錄列篇帙之凡繫釋其題

宋史藝文志經解類曰李肇經史釋題二卷

通志藝文略目錄類曰經史釋題二卷唐李肇撰

宋史藝文志目錄類曰李肇經史釋文題三卷

考異參同近歐陽之集古

本書卷八十六目錄類曰集古錄十卷宋歐陽修撰曾鞏嘗作金石錄而未就僅存一序存元豐類藁中修始採摭佚遺積至千卷撮其大要各為之說至嘉祐治平間修在政府又各書其卷尾於是文或小異蓋隨時有所竄定也

集古錄自序曰

書錄解題曰集古錄跋尾十卷歐陽修撰集古目錄二十卷公子禮部郎官棐叔弼撰公既為跋尾二百九十六篇命棐撮其大要別為目錄

宋史藝文志小學類曰歐陽修集古錄跋尾六卷又二卷又目錄類曰歐陽修集古錄五卷

事蹟其實循名防誤於樹萱

也錄錄題曰樹萱錄一卷不著名氏序稱蒙尚書滎陽公所談其亦不知何人又云普至圜丘之明年普重其僖宗由普王踐位也其雖見唐志今亦未必真本我

云劉燾無言所為也

文心雕龍章表篇曰循名課實以文為本

唐書藝文志■小說家類曰樹萱錄一卷

宋何遠春渚紀聞曰陽魯已云東坡先生言世傳王氏元經薛氏傳關子明易傳李衛公對問皆阮逸擬~~湊當小說家者流書耳~~也龍城記載亦丁取易說子樹萱錄載杜陵老李太白諸人賦詩事詩體一律而龍城記乃王銍性之所為樹萱錄則劉燾無言自撰也

四庫總目卷首

書凡例曰古來諸家著錄往往循名失實配隸乖宜不但崇文總目以樹萱錄入之種植為鄭樵所譏今並考校原書詳為釐定

業崇文總目誤識有之惟遍校通志書校讎略其攻崇文總目不一而足未見樹萱錄諸通志小說家類亦無樹萱錄一目當由書據而知非本通考未詳所本以俟博雅

藝文略

洪邁容齋隨筆曰：頃在秘閣抄書，得續樹萱錄一卷，其中載隱君子元撰夜見吳王夫差與唐諸詩人吟詠事。李翰林詩曰：芙蓉露濃紅壓枝，幽禽感秋花畔啼。王人一去未回馬，梁間燕子三見歸。張司業曰：綠頭鴨兒咂萍藻，採蓮女郎笑花老。杜舍人曰：鼓鼙夜戰北窓風，霜葉沿階貼亂紅。三人皆全篇。杜工部曰：紫領寬袍漉酒巾，江頭蕭散作閑人。白少傅曰：不因霜葉辭林去，的當山翁未覺秋。李賀曰：魚鱗甃空排嫩碧，露桂梢寒掛團璧。三人皆未終篇。細味其體格語句，往往逼真。後閱秦少游集，有秋興九首，皆擬唐人，前所載咸在焉。關子東為秦集序云：擬古數篇，曲盡唐人之體。正謂是也。何子楚云：續萱錄乃王性之所作，而托名他人。今其書才有三事，其一曰賈博諭，一曰全若虛，一曰元撰。詳命名之義，蓋取諸子虛、亡是公云。

宋史藝文志小說類曰：樹萱錄三卷。

鄭樵通志藝文略食貨類曰：樹萱錄一卷。種藝門

詞取其詳求益非同於買菜

皇甫謐高士傳曰（卷三）嚴光字子陵會稽餘姚人也少有高名同光武遊學及帝即位乃物色求之司徒侯霸與光素舊欲屈光到霸所語言遣使西曹屬侯子道

淩陵山發光信書皇甫謐高士傳曰侯霸使西曹屬侯子道奉光[redacted]

光不起於床上箕踞抱膝發書讀訖問子道曰天子徵我三乃來人主尚不見當見人臣乎子道求報光曰我手不能書乃口授之使者嫌少可更足光曰買菜乎求益也

抱目凡例第十條曰四部之首各冠以總序撮述其源流正變以挈綱領四十三類之首亦各冠以小序詳述其分併改隸以析條目如其義有未盡例有未該則或於子目之末或於本條之下附注案語以明通變之由

人無全美比量其尺短寸長

總目凡例第十六條曰今所錄者如耿南仲之說易吳开之評詩則
論書而不論其人

史記白起王翦傳贊曰鄙語云尺有所短寸有所長

楚辭屈平卜居篇曰詹尹乃釋策而謝曰夫尺有所短寸有所長物有
所不足智有所不明

宋百歲寓翁楓窗小牘曰邢昺以九經及第靖康時乃傾心欽若納
身汚垢為士流所薄嘗奉敕撰爾雅疏義其後太常丞郭盛言邵
昺逆敦邢附欽若爾雅近匹今列道邢疏爾雅疏附刪去自稱其書之
商太常中語曰景純有翔子才窮後

詆或微瑕辨别其玉瑕珠纇

揔目凡例第十六條曰如謝翱楊继盛之文集周宗建黄道周之經解則論人而不論其書

淮南説林訓曰若珠之有纇玉之有瑕置之而全去之而虧

劉晝新論妄瑕第二十六曰荆岫之玉必含纖瑕驪龍之珠亦有微纇

一經採錄真同鯉上龍門

梁劉孝標世說德行篇李元禮條劉孝標注引三秦記曰龍門一名河津去長安九百里水懸絶龜魚之屬莫能上上則化為龍矣

後漢書李膺傳曰士有被其容接者名為登龍門李賢注曰以魚為喻也龍門河水所下之口在今絳州龍門縣辛氏三秦記曰云云與世說注略同

御製詩四集卷十七彙輯四庫全書聯句詩臣英廉注曰凡書佳者悉為選錄彙列四庫次則標存名目附列於書末

續漢書郡國志交趾郡下劉昭注引交州記曰有堤防龍門水深百尋大魚登此門化成龍不得過曝鰓點額

水經卷四曰河水又南過河東北屈縣西酈道元注曰河水南逕北
屈縣故城西十里有風山風山西四十里河南孟門山山海經曰孟門之山其上
多金玉淮南子曰龍門未闢呂梁未鑿河出孟門之上故穆天子傳曰北登
孟門孟門即龍門之上口也河水又南得鯉魚歷澗東入窮溪首便其源也
爾雅曰鱣鮪也出鞏穴三月則上渡龍門得渡則為龍矣否則點額
而還非夫往還之会何能便有茲稱乎

附載姓名亦使蠅隨驥尾

諭旨名註某家藏本以不沒所自

總目凡例第七條曰擬寫每書名之下欽遵

後漢書隗囂傳帝報以手書曰

東觀漢記隗囂傳曰蒼蠅之飛不過●步即自託驥●尾

得以絕羣（御覽卷四十四）章懷太子注引張敞書曰蒼蠅之飛不過十

步自託騏驥之尾乃騰千里之路

白虎通姓名篇曰人所以有姓者何所以崇恩愛厚親親遠禽獸別婚

姻也人必有名何所以吐情自紀尊事人者也

史記伯夷列傳曰顏淵雖篤學附驥尾而行益顯司馬貞索隱曰

以喻顏回因孔子而名彰

元元本本總歸
聖主之持衡
班固西都賦曰元元本本殫見洽聞 章懷後漢書固本傳注曰元其元本其本 李善文選注曰元元本本謂泝其元本也
宋史天文志曰虞書稱在璿璣玉衡以齊七政鄭康成說動運為機持正為衡皆以玉為之
管子 篇曰衡者使物一高一下不得有調也

是是非非盡掃諸儒之膠柱

莊子齊物論欲是其所非而非其所是則莫若以明

史記藺相如傳曰藺相如曰王以名使括若膠柱而鼓瑟耳括徒能讀其父書傳不知合變也

至其盈箱積案哉汗漫而難尋

隋書李諤傳諤上書曰積案盈箱唯是風雲之狀

~~揚雄劇秦美新曰舋聞罕漫而不昭察世莫得而云也~~

淮南 曰盧敖遊乎北海見一士焉曰吾與汗漫期于九垓之外

吾不可以久駐

張協七命曰余乃踰天垠越地隔過汗漫之不游躡章亥之

未迹

復以提要鉤元期簡明而易覽

唐韓愈集進學解曰記事者必提其要纂言者必鉤其元

乾隆三十九年

聖訓曰四庫全書處總目於經史子集内分晰應刻應鈔及應存書名三項各條下俱經撰有提要將一書原委撮舉大凡并詳著書人世次爵里可以一覽了然至現辦四庫全書總目提要多至萬餘種卷帙甚繁將來鈔刻成書繙閱已頗爲不易自應於提要之外別刊簡明書目一編祗載某書若干卷注某朝某人撰則篇目不繁而檢查較易俾學者由書目而尋提要由提要而得全書兼總裁等並通盤悉心妥辦並著通諭知之

五十一

覽詩典謨紀事別行小序之一篇

漢書藝文志曰書之所起遠矣至孔子纂焉上斷於堯下訖于秦凡百篇而為之序言其作之意

類乎金石成也先列諸碑六十卷

通志藝文略碑碣類曰金石錄二十卷趙明誠集

宋李易安金石錄後序曰右金石錄三十卷者何趙侯德父所著也取上自三代下迄五季鐘鼎甗鬲盤匜尊敦之款識豐碑大碣顯人晦士之事跡凡見於金石刻者二千卷

宋史藝文志小學類曰趙明誠金石錄三十卷又別本三十卷又目錄類曰趙明誠金石錄三十卷又諸道石刻目錄十卷

分綱列目見義例之有條

呂氏春秋曰壹引其紀萬目起壹引其綱萬目張

魏書張普惠傳曰普惠曾在夏學聚徒千數詩生後集便爲講之義例無窮辭多新異

總目凡例第十條曰四部之首各冠以總序撮述其源流正變以挈綱領四十三類之首亦各冠以小序詳述其分併改隸以析條目如其義有未盡例有未該則或於子目之末或於本條之下附註案語

尚書盤庚曰若網在綱有條而不紊

總目凡例第二條曰是書以經史子集提綱列目經部分十類史部分十五類子部分十四類集部分五類或流別繁碎者又各析子目使條理分明所錄諸書各以時代爲次

按以籍披圖信源流之大備

漢書張騫傳曰漢使窮河源其山多玉石采來天子案古圖書名河所出山曰崑崙云

毛詩允猶翕河箋曰言信按山川之圖籍而次序之

穆天子傳曰~~[illegible]~~乃披圖視典用觀天子之瑤器

梁昭明太子文選序曰衆制鋒起源流間出

文選皇甫謐三都賦序曰其物土所出可得披圖而校

文選任昉王文憲集序曰闡典未補大備茲日

戰國策卷三秦策張儀曰據九鼎按圖籍挾天子以令天下

水四瀛而山五嶽併此壯觀

文選司馬相如封禪文曰皇皇哉斯事天下之壯觀

文選班固西都賦曰威㬮遐邇之壯觀

文選張景陽七命曰此亦田游之壯觀

白虎通義巡狩篇曰嶽者何謂也嶽之爲言捔也捔功德也東方爲岱宗南方爲霍山西方爲華山北方爲恒山中央爲嵩高按爾大傳曰五嶽謂岱山霍山華山恒山嵩山也

漢桓寬鹽鐵論曰鄒子推終始之運謂中國天下八十分之一名赤縣神州而分爲九州絕陵陸不通乃爲一州有大瀛海圜其外所謂八極而天下際焉按秦始皇瀛海九州方朝華國

覆對

史記孟子荀卿列傳曰騶衍言儒者所謂中國者於天下乃八十一分居其一分耳中國名曰赤縣神州中國外如赤縣神州者九於是有裨海環之人民禽獸莫能相通者如一區中者乃為一州如此者九乃有大瀛海環其外天地之際焉

前千古而後萬年無斯巨帙

齋東野語卷十混成集條曰混成集修内司所刊本巨帙百餘

蓋非常之制作天如留待於今

漢書武帝紀元封五年詔曰蓋有非常之功必待非常之人

宋洪适隸釋史晨碑引尚書考靈耀曰丘生倉際觸期稽度爲~~漢~~赤制

條曰孔子乾坤所挺西狩獲麟爲漢制作

論語八佾篇何晏集解引孔安國注曰言天將命孔子制作法度以號

令於天下也

而常有之實逢人乃躬當其盛

御製詩四集卷八十七經筵畢文淵閣賜宴詩注曰癸巳歲始思及依經史子集為四庫全書並命輯永樂大典中散篇遺帙然朕時御已三十餘年亦望七之歲矣斯事體大而物博時恐難遲故甲午題句詩有逢會盼雖遲歲月就將惟望顧觀成之句今壬寅甫及十年蒼要兩部及全書第一部均已藏事裝潢貯閣內適當季仲經筵錫宴行慶適觀厥成實堪喜慰耳

唐石臺孝經璿齋古表曰臣之何幸躬覩盛事

叨司校録實忝光榮

李白集東海有勇婦詩曰名在列女籍竹帛以光榮

臣等功謝囊螢識同闚豹

初學記　郭引宋齊語曰孫康家貧常映雪讀書清淡交遊不雜

晉書車允傳曰允字武子南平人博學多通家貧不常得油夏月則練

囊盛數十螢火以照書以夜繼日焉

晉書王獻之傳曰獻之年數歲嘗觀門生摴蒱曰南風不競門

生輩曰此郎亦管中窺豹時見一斑

鑽研文字未能脈望之通仙

魏收魏書序紀第一曰聖武皇帝諱詰汾始居匈奴之故地其遷徙策略多出宣獻二帝故人並號曰推寅蓋俗云鑽研之義

唐段成式酉陽雜俎續集篇曰支諾皋中卷曰建中末書生何諷常買得黃紙古書一卷讀之卷中得髮卷規四寸如環無端何因絕之斷處兩頭滴水升餘燒之作髮氣諷嘗言於道者吁曰君固俗骨遇此不能羽化命也據仙經曰蠹魚三食神仙字則化為此物名曰脈望夜以規映當天中星星使立降可求還丹取此水和而服之即時換骨上賓因取古書閱之數處蠹漏尋義讀之皆神仙字諷方伏

北夢瑣言
張揚出如少
子有此字宜
查孫光憲序
錄五十

延緩歲時僅數鞠通之食墨

御定佩文韻府卷一東一通字下引賈子說林曰孫鳳有自鳴琴人唱曲則自相和背有一孔若蛀者一日有道士見之袖中倒黑藥少許孔側即有一蟲走出納之而去自後唱曲不復鳴有博物者曰此名鞠通置耳聾人耳邊即愈矣

食古桐古墨

元伊世珍瑯嬛記曰孫鳳有一琴背有孔若蛀者一日有道人見袖中出小竹筒倒黑藥少許即有一綠色蟲走出背上隱隱有金線文道人納蟲於筒中而去有博物君子曰此異寶也謂之鞠通有耳聾人置耳邊少時即愈矣食枯桐尤愛古墨鳳始悟道人所倚中藥蓋古墨屑也

仰蒙

訓示得閱六藝之源

漢書藝文志曰凡六藝一百三家三千一百二十三篇六藝之文樂以和神仁之表也詩以正言義之用也禮以明體明者著見故無訓也書以廣聽知之術也春秋以斷事信之符也序六藝為九種

後漢書班固西都賦曰講論乎六藝章懷太子注曰六藝謂詩書禮樂易春秋也

文選司馬相如上林賦曰游于六藝之囿李善注曰藝六經也

困學紀聞卷八經說篇曰以禮樂詩書易春秋為六藝始見於太史公滑稽列傳孔子曰六藝於治一也

御製詩四集卷十七有詠六經詩易書詩春秋禮樂七絕各一首

曲荷

寬容許假十年之限

御製詩四集卷十五經畬書屋即事詩曰遺書搜索佐文治大典因題

永樂時特簡編臣任挹校並擒藻苑各分司十年為限程寬

矣四庫雖殊經本之士不通經不足用況予身繫作君師

百夫決拾望學的以知歸

國語越語曰夫一人善射百夫決拾

唐李善上文選注表曰後進英髦咸資準的

陈徐陵在北齊與楊僕射書君子含識知歸

毛詩決拾既佽傳曰決鉤弦也拾遂也佽利也

周禮曰繕人掌王射掌用弓弩矢服矰弋抉拾鄭司農曰抉者所以縱弦也拾者所以引弦也或語抉引弦彄也謂韝扞也則云彄韝字之異者

文選東京賦薛綜注曰決以象骨為之著右手巨指所以鉤弦也拾韝捍著左臂也

此條注詳
蓋經說引
再考

一簣成山書出叢而章就

後魏酈道元水經注卷二曰河水又東北會兩川右合二水參差夾岸連壤負嶮相望河北有層山山甚靈秀山峰
之上立石數百丈亭亭桀豎競勢爭高遠望參參若攢圖之託霄
上其下層巖峭舉壁岸無階懸巖之中多石室焉室中若有積
卷矣而世士罕有津逮者因謂之積書巖巖堂之內每時見神人往
還矣

包咸論語子罕篇注曰簣土籠也

隋書經籍志曰漢興數尚儒術建藏書之策置校書之官屋壁山
巖往往間出

欣陳寶笈對

軒鏡之澄光

太平廣記卷二百三十王度古鏡記曰

梁任昉述異記曰鏡湖俗傳軒轅氏鑄鏡於湖邊今有軒轅磨鏡石石上常潔不生蔓草

鏡湖據太平御覽卷五十二及廣博物志卷六所引改正

恭進

璣階圖羲圖之永寶

王嘉拾遺記曰炎帝神農氏築圓丘以祀朝日飾瑤階以揖夜光

張詠義貴耳集曰濮上陳摶以先天圖傳种放，放傳穆脩，脩傳李之才，之才傳邵雍，放以河圖洛
書傳許堅，堅傳范諤昌，諤昌傳劉牧，脩以太極圖傳周惇頤，惇頤傳二程，滄溟得之于異僧壽涯
晦菴亦未能其可以異端疑之

郡齋讀書志曰太極圖說一卷茂叔師事鶴林寺僧壽涯以其學傳二程遂大顯
於世此其所授也　案表文繁事不取此種姑附見之耳

張衡東京賦曰龍圖授羲龜書畀姒　薛綜注引尚書傳曰伏羲氏王天
下龍馬出河遂則其文以畫八卦謂之河圖

漢書五行志曰河出圖雒出書聖人則之劉歆以為虙羲氏繼天而王受河圖
則而畫之八卦是也　河圖雒書相為經緯八卦九章相為表裏

崖岫依模範，狀若疊矩而重規

王昶《金石萃編·北齊臨淮王像碑》曰：妙力神光，規重矩疊。

御製詩四集卷八十七《經筵畢文淵閣賜宴以四庫全書第一部告成庋閣內用幸翰林院例得近體四律》詩注曰：去年茲第一部書已於昨冬告蕆，而第二三四部全書亦俱繕就，萬冊以上，此後照鈔較易成書矣。

因之循軌知途益輕車而熟路

韓愈集

先難後易一隅可得以反三

周易繫辭上傳曰損先難而後易唐李鼎祚集解引虞翻義曰損初之上失正故先難終反成益得位於初故後易易其心而後語

淮南原道訓曰先者難為知而後者易為功也

論語述而篇曰舉一隅不以三隅反何晏引鄭注曰說則舉一隅以語之其人不思其類則不復重教之也皇侃疏曰隅角也此有四角屋有四角皆曰隅也譬如屋有四角已示之一角餘三角從類可知

謀始圖終百里勉行乎半九

後漢書劉盆子傳曰盆子降徐宣等叩頭曰夫可與樂成難與慮始
劉歆讓太常博士書曰此乃眾庶之所爲耳

戰國策卷七秦策曰詩云行百里者半於九十此言末路之難高誘注曰逸詩
言之百里者已行九十里適爲行百里之半耳譬若強弩至牙
上甫爲上弩之半耳終之尤難故曰末路之難也

精心刊誤八行細檢朱絲

蜀志向朗傳曰朗年踰八十手自校書刊定謬誤積聚篇卷

文獻通考百七十四經籍一引石林葉氏曰余襄公靖爲祕書丞言前漢書本謬甚詔與王原叔同取祕閣古本參校遂爲刊誤三十卷其後劉原父兄弟兩漢皆有刊誤

唐李肇國史補曰宋亳間有織成界道絹素謂之烏絲欄朱絲欄

宋袁文甕牖閒評曰黃素細密上下織成欄其間用朱墨界行此正所謂烏絲欄也

御製詩四集卷十七題輯四庫全書聯句詩注曰書篇仿永樂大典式印界紅闌

查对

協力鳩工第指齋磨烏玉

左氏· ·　年傳曰鳩工庀材杜預注曰鳩聚也

御製詩四集卷五十題旧坑端石括囊硯曰質為烏玉連城珍形作括囊三緘口

天閶
連綿告藏竣者四奏

唐王維和賈至舍人早朝大明宮詩曰九天閶闔開宮殿
後漢書文苑杜篤傳章懷注曰閶闔天門也
楚辭離騷經曰倚閶闔而望予王逸注曰閶闔天門也
御製詩四集卷八十六壬寅年文源閣詩注曰文淵閣所弆全部三萬六
千冊已成以纂輯不易茲第二三四部則照纂輯已成者
鈔錄較易詢之館臣稱均陸續開工多已繕就萬冊以上
云

迅速先期不待六更歲以命

北吏杜銓侍曰銓族孫正藏為文迅速有以宿構

乾隆三十八年二月十一日

聖訓曰永樂大典（校撰）再添派王際華裘曰修為總裁官即令同遴簡分員詳悉校

核再畧加蒐輯以此部垂而昭代藏役僅閱六年今諸臣從事搜輯更係

棄多取少自當刻期告竣不得任意稽徒誚汗青無日

續漢書律志曰候氣之法為室三重戶閉塗釁必周密布緹縵室中以木

為案每律各一內庳外高從其方位加律其上以葭莩灰抑其內端案葭莩

出河內候之氣至者灰去其為氣所動者其灰散人及風所動者其灰聚

乾隆四十七年七月

聖訓曰朕稽古右文究心典籍近年命儒臣編輯四庫全書特建文淵文溯文源

文津四閣以資藏度現在繕寫頭分告竣其二三四分限於六年內按期藏事

所以嘉惠藝林垂示萬世典至鉅也

御製詩四集卷五十四題摛藻堂詩注曰命詞臣校勘永樂大典並蒐輯遺
書彙為四庫全書復於應鈔之中擇其尤精者錄為薈要繕錄於
癸巳夏至今戊戌始蔵工

御製詩四集卷六十五四庫全書薈要聯句序曰六年詳繕将漸藏事全
編兩部先成已統苞其要義

御製詩四集卷九十一題文津閣詩曰四庫須看首部成文淵曾是宴儒卿
經營已異初草創翻次第堪循舊課程曾輦黄金豈到此唐園漢
畧較他贏六年期固非遥耳楠架行將插以盈第七句

御注曰四庫全書第一部已成其第二三四部分度盛京之文溯閣山莊之
文津閣御園之文源閣共據館臣等奏通限六年全竣行見裝
潢竣閣次第蔵成云

太平御覽卷五百六十五引古今樂錄曰北齊神武霸府[田曹]參軍信都芳代歸知音能以管候氣觀雲色嘗與人對語即指天曰孟春之氣至矣人往驗管而飛灰已應每月所候言皆無爽

宋范成大冬至日銅[illegible]壺閣落成詩曰已辦葭灰霜候歲以篇仍摒腳肉了征鞍

人文成化
帝機運經緯之功
周易賁彖傳曰觀乎人文以化成天下
後漢書張衡傳衡應閒曰察三辰於上跡禍福乎下經緯歷數然後天步有常
劉勰文心雕龍自序曰夫文心之作也本乎道師乎聖體乎經酌乎緯

皇極敷言

王路示會歸之準

尚書洪範篇曰曰皇極之敷言是彝是訓

又曰遵王之道無偏無黨無有作惡遵王之路

又曰皇建其有極會其有極歸其有極

觚棱雲構嵬峩乎銀牓璇題

文選陸機擬隱詩曰輕條象雲構 善注引劉公幹詩曰大夏雲構

班固西都賦曰上觚棱而棲金爵 李善引漢書注蘇林曰觚八觚有隅者也音孤說文曰棱柧也

世說言語篇曰庾稚恭為荊州以毛扇上武帝武帝疑是故物侍中劉劭曰

柏梁雲構工匠先居其下

東方朔神異經□中荒經曰東方有宮青石為牆門有銀牓南方有宮

赤石為牆赤銅為門闕有銀牓

揚雄甘泉賦曰蓋天子穆然珍臺閒館璇題玉英蜵蜎蠖濩之中

後漢書班固傳章懷引說文曰柧棱殿堂上最高之處也柧音孤棱音力登反案

今本說文無此語

文選善注引應劭曰題頭也榱椽之頭皆以玉飾言其英華相燿也

文選王延壽魯靈光殿賦曰瞻彼靈光之為狀也則嵯峨嶵嵬

方策星羅琛賮金膏水碧

一 禮記中庸篇曰布在方策鄭注曰……

五 揚雄羽獵賦渙若天星之羅浩如濤水之波

六 文選陸機從軍行曰胡馬如雲屯越旗亦星羅

七 穆天子傳曰天子大朝於黃之山披圖視典用觀天子之瑤器曰天子之瑤玉果璿珠

八 燭銀黃金之膏 十一 庾李白集過彭蠡湖詩曰水碧或可採金膏秘莫言（西溪叢語上）

八 山海東山經曰又南三百里曰耿山無草木多水碧郭璞注曰亦水玉類

九 宋謝靈運入彭蠡湖口詩曰金膏滅明光水碧綴流溫

十 江淹雜體三十首擬王徵君微詩曰水碧驗未黷金膏靈詎緇

四 班固西都賦曰列卒周帀星羅雲布

二 儀禮 聘禮記曰百名以上書之於策不滿百名書之於方（姚寬西溪叢語引作方版）

三 周禮內史疏曰古時名為方漢時名為牘（鄭注曰杜子春云方直謂今時牘也）

曰淵曰源曰津曰溯長流萬古之江河

乾隆四十七年七月　日

上諭　朕稽古右文究心典籍近年命儒臣編輯四庫全書特建文淵文溯文源文津四閣以資藏庋

杜甫　詩曰不廢江河萬古流

御製詩四集卷十七彙輯四庫全書聯句詩注曰全書告成時　大内　圓明園　避暑山莊　盛京各貯一部

御製詩四集卷七十八庚子下江南填玉班揚之詩以津有題文匯閣詩曰

皇祖崇經訓圖書集大成分頒廣流布　高閣此經營規撫范氏制　工因商衆擎　而堪匹四庫永以貯層甍

御注曰閣中貯分頒古今圖書集成此閣亦倣范氏天一閣爲之四庫全書繕錄不

能分貯多處均應賞賜圖書集成一部
御製詩四集卷七十三注甫旋蹕以後有再題文宗閣詩曰四庫全書
鈔四部八年未藏費功勤集成拔萃石渠寺須貯思公天下云
今古英華萃全薈江山秀氣與平分百川於此朝宗海是地誠
應庋此文
御製詩四集卷七十三再題文匯閣四庫全書圖書集成部須來貯閣
貯淩雲卷七十五
御製詩四集題文津閣曰三文閣以度四庫此獨遙遙世玉塞清體大因
之收物持若茲就自沸今成矣物豫藥謀遙待每以錄閱暢
散行已貯圖書十千卷不爲孤矣得先頒首白
御注曰文淵文源文津
御製詩四集卷八十七經筵畢文淵閣賜宴詩注曰四庫全書共鈔

錄四部今第一部已得於文淵閣其第二三四部則分度
盛京之文溯閣避暑山莊之文津閣圓明園之文源閣

此條係文選叢
公行狀注另对

紀世紀運紀會紀元恒耀九霄之日月

宋邵伯溫聞見前錄曰皇極經世書以元會運世之數推之千歲之日可坐致也　宋史卷四百二十七道學列傳曰邵雍

郡齋讀書志曰皇極經世書邵雍堯夫撰以元經會以運經世

書錄解題曰雍少有才之才學之穆修之受之种放放受之陳摶蓋數學也曰元會運世以元經會以運經世其書謂之皇極經世其子伯溫為之序又為易學辨惑敘傳授本末真僞指世之雖明其學者蓋鮮焉

文選高誘安陸昭王碑文李善注引傅子曰道教者昭昭乎若揭日月照耀乎天

莊子達生篇曰昭昭乎若揭日月而行也　又山木篇昭昭乎如揭日月而行

梁昭明太子文選序曰姬公之籍孔父之書日月俱懸鬼神爭奧

揚雄方言曰雄以此篇示張伯松伯松曰是懸諸日月不刊之書也

晋書地理志曰昔大禹觀于洛河而受綠字

並五經以

垂訓道通乎丹書綠字之先

白虎通義五經篇曰經所以有五何經常也有五常之道故曰五經樂仁也義禮禮易智詩信也又曰五經何謂易尚書詩禮春秋也

困學紀聞卷八經說篇曰樂經既亡而有五經自漢武立博士始也

此条原对抄

似符瑞志

载觀書志

影論見胡

府字字

大戴禮記踐阼篇（武王踐阼第五十九）曰武王（踐阼三日）召師尚父而問焉曰黃帝顓頊之道存乎尚父曰在丹書王欲聞之則齋矣三日王（下堂）東面而立師尚父西面道書之言

宋書（後魏志）（斷論）志曰握河括地綠文赤字之文言之詳矣

漢書武帝紀曰建元五年春初置五經博士

垂訓篇以目錄本作樹訓劉勰文心雕龍封禪篇曰樹骨於訓典之區選言於宏富之路

廣博物志二十八藝苑曰禹北見六子授玉匱之書以注手受黑書于臨洮得綠字於洛水

合六幕以同文治超乎元律蒼牙之上

易緯通卦驗曰

漢書禮樂志（太初四年誅宛王獲宛馬作）專精厲意逝九閡紛雲六幕浮大海師古曰六幕猶言六合也

臣等無任瞻

天仰

聖踴躍歡抃之至謹奉

表恭進以

聞

宋龐元英文昌雜錄卷三曰國朝之制凡百官拜表稱賀蓋有故事每熙寧五年方講日朔視文德殿視朝立仗之儀閤門使唱拜大起居訖舍人引宰臣至案了右位南俛伏跪致詞祝月其辭云文武百寮宰臣御名全銜臣某姓名等言臣等無任歡呼抃蹈之至

《國家圖書館藏未刊稿叢書》總目

日記編

黄陶樓先生日記（全二册）（清）黄彭年 著　樊長遠等 整理

張叔未日記（外六種）

　張叔未日記（清）張廷濟 著　陳紅彦　樊長遠 整理

舊山樓日記（清）趙宗建 著　肖　剛 整理

非昔居士日記（清）趙宗建 著　肖　剛 整理

庚子非昔日記（清）趙宗建 著　肖　剛 整理

壺中日記（清）葉　鈞 著　肖　剛 整理

東洲草堂日記（清）何紹基 著　曹菁菁 整理

顔脩來日記（清）顔懋价 著　杜　萌 整理

笞誃日記（清）江　標 著　樊長遠 整理

書札編

張蔭桓致劉毓森書札　龔易圖致劉毓森書札

　（清）張蔭桓　龔易圖 著　董馥榮 整理

袁昶友朋書札（全六册）（清）袁　昶 輯　謝冬榮等 整理

王懿榮往還書札（外三種）

　王懿榮往還書札（清）王懿榮等 著　蘇揚劍 整理

藝風堂同人尺牘（清）惲祖翼等 著　謝冬榮 整理

黄子壽先生遺札（清）黄彭年 著　杜　萌 整理

趙宗建友朋書札（清）趙宗建等 著　彭文芳 整理

葉德輝致松崎鶴雄書札　葉德輝 著　孫　俊 整理

國家圖書館藏清代名家尺牘法書選刊（全十六册）

白謙慎　薛龍春 主編

金石題跋編

國家圖書館未刊石刻題跋輯録　盧芳玉　整理
小蓬萊閣金石目　（清）黄　易　著　盧芳玉　整理

題贊手卷編

明渤海孫氏積善堂題贊手卷　田曉春　整理

中法漢學研究所編

燕京傳薪録
——中法漢學研究所未刊稿研究
孫　俊　程天舒　林世田等　編著

著作編

周易注疏校勘記（全二册）（清）阮　元　總纂
讀相臺五經隨筆（全二册）（清）周廣業　著
經義述聞（全九册）（清）王引之　著
經義考異　（清）方　邁　著
國語解訂譌（外三種）
國語解訂譌　（清）孔繼涵　孔廣栻　輯校
白虎通義校稿　（清）吴　騫　輯
古小學書鈎沈　（清）陳　鱣　輯
聲系　（清）陳　鱣　著
説文解字考異（全五册）（清）姚文田　輯
四庫全書表注（全二册）（清）李文田　著
登樓雜記（全三册）（清）錢　泳　著
蛾術編（全十册）（清）王鳴盛　著
籀鄦簃雜著（全三册）（清）王仁俊　著

『十三五』國家重點圖書出版規劃項目

2011—2020年國家古籍整理出版規劃項目

2020年度國家出版基金資助項目

國家社會科學基金重大項目『國家圖書館藏未刊稿整理與研究』（13&ZD107）

國家出版基金項目
NATIONAL PUBLICATION FOUNDATION

國家圖書館藏未刊稿叢書·著作編

四庫全書表注（一）

（清）李文田 著

主編 劉玉才 陳紅彦

鳳凰出版社

圖書在版編目（CIP）數據

四庫全書表注 /（清）李文田著. —南京：鳳凰出版社，2021.8
（國家圖書館藏未刊稿叢書 / 劉玉才，陳紅彦主編. 著作編）
ISBN 978-7-5506-3348-3

Ⅰ. ①四… Ⅱ. ①李… Ⅲ. ①《四庫全書》—研究
Ⅳ. ①B221.5

中國版本圖書館CIP數據核字（2020）第261645號

書　　名　四庫全書表注
著　　者　（清）李文田
責任編輯　孫　州　姜　嵩
裝幀設計　姜　嵩
出版發行　鳳凰出版社（原江蘇古籍出版社）
　　　　　發行部電話 025-83223462
出版社地址　江蘇省南京市中央路165號，郵編：210009
出版社網址　http://www.fhcbs.com
照　　排　南京新華豐製版有限公司
印　　刷　南京新世紀聯盟印務有限公司
　　　　　江蘇省南京市建鄴區南湖路27號春曉大厦5樓，郵編：210017
開　　本　718毫米×1005毫米　1/16
印　　張　44.5
版　　次　2021年8月第1版
印　　次　2021年8月第1次印刷
標準書號　ISBN 978-7-5506-3348-3
定　　價　980.00圓（全二册）

《國家圖書館藏未刊稿叢書》編委會

主　編

劉玉才　陳紅彦

分主編

樊長遠　陳紅彦（日記編）

董馥榮　謝冬榮（書札編）

盧芳玉（金石題跋編）

田曉春（題贊手卷編）

孫　俊　林世田（中法漢學研究所編）

張學謙　王宣標（著作編）

委　員（以姓氏筆畫爲序）

王　劍　王宣標　卞惠興　田曉春　白謙慎　林世田

姜小青　陳紅彦　孫　俊　張學謙　董馥榮　樊長遠

劉玉才　薛龍春　盧芳玉　謝冬榮

序

中國國家圖書館以庋藏中國古籍善本宏富著稱，其中宋元舊槧、珍稀印本，向爲學界推重，頗獲利用。相較之下，約佔館藏善本總量三分之一的寫本類文獻，利用還遠遠不够，堪稱有待發掘的文獻寶藏。國圖藏寫本文獻以著作稿抄本爲主，兼及日記、書札、題跋、校語、文書檔案等類文字形式，因多爲唯一傳本，故有别於刊印文獻，具有獨特的文物、藝術和文獻價值。根據館方專家調查，[一]館藏宋元抄本即有十五部，明抄本則多達一千二百四十六部，其中一百七十餘部爲内府所抄。如宋仁宗親撰《洪範政鑒》，僅此一部内府抄本秘藏宫内，從無刊刻傳抄，彌足珍貴。明嘉靖間《永樂大典》抄本，世存殘卷亦以國圖收藏最夥。許多早期抄本與原本成書年代接近，而原本或有亡佚殘缺情形，抄本遂具有無可替代的校勘與輯佚價值。國圖所藏明清抄本中，著名學者、藏家抄本佔有相當比例，許多是影抄宋元舊本和珍稀本，僅毛晋汲古閣影抄本即有近八十部。在清抄本五千餘部中，還包括有盧文弨、鮑廷博、吴騫、翁方綱、陳鱣、黄丕烈、焦循、管庭芬、楊守敬、王國維等名家手稿本。著作類稿抄本之外，國家圖書館還藏有明清以至民國一百五十餘家日記稿抄本，三四百種書札文獻，數

[一] 陳紅彦《國家圖書館藏抄本述略》，《國家圖書館學刊》，2016年第4期。

千款金石題跋，以及數量不菲的圖卷題詠、批校文字、文書檔案等類寫本文獻。上述寫本文獻，除部分著作抄本之外，大多未經刊行，均可歸爲未刊稿之列。

寫本文獻存量稀罕，往往具有孤本性質，加之多數未經整理，字迹辨識不易，閲覽亦不方便，這都成爲限制其發掘利用的重要原因。有鑒於此，我們組織國家圖書館古籍館與北京大學中文系合作的學術團隊，在對館藏寫本文獻全面調查的基礎上，首先選擇具有重要學術價值、讀者利用不便的未刊文獻，予以整理刊布。並在國家社科基金申請設立『國家圖書館藏未刊稿整理研究』重大課題，以保證整理研究工作的實施。經過課題組同人的共同努力，陸續完成部分階段性成果，今擬分作日記、書札、金石題跋、題贊手卷、中法漢學研究所、著作諸編，依次予以刊布。

《日記編》整理收録顔懋价、葉鈞、張廷濟、何紹基、趙宗建、黄彭年、江標七位清人未刊稿本日記。其中如黄彭年、江標，不僅參與過重大政治活動，在學術領域亦有較高成就，屬於政學兼通的重要歷史人物。黄彭年《黄陶樓先生日記》、江標《笘誃日記》，所載均長達數十年，可稱一生行迹的詳盡記録，涉及朝章典故、交遊見聞、日常讀書生活等諸多内容，極其豐富。張廷濟《張叔未日記》、顔懋价《顔脩來日記》、葉鈞《壺中日記》、何紹基《東洲草堂日記》，雖然記述時間不長，但是内容各有所長，據之不僅可以考察日記主人的生平交遊，還可豐富清代學術史的場景。晚清藏書家趙宗建的《舊山樓日記》《非昔居士日記》《庚子非昔日記》，内容跨越清同治元年（1862）至光緒二十一年（1895）共三十多年的時間，記録了趙氏的日常生活、藏書收購及與衆多友人交遊情形，還有對圍剿太平軍的見聞記述，頗能反映江南地方士人的生活與眼界。

《書札編》從館藏各類書札文獻中選取黄彭年、趙宗建、張蔭桓、袁昶、王懿榮、吴重憙、繆荃孫、葉德輝等十餘家往還書札，予以整理刊布。因所涉人物都是晚清、民國間重要官員和學術文化界名流，書札内容豐富，且未經前人揭示，具有無可替代的文獻價值。如《黄子壽先生遺札》收録清光緒年間黄彭年在江蘇布政使任内與按察使朱之榛之間往來信件六十七通，涉及漕運與海運之流弊、來蘇流民之安置、正誼書院並藏書樓之籌建等諸多政務。黄彭年著述宏富，但大多未經刊布，本課題同時整理其日記、書札，預期將會推動學界對黄氏的深入研究。《趙宗建友朋書札》收録趙宗建光緒年間所撰詩歌、隨筆、抄經、墓誌銘、祝壽帖及其友人李芝綬、季錫疇的書札共一百四十餘件，不僅内容豐富，還可與《日記編》所收趙氏三種日記互相參照，促進學界對這位重要藏書家的全面研究。《袁昶友朋書札》收録劉履芬、丁丙、馮煦、孫詒讓、楊守敬、沈曾植、戴望、張謇、李文田、孫衣言、張鳴珂、張之洞、陸潤庠、王頌蔚、王懿榮、翁同龢等人信札二百餘通，袁昶親自整理粘貼爲十二巨册，涉及歷史人物衆多，堪稱是晚清學者的群體資料。《王懿榮往還書札》收録王懿榮與師友、親屬往還書札數百通，基本可以反映其後半生的主要經歷與交遊關係。王懿榮光緒年間授翰林院編修，三任國子監祭酒，博覽書史，精於鑒藏，與當世金石學者來往密切。書札所涉人物包括潘祖蔭、陳介祺、繆荃孫、吴大澂、盛昱、汪鳴鑾、孫汝梅、黄紹箕、吴重憙諸名流，以及女兒女婿等家人。書札内容多爲討論金石碑拓釋讀、古籍收藏、科舉學問，以及時務政治、爲人處世、家務瑣事，據之可以考察同光時期精英士大夫鑒藏金石之風尚，以及業餘生活趣味的豐富細節。《藝風堂同人尺牘》是晚清著名學者繆荃孫的友朋書札稿本集，收録惲祖翼、繆朝荃、劉炳照、吴慶坻、陳慶年等人致繆荃孫書札一百餘通。書札的撰寫時間多在光緒時期，内容比較廣泛，除家常瑣事之外，還涉及刻書、詩詞交往、方志編纂等方面，是研究繆荃孫學術交遊、晚清政治與文化教育的重要資料。葉德輝致松崎鶴雄書札（《郎園手札》）是著名學者葉德輝 1910 年至 1920 年間致日本學者松崎鶴雄的書信，涉及研治經學、小學等多方面内容，可稱現代中日學術交流史的重要文獻。

《書札編》收録書札出自名家之手，書法用箋考究，文獻價值之外，兼具有藝術觀賞價值，故採取録文整理與選擇影印結合的方式予以刊布。此外，我們還特邀白謙慎先生、薛龍春先生精選館藏十餘種名家尺牘，製作法書字帖，集爲《國家圖書館藏清代名家尺牘法書選刊》，以饗書法愛好者。

國圖收藏金石拓本豐富，題跋數量衆多。如宋元合璧拓本《廣政石經》即有名家題跋、批校百餘款，宋拓《嘉祐石經》亦有吴昌碩、丁晏、葉昌熾、沈曾植、羅振玉、陳寶琛、楊守敬、曹元忠、繆荃孫、柯劭忞等多人題跋和批校。《金石題跋編》甄選館藏金石題跋七十餘種，以拓本爲單位，撰寫提要，著録題名、拓本、裝幀、行款、書體、責任者、遞藏源流等項信息，並對題跋文字進行輯録整理，可爲金石證史、拓本源流研究、金石學者交遊研究提供全新的資料。

《題贊手卷編》率先刊布長達十六餘米的《明渤海孫氏積善堂題贊手卷》，該手卷是河北滄州孫楷第家族世守之寶，彙集明代前期朝廷重臣、翰苑侍從、書法名家四十三人的題贊墨迹，爲明代文化史、文學史、書法史研究的重要實物與文獻。諸家題贊，書法風格各異，可稱難得的藝術珍品。其中如明代第一大和尚姚廣孝的題贊，可能是其唯一的傳世手迹；而明初賢相『三楊』（楊士奇、楊榮、楊溥）和書法大家『二沈』（沈粲、沈度）的墨迹傳世甚罕，手卷所存可謂吉光片羽，彌足珍貴。此次刊布改卷裝爲經折裝，採用原版影印與題贊釋文相結合的整理方式，前半部分展示手卷原貌，後半部分爲題贊釋文、印章釋讀及題贊者小傳，既能滿足學術界對此珍貴文獻的研究需求，又可據之勾勒明初京師文化圈的面貌。

中法漢學研究所是法國中法教育基金委員會1941年在北京資助成立的漢學研究機構，設有民俗學組、語言歷史組、通檢組、圖書館、法文研究班等部門，開展文獻搜集整理和研究、翻譯工作。該研究所1953年撤離中國時，部分申請出關的圖書資料被中國政府徵購或没收，輾轉存藏於國家圖書館。《中法漢學研究所編》對其中曾毅公《五十年來之甲骨學》、陸翔《敦煌學著述考》、傅惜華《漢代畫像全集》三編、徐宗元《古今本竹書紀年合校》、柯昌泗《漢晋石刻略録》、羅常培《蒙古字韻跋》、魏建功《完全本王仁昫刊謬補缺切韻初次的討論》等未刊論著稿本以及神禡相關資料，進行整理研究，以求揭示這批珍貴稿本資料的學術價值，豐富敦煌學、甲骨學、民俗學等專題學術史，爲深入瞭解中法漢學研究所的學術活動，探究現代漢學研究史，提供文獻幫助。

著作稿抄本在國圖館藏寫本文獻中數量居多，近年頗有影印出版，加之閲覽方便，已漸爲學界所關注，因此未列爲本課題重點對象。不過考慮到有些著作稿抄本學術價值很高，甚至關涉重要學術論争，有必要予以刊布揭示，更便利學界研究，我們選擇方邁、王鳴盛、周廣業、孔廣栻、吴騫、王念孫、王引之、姚文田、李鋭、李文田等清代學者稿抄本予以影印，并分别撰寫研究解題。其中如李鋭《周易注疏校勘記》殘稿，是阮元主持纂修《十三經注疏校勘記》的重要文獻見證，有助於釐清當年校勘工作的緣起與修訂過程。《經義述聞》涉及王念孫、王引之父子著作權的争議，是清學研究界關注的熱門問題。爲便於展開深入研究，我們將國圖館藏《經義述聞》初刻、二刻、三刻所據稿本及《校書録》稿本合併影印。其餘諸家稿抄本，亦精彩紛呈，各有可觀。

以上未刊文獻，雖然形式有别，但是日記、書札、題跋及著作稿抄本内容多有關聯，甚至可以相互印證，子課題實際都是總課題的有機組成部分。我們希望通過對這批未刊文獻的發掘整理，爲學界提供第一手的資料，以推動明清以至近現代學術史研究的深入。在整理過程中，根據文獻樣式的不同，我們分别採取釋讀、點校、輯録、影印、解題、小傳等整理研究形式，以期最大限度地發揮未刊文獻的功用。因爲未刊文獻的隨意書寫特性，文字辨識、内容整理難度很高，整理成果想必仍有不少訛誤，期待學界同人不吝指正。此項整理研究工作得到國家圖書館古籍館、北京大學中文系的大力支持，浙江大學文化遺産研究院白謙慎先生、薛龍春教授在文字釋讀方面給予無私的幫助，鳳凰出版社慨允出版，謹表衷心感謝。

北京大學中文系、中國古文獻研究中心　劉玉才

二〇一八年五月

目録

解題

《四庫全書表注》，國家圖書館藏（索書號：18460），不著撰人名氏。館藏目録云：『《四庫全書表注》不分卷，清抄本，五册，字數、行數不一，無格。』〔一〕《中國古籍善本書目》《中國古籍總目》僅著録書名。今檢此本，内多朱墨塗乙之迹，並非普通抄本，而是一部珍貴的稿本。該稿本分爲五册，前四册封面依次題作『四庫全書表注』一、二、三、四，第五册封面無字，或原爲四册，後經重裝，將第四册一分爲二。此書僅首尾葉鈐『北京圖書館藏』，未見其他藏書印鑒。其主体内容主要爲一種筆迹書寫而成，其中的塗改、粘簽則似乎出自多人之手。

覈諸文獻，知此本當爲晚清學術巨子李文田之遺墨。據李氏子淵碩（1881—？）所撰《順德李文誠公行狀》稱，其父曾著《四庫提要進書表注》一書。〔二〕又考吴道熔所著李文田神道碑，記其著有『《進四庫全書表注》、詩文集、金石跋尾若干卷，稿藏於家』。〔三〕其中《進四庫全書表注》顯即行狀所稱《四庫提要進書表注》，且爲稿本，書名較諸國圖所藏僅多一字。李氏墨寶流傳至今者爲數不少，如國圖即藏有《西遊録注》（索書號：13945）、《元史地名考》（索書號：18568）、《元朝秘史注》（索書號：00761）、《二李書札》（索書號：17905）等多部，將這些手稿與《四庫全書表注》相對照，字迹完全一致，當出自同一人之手。可以斷定，國圖藏《四庫全書表注》實乃一部不爲人知的李文田手稿。

〔一〕北京圖書館編《北京圖書館善本書目》，北京圖書館出版社，1989年，頁1118。

〔二〕李淵碩《順德李文誠公行狀》，北京大學圖書館藏清末鉛印本，頁17a。

〔三〕吴道熔《淡盦文存》卷二《禮部右侍郎李公神道碑銘》，《近代中國史料叢刊續編》第20册，臺北文海出版社，1975年，頁70。

李文田（1834—1895）字畬光、仲約，號芍農、若農，廣東順德人，藏書宏富，治學精博。是書對紀昀所撰《進四庫全書表》逐句加以考據箋釋，注文以旁徵博引爲主，較少按斷；全書徵引文獻近三百種，每種皆詳著所出，體例嚴謹，内容豐贍，實爲《四庫全書總目》研究史上一顆湮没已久的遺珠。此外，李氏之學術範圍較廣，以往學界所熟知者主要集中於元史、西北輿地、金石等方面，而此稿本則向世人展現了李氏在文獻目録學方面的造詣。更爲難得的是，仲约爲書法巨匠，此稿字迹清麗遒勁，洵非俗手可比。由此看來，這部稿本兼集文獻學價值與書法價值於一身，應該引起書家與學者的共同關注與珍視。

如果將文獻搜討的範圍擴大，還可進一步考見《四庫全書表注》的成書情況與流傳過程。盤龍企業拍賣股份有限公司2001年1月7日『新世紀迎春拍賣會·古籍善本』上曾展出《四庫全書表注》鈔本一部，1函4册，内封有題記云：『上《四庫全書》表，傳聞紀文達公手筆。此帙乃先侍郎公歸養時所注，原稿已失，今從蘇器甫師處借鈔本，倩人録回。謹識之以期永寶。淵碩記。』[四] 顯然，這部《四庫全書表注》與國圖所藏稿本同爲一書，當爲後者寫定、謄清之後的傳抄本。此本最終歸屬何人，現不得而知，但它的存世本身就能爲研究者提供不少的信息。題記未著年月，作者李淵碩即前引《順德李文誠公行狀》的作者，李文田之子，從文義可知，此文當作於李文田殁後。其中稱該書爲李文田『歸養時所注』，所謂『歸養』者，蓋指同治十三年（1874）六月李氏奏請歸養老母獲准，於九月離京返鄉，則李淵碩意謂是書當成於此後。然而，通過考察時代更早的相關記載，我們發現這一説法存在明顯的問題。王闓運（1833—1916）《湘綺樓日記》同治十二年（1873）四月二日云：『讀仲約《四庫書表注》四本。仲約之學，蓋喜通博。』[五] 按王氏爲李文田同時代之人，二人過從甚密。從此記載可知，李氏《四庫全書表注》一書完成後，曾

〔四〕姜尋《中國古籍文獻拍賣圖録》，北京圖書館出版社，2003年，頁460。

〔五〕王闓運《湘綺樓日記》，臺北學生書局，1985年，頁121。

呈王氏閱覽，則《四庫全書表注》最晚至同治十二年以前即已成書。當時李氏尚未歸養，而李淵碩亦未出生，其在抄本題記中關於此書成書時間的説法恐得自後來傳聞，未可輕信。

不過，上引題記還是提示了《四庫全書表注》定本的流傳過程。李淵碩稱此本乃傳抄自蘇器甫所藏抄本，蘇器甫即蘇若瑚（1856—1917），字器甫，廣東順德烏洲人，李文田弟子。由題記可知，李氏《四庫全書表注》確曾一度以抄本的形式流傳，這在其他文獻中可以找到佐證。清末林鶴年曾作有《四庫全書表文箋釋》一書，性質與李氏之書類似，其叙文稱：『又博訪諸通人及李仲約先生注本，互參聞見，商榷是非。覺始焉粗得崖略者，今不厭求詳矣；始焉懷疑莫決者，今涣然冰釋矣。』〔六〕此序作於宣統元年（1909），知林氏創作此書過程中曾參考過李氏之書，揆諸文義，其所見當爲定本而非稿本。另外，繆荃孫亦曾得獲此書。《藝風老人日記》乙卯（1915）七月十一日云：『送《鹽法通志》《留溪外傳》《陳御史集》《四庫表注》，交孫莘如轉交。』〔七〕按其中所謂《四庫表注》恐亦指《四庫全書表注》一書，繆氏與李文田交厚，在其《日記》中屢以『順德師』『若農師』稱之，且兩人多有書籍往還，疑此書即爲繆氏所抄得，並將之交與孫毓修（1871—1922，字莘如），由孫氏轉交他人。可見，此書成書後確曾在一定範圍内傳抄、流傳。

這部稿本流落到國圖的經過，亦可由前人記録中覓得一鱗半爪。前引吴道熔所著李文田神道碑稱《進四庫全書表注》尚有稿藏於其家，當即此本。吴文作於一九一九年，知彼時此稿尚未散出。而顧廷龍一九三九年三月二十七日致葉景葵信云：『今日有書友送來兩種甚好。一爲沈學子批《韓昌黎詩集》……一爲《四庫表文注》，無撰人名氏，察其筆迹乃李仲約手稿，迹其所自，知由李勁庵（原注：仲約孫）押出，今已逾限矣。惟林樸山亦有《四庫表文箋釋》（原注：嘉業堂刻），且謂嘗見李仲約注本，

〔六〕〔清〕林鶴年《四庫全書表文箋釋叙》，《求恕齋叢書》本，頁1b。

〔七〕〔清〕繆荃孫著，張廷銀、朱玉麒主編《繆荃孫全集・日記》，鳳凰出版社，2014年，頁394。

互參聞見。相較之下，尚有詳略。索價二百元（振文齋，舊爲來熏閣夥）。館中尚未定其去留耳。』[八]當時顧氏任職於燕京大學圖書館，負責爲該館買入古籍，此信即是就書籍去留問題向葉氏諮詢。這裏提到的李仲約手稿《四庫表文注》，顯即國圖所藏《四庫全書表注》，只不過信中記載書名並不規範罷了。由顧氏此信可知，此稿本曾爲李文田長孫李勁庵（1907—1997）抵押至當鋪，逾期未取，遂在世間流通，後爲振文齋所得，此時欲賣與燕大圖書館。幾天後（四月三日），葉景葵就此事覆函曰：『奉廿八日所發覆示，欣悉一切……《四庫表文注》則館中倩人一抄足矣（如館中不欲抄，乞爲代抄，費由弟寄上）。』[九]可見葉氏並不贊同購買此書。四月十日顧氏覆函曰：『若農《四庫表文箋注》如能多留幾日，必爲傳鈔。』由此可知，這部稿本當時並未被燕京大學圖書館買下，而是在後來輾轉入藏北圖。一九五九年版《北京圖書館善本書目》著録善本一萬一千餘部，而無此稿本，至一九八九年所出新版善本書目纔著録此書，可知其當在二十世紀六十年代至八十年代間入藏國圖。

苗潤博

[八] 顧廷龍《顧廷龍集》，上海科學技術文獻出版社，2002年，頁753。
[九] 葉景葵《葉景葵致顧廷龍論書尺牘》，《歷史文獻》第1輯，上海社會科學院出版社，1999年，頁31。

四庫全書表注一

8

多羅質郡王臣永瑢等奉
勅編纂四庫全書告成謹奉
表上
進者

一 御製詩四集卷十七彙輯四庫全書聯句詩注曰輯書之始即以嘉名為請
命以四庫全書名之

四 文心雕龍章表篇曰表者標也禮有表記謂德見于威儀其在器式揆景曰表章表之目蓋取諸此也

凡群臣上書於天子者四名一曰章二曰奏三曰表四曰駁議

三 蔡邕獨斷曰表者不需頭上言臣某言下言臣某誠惶誠恐頓首頓首死罪死罪左方下附曰某官臣某甲上

二 釋名曰下言章上曰表思之於內施於外也

宋岳珂愧郯錄卷十二曰今世進書以敕局史館無一備進必載表文
於卷帙之首士大夫家有所述進御亦如之珂嘗攷其制蓋自元魏
時已有此比按高峻小史崔鴻傳曰鴻見劉淵石勒等各有國書
未有統一乃撰十六國春秋世宗聞其撰錄遣散騎常侍趙邕詔
鴻送呈鴻以其事有與國初相涉言多失體且既未就乞不奏
聞後典起居乃妄載其表於卷首然則其來尚矣

尚書舜典曰在璿璣玉衡 李善注文選運命論引馬融曰璇璣渾天儀可轉旋鄭元曰動運者爲璣持正者爲衡

文選東皙補亡詩由庚曰五緯不逆李善注曰尚書云曰雨曰暘曰燠曰寒曰風

四 宋王應麟

日月五星叢備名以星序

困學紀聞卷九天道篇引洛書甄曜度曰一度千九百三十二里天地訖去十七萬八千五百里

五 宋王應麟通鑑地理通釋引春秋命歷序曰人皇氏分九州神農始立地形甄度四海

帝鏡懸光藝苑定千秋之論

一　文選劉峻廣絶交論曰聖人握金鏡李善注引春秋孔録法曰有人卯金刀握天鏡又引雒書曰秦失金鏡鄭元注金鏡喻明道也

四　班固答賓戲曰蓋聞聖人有一定之論~~列士有不易之分~~項岱注曰論應義載堯舜文王周公孔子也論之道化也一定五經垂之萬世後人不能改也

二　文選江淹望荆山詩曰秋日鏡清光

三　宋潘自牧記纂淵海卷百五十附學部好學條曰朝馳騖乎丑林夕翱翔乎藝苑原注出韓文後志賦

此条对韩文集改正

立綱維於鼇極函列雲珠

莊子天運篇天其運乎地其處乎日月其爭於所乎孰主張是孰維綱是

一 楚辭天問曰斡維焉繫天極焉加

二 淮南本經訓曰王者法陰陽紀綱八極經緯六合

三 列子湯問篇曰然則天地亦物也物有不足故昔者女媧氏鍊五色石以補其闕斷鼇之足以立四極其後共工氏與顓頊氏爭為帝怒而觸不周之山折天柱絕地維

四 明董斯張廣博物志卷二十八藝苑部引集仙錄曰茅君之師總真王君西王母與上元夫人降于句曲之山以宴茅君焉時茅中君名固小君名衷亦侍真会下席再拜求乞長生之要夫人命侍女宋辟非出紫金之囊開綠金之笈以經凡四部授二君王母復勅侍女李方明出丹瑤之函披雲珠之笈出玉佩金璫經太霄隱書經授侍二君

此條查太平廣記引集仙錄又查上真誥

參下篇

三 唐盧照鄰南陽公集序曰龍鐏東魯陳禮樂而救蒼生虎據西秦焚詩書而愚黔首

媲刪述於龍蹲，契昭日虹玉

一 周……龍蹲歸而宗樹伐 太平御覽三百七十七卷引春

秋演孔圖孔子長十尺大九圍坐如蹲龍立如牽牛就之如昴

六 宋書符瑞志曰孔子作春秋制孝經既成使七十二弟子向北辰磬折而立使曾子

抱河洛事北向孔子齋戒向北辰而拜告備於天曰孝經四卷春秋河洛凡八十一卷

謹已備天乃洪鬱起白霧摩地赤虹自上下化為黃玉長三尺上有刻文孔子跪受而讀之

五 干寶搜神記卷八曰孔子修春秋制孝經既成齋戒向北辰而拜告備於天天乃洪

鬱起白霧摩地赤虹自上而下化為黃玉長三尺上有刻文孔子跪受而讀之曰

寶文出劉季握卯金刀在軫北字禾子天下服 案水經注泗水條則沈約干

寶所引皆春秋演孔圖文也以酈注語焉弗詳但引二書又不知所始是以

今依引水經注參補而出之

二 唐王勃夫子廟堂碑曰珠衡玉斗徵象緯於天經麟體據龍蹲集風雲於地紀

四 唐駱賓王螢火賦序曰類同心異若龍蹲歸而宗樹伐

理符心矩絜三古以垂謨

馬融論語注矩法也曰是以君子有也

四 禮記大學篇絜矩之道鄭注絜猶結也挈也矩法也君子有挈法之道謂當執而行之

五 漢書藝文志曰人更三聖世歷三古孟康曰易繫辭曰易之興其於中古乎然則伏羲為上古文王為中古孔子為下古

二 困學紀聞禮記篇曰絜矩學者之事也從心所欲而不踰矩聖人之事也

一 論語為政篇曰七十而從心所欲不踰矩魏何晏集解引馬融曰矩法也從心所欲無非法也

補引隋志王肅作一條

王肅傳等聖證論

道叶神樞匯九流而證聖

一 晉書天文志曰黃帝坐在太微中含樞紐之神也天子動得天度止得地意從容中道則太微五帝坐明以光

四 漢書敘傳曰劉向司籍九流以別應劭曰儒道陰陽法名墨從橫雜農凡九家

五 隋志聖證論十二卷王肅撰

二 莊子齊物論曰彼是莫得其偶謂之道樞

三 常景永橋銘曰穆我冠冕正我神樞

查洛陽伽藍記

此條對過
方合

治鑑古德洽敷文

一 唐書魏徵傳曰帝曰以銅為鑑可正衣冠以古為鑑可知興替以人為鑑可
知得失朕嘗保此三鑑内防己過

二 尚書大禹謨曰帝乃誕敷文德孔安國傳曰敷陳也

二 梁孝元皇帝金樓子立言篇曰古語云不鑒於鏡而鑒於人以鏡鑒則
辨形以人則知善惡

臣等誠懽誠忭稽首頓首上言

一 蔡邕獨斷曰漢承秦法羣臣上書皆言昧死言王莽盜位慕古法去昧死曰稽首光武
因而不改朝臣曰稽首頓首非朝臣曰稽首再拜

二 周禮太祝辨九㩻一曰稽首二曰頓首三曰空首四曰振動五曰吉㩻六曰凶㩻七曰奇㩻八曰褒㩻九曰肅㩻
鄭氏注稽首拜頭至地也頓首拜頭叩地也

二 白虎通姓名篇曰必稽首何敬之至也頭至地何以言首謂頭也禮曰首有瘍則沐[illegible]
稽首何[illegible]也書曰周公拜手稽首

二　困學紀聞卷二十雜識篇曰林靈素作神霄錄自公卿以下羣造其廬

拜受

竊惟神霄九野太清躍東壁之星

列子湯問篇曰八紘九野之水　晉張湛注曰九野天之八方中央也

淮南天文訓曰天有九野九千九百九十九隅何謂九野中央曰鈞天東方曰蒼天東北曰變

天北方曰玄天西北方曰幽天西方曰昊天西南方曰朱天南方曰炎天東南方曰陽天

鶡冠子度萬篇曰惟聖人能正其音調其聲故其德上及太清中及萬靈下及□□　宋陸佃解曰太清天也

文選傳咸贈何劭王濟詩曰日月光太清列宿曜紫微

晉書天文志曰東壁二星主文章天下圖書之祕府也星明王者興道術行國多君子

失色大小不同王者好武經士不用圖書隱

宋史林靈素傳曰政和末徽宗訪方士於左道錄徐知常以靈素對既見大言

呂氏春秋曰天有九霄而神霄為最高其治曰府神霄玉清王者上帝之長子主南

方號長生大帝君

唐張說恩制賜食於麗正殿書院宴詩曰東壁圖書府西園翰墨林

文選左思吳都賦曰曜靈□□□太清劉逵注曰太清謂天也

楚詞天問曰圜則九重孰營度之

懸圃三成上帝擴西崑之府

尔雅釋山曰初級陟再成英三成坯

一 淮南墬形訓曰崑崙之丘或上倍之是謂涼風之山或上倍之是謂懸圃或上倍之
乃維上天登之乃神是謂太帝之居

三 尔雅釋丘曰丘一成為敦丘再成為陶丘再成銳上為融丘三成為崐崘丘

五 穆天子傳曰季夏丁卯天子北升于舂山之上飛鳥百獸之所飲食先王所謂縣
圃辛卯天子北征東還癸巳至于羣玉之山阿平無險四徹中繩先王之所
謂冊府郭璞注曰言往古帝王以為藏書冊之府所謂藏之名山者也

二 酈道元水經注河水條曰崑崙之山（三成為崑崙丘 崑崙說曰崑崙之山）三級下曰樊桐一名板松二曰元圃一名閬風上
曰增城一名天庭是謂太帝之居

四 山海西山經曰西南四百里曰崑崙之丘是實惟帝之下都

張揖廣雅曰崑崙墟有三山閬風板桐元圃

二　困學紀聞卷二十雜識篇曰林靈素作神霄錄自公卿以下羣造其廬

拜笑

竊惟神霄九野太清耀東壁之星

列子湯問篇曰八紘九野之水　晋張湛注曰九野八方中央也

淮南天文訓曰天有九野九千九百九十九隅何謂九野中央曰鈞天東方曰蒼天東北曰變天北方曰玄天西北方曰幽天西方曰昊天西南方曰朱天南方曰炎天東南方曰陽天[redacted]

鶡冠子度萬篇曰惟聖人能正其音調其聲故其德上及太清[redacted]

宋陸佃解曰太清天也

文選傅咸贈何劭王濟詩曰日月光太清列宿耀紫微

晋書天文志曰東壁二星主文章天下圖書之祕府也星明王者興道術行國多君子

楚詞天問曰圜則九重孰營度之

宋葉夢得石林燕語卷七曰李肇翰林志未言居翰苑者皆

謂凌玉清溯紫霄豈止於登瀛州哉

君

懸圃三成上帝擴西崑之府

尔雅釋山曰初級陟再成英三成岯

一 淮南墬形訓曰崑崙之丘或上倍之是謂涼風之山或上倍之是謂懸圃或上倍之乃維上天登之乃神是謂太帝之居

三 尔雅釋丘一成為敦丘再成為陶丘再成銳上為融丘三成為崑崙丘

五 穆天子傳曰季夏丁卯天子北升于舂山之上飛鳥百獸之所飲食先王所謂縣圃辛卯天子北征東還癸巳至于羣玉之山阿平無險四徹中繩先王之所謂冊府郭璞注曰言往古帝王以為藏書冊之府所謂藏之名山者也

二 酈道元水經注河水條曰崑崙之山三級下曰樊桐一名板松二曰元圃一名閬風上曰增城一名天庭是謂太帝之居

（旁注：三成為崑崙丘 崑崙說曰崑崙之山）

四 山海西山經曰西南四百里曰崑崙之丘是實惟帝之下都

張揖廣雅曰崑崙墟有三山閬風板桐元圃

此條再查所出

文章有象翠嬀遂發其天苞

水經注十五卷洛水條引春秋説題辭曰河以道坤出天苞洛以流川吐地符　黄省曾本

二 鄭氏易注引緯書曰河以通乾出天苞洛以流坤吐地符

查 初學記卷六引河圖挺佐輔曰黃帝游於翠嬀之川大鱸魚折溜而至　汎白圖　葉朱文以授黃帝名曰綠圖

一 太平御覽卷七十九引河圖挺佐輔曰黃帝脩德立義天下大治乃召天老而問焉余夢見兩龍挺白圖即帝以授余於河之都天老曰河出龍圖雒出龜書紀帝錄州聖人所紀姓號興謀治平然後鳳皇處之今鳳皇以下三百六十日矣天其授帝圖乎黃帝乃祓齋七日衣冠黃冕天老五聖皆從至於翠嬀之川大盧魚泝流而至乃問天老曰子見夫中河流者乎曰見之顧問五聖皆曰莫見乃辭左右獨與天老跪而迎之五色畢具

繪畫成[illegible]白阜肇圖其地絡

一 考工記凡畫繢之事雜五色後素功方謂之青南方謂之赤西方謂之白北方謂之黑天謂之玄地謂之黃青與白相次也赤與黑相次也玄與黃相次也青與赤謂之文赤與白謂之章白與黑謂之黼黑與青謂之黻五采備謂之繡曰繢畫之事後素功」

天老以授黃帝帝鈐視之名曰錄圖

三 張衡西京賦振天維衍地絡薛綜曰絡網也」

明董斯張廣博物志卷五地形類引春秋元命苞曰神農世白阜圖地形脈道又引宋均注曰白阜為神農圖畫地形通水之脈

二 太平御覽卷三十六引春秋元命苞曰神農世怯義生白阜圖地形脈道又引注曰怯義白阜之母名也白阜為神農圖畫地形通水道之脈使不擁塞也」

書傳蒼頡初徵雨粟之祥

一　淮南本經訓曰蒼頡作書而天雨粟

三　漢書藝文志小學家曰蒼頡一篇上七章秦丞相李斯作爰歷六章車府令趙高作博學七章太史令胡毋敬作文字多取史籀篇而篆體復頗異所謂秦篆者也是時始造隸書矣

二　宋姚寬西溪叢語曰古文篆書黃帝史官蒼頡所作也蒼頡姓侯剛氏

籙授黃神始貽靈蘭之典

一 班固幽通賦曰黃神邈而靡質漢書應劭注曰黃帝善占夢也文選注引應劭曰黃黃帝也言黃神邈遠無所質問也淮南子曰黃神嘯吟

二 黃帝素問第三卷靈蘭秘典論第八林億等新校正按全元起本名十二藏相使在第三卷靈蘭秘典論曰黃帝問曰願聞十二藏之相使貴賤何如岐伯對曰悉乎哉問也請遂言之黃帝曰善哉黃帝乃擇吉日良兆而藏之靈蘭之室以傳保焉

秦授金策　聖籍雖焚

一　張衡西京賦曰昔者大帝悅秦繆公而覲之饗以鈞天廣樂帝有醉焉乃為金策錫用此土而翦諸鶉首善引列仙傳曰昔秦繆公受金策祚世之業

三　韓子曰商君教秦孝公燔詩書而明法令

四　史記秦始皇本紀三十四年丞相李斯議請史官非秦記皆燒之非博士官所職天下敢有藏詩書百家語者悉詣守尉雜燒之有敢偶語詩書棄市所不去者醫藥卜筮種樹之書

五　漢書劉歆傳歆移書太常博士曰至於暴秦燔經書殺儒士設挾書之律行是古之罪道術由此遂滅

二　漢書武帝元封五年紀孟康注曰王者功成治定刻石紀號有金策石函

漢理珠囊遺經猶在

一　北齊書顔之推傳推作觀我生賦曰殪頭顱其金鼎典午失其珠囊

二　唐孔穎達周易正義序曰秦亡金鏡未墜斯文漢理珠囊重興儒雅

三　漢書劉歆傳歆移書太常博士曰漢興天下唯有易卜未有他書至孝文皇帝始使掌故晁錯從伏生受尚書詩始萌芽天下衆書往往頗出至孝武皇帝然後鄒魯梁趙頗有詩禮春秋

四　尚書禹貢疏曰治梁及岐疏曰高祖入咸陽蕭何先收圖籍則秦焚詩書圖籍皆在孔君去漢初七八十年耳身爲武帝博士必當具見圖籍其山川所在必當驗實而知

秦操金策聖籍雖焚

一 張衡西京賦曰昔者大帝悅秦繆公而覲之饗以鈞天廣樂帝有醉焉乃爲金策錫用此土而翦諸鶉首 善引列仙傳曰燧秦繆公受金策祚世之業

三 韓子曰商君教秦孝公燔詩書而明法令

四 史記秦始皇本紀三十四年丞相李斯議請史官非秦記皆燒之非博士官所職天下敢有藏詩書百家語者悉詣守尉雜燒之有敢偶語詩書棄市所不去者醫藥卜筮種樹之書

五 漢書劉歆傳歆移書太常博士曰至於暴秦焚經書殺儒士設挾書之律行是古之罪道術由此遂滅

二 漢書武帝元封五年紀孟康注曰玉牒檢成治定刻石紀號有金策石函

漢理珠囊遺經猶在

一 北齊書顏之推傳：推作觀我生賦曰：旋頭龍其金鼎，典午失其珠囊。

二 唐孔穎達尚書、周易正義序曰：秦亡金鏡，未墜斯文，漢理珠囊，重興

洛陽伽藍記　少張辰

漢劉歆移書太常博士曰：漢興，天下唯有易卜，未有他書。

始使掌故晁錯從伏生受尚書，詩始萌芽，天下衆書往往頗出，至孝武皇帝，

然後鄒、魯、梁、趙頗有詩、禮、春秋。

四 尚書禹貢壺口治梁及岐疏曰：高祖入咸陽，蕭何先收圖籍，則秦焚詩書，圖

籍皆在，孔君去漢初七八十年耳，身爲武帝博士，必當具見圖籍，其山

川所在，必是驗實而知。

儒生密寶惟孔鮒之承家

二 漢書藝文志注師古曰家語云孔騰字子襄畏秦法峻急藏尚書孝經論語於夫子舊堂壁中而漢記尹敏傳云孔鮒所藏二說不同未知孰是

一 漢孔安國尚書序曰及秦始皇滅先代典籍焚書坑儒天下學士逃難解散我先人用藏其家書於屋壁李善注曰荀悅漢記曰孔鮒藏之

三 漢書孔光傳曰孔子生伯魚鯉鯉生子思伋伋生子上帛帛生子家求求生子真箕箕生子高穿穿生順順爲魏相順生鮒鮒爲陳涉博士孔陳下鮒弟子襄爲孝惠博士長沙太傅襄生忠忠生武及安國武生延年延年生霸字次孺霸生光焉

謁者旁求見陳農之奉使

四 漢藝文志曰至成帝時以書頗散亡使謁者陳農求遺書於天下

二 尚書說命曰乃審厥象俾以形旁求於天下

一 漢百官公卿表曰謁者掌賓讚受事員七十人秩比二千石應劭曰謁請也白也

三 漢書成帝河平三年紀曰光祿大夫劉向校中祕書謁者陳農使使求遺書於天下 師古曰言令陳農為使而使之求遺書也

鄭道元水經注洛 曰魯共王得孔子宅書不知有古文謂之蝌斗書蓋因科斗之名遂效其形耳古隸之書起於秦代或云即程邈於雲陽增損者是言隸者篆捷也孫暢之嘗見青州刺史傅宏仁說臨淄人發古冢得銅棺前和外隱起為隸字言齊太公六世孫胡公之棺也唯三字是古隸餘同今書證知隸自出古非始於秦 唐韓愈集石鼓歌曰字體不類隸與蝌

蝌文以後篇章自是滋多

一　孔安國尚書序曰至魯共王好治宮室壞孔子舊宅以廣其居於壁中得先人所藏古文虞夏商周之書及傳論語孝經皆科斗文字王又升孔子堂聞金石絲竹之音乃不壞宅悉以書還孔氏科斗書廢已久時人無能知者以所聞伏生之書考論文義定其可知者為隸古定更以竹簡寫之增多伏生二十五篇伏生又以舜典合於堯典益稷合於皋陶謨盤庚三篇合為一康王之誥合於顧命復出此篇并序凡五十九篇為四十六卷其餘錯亂摩滅弗可復知悉上送官藏之書府以待能者

二　史記儒林傳孔氏有古文尚書而安國以今文讀之因以起其家逸書得十餘篇蓋尚書滋多於是矣

麟閣所儲條目於焉漸備

一 漢書蘇武傳曰甘露三年畫圖上思股肱之美畫圖其人於麒麟閣、、張晏注曰武帝甲狩麒麟時作此閣

二 徐陵玉臺新詠序曰分諸麟閣散在鴻都

三 三輔黃圖曰漢宮殿疏云天祿閣亦藏書以讎所漢宮殿疏云天祿麒麟二閣蕭何造以藏祕書以處賢材也

杖吹藜火夜燃別錄之編

一　漢書成帝紀曰：河平三年，光祿大夫劉向校中秘書。曰至成帝時

二　漢書藝文志：詔劉向校經傳諸子詩賦。

~~[illegible]圖校書，每一書已，向輒條其篇目，撮其指意，錄而奏之。~~

~~[illegible]~~

三　秦王嘉拾遺記卷六曰：劉向於成帝之末校書天祿閣，專精覃思。夜有老人著黃衣，植青藜杖，登閣而進，見向暗中獨坐誦書，老人乃吹杖端，煙燃，因以見向，說開闢以前，向因受洪範五行之文，裂裳及紳以記其言，至曙去，云是太乙之精。乃出懷中竹簡，有天文地圖之書。

四　文選魏都賦善注引風俗通曰：案劉向別錄讎校，一人讀書，校其上下，得謬誤為校；一人持本，一人讀書，若怨家相對。

五　隋書經籍志曰：七略別錄二十卷，劉向撰。

衣染鑪香坐校中經之

世說新語注引虞預晉書曰荀勖字公曾潁川潁陰人漢司空爽曾孫也十餘歲能屬文[illegible]累遷侍中中書監

隋志魏秘書郎鄭默始制中經秘書監荀勖又因中經更著新簿分為四部總括群書

又晉中經十四卷荀勖撰 又隋牛弘傳

唐賈至早朝大明宮詩曰劍佩聲隨赤墀步衣冠氣染御爐香（案染或作惹今從宋龐元英文昌雜錄所引則宋本也）

晉書荀勖傳曰領秘書監與中書令張華依劉向別錄整理記籍及得汲郡中古文詔勖撰次之以為中經列在秘書

廣宏明集載阮孝緒七錄序曰荀勖因魏中經更著新簿雖分為十有餘卷而總以四部別之又曰晉中經簿四部書一千八百八十五部二萬九百三十五卷

唐李商隱牡丹詩曰荀令香爐可待熏又酬崔八早梅有贈兼示之作詩曰荀令熏爐更換香

文選任昉王文憲集序李善注引王隱晉書曰荀勖字公曾領秘書監
與中書令張華依劉向别録整理錯亂又得汲冢竹書身自撰次以爲中
經
温庭筠
詩國朝荀令去
陰時夫韻府羣玉香字下引襄陽記曰荀令君至人家坐幞三
日香氣不歇

隋書經籍志曰晉中經十四卷荀勖撰

目録條曰

隋書經籍志劉向別録剖析條流自是之後不能辯其流別但記書名而已博覽之士疾其渾漫故王儉作七志阮孝緒作七録並皆別行大體雖準向歆而遠不逮矣

一

文選任昉王文憲集序曰公諱儉字仲寶年　歲襲封豫寧侯初拜祕書郎遷太子舍人以選尚公主拜駙馬都尉元徽初遷祕書丞於是采公曾之中經刊宏度之四部依劉歆七略更撰七志

四

隋書經籍志曰宋元徽元年祕書丞王儉又造目錄大凡一萬五千七百四卷儉又別撰七志一曰經典志紀六藝小學史記雜傳二曰諸子志紀古今諸子三曰文翰志紀詩賦四曰軍書志紀兵書五曰陰陽志紀陰陽圖緯六曰術藝志紀方技七曰圖譜志紀地域及圖書其道佛附見合九條然亦不述作者之意但於書名之下每立一傳而又作九篇條例編乎首卷之中文義淺近未為典則

又二

臣等紀聞機記篇曰阮孝緒七錄用易居前王儉七志孝經為初

太平御覽卷六百一引齊書曰王儉字仲寶以四部眾書盈溢机閣自劉歆七略以來應更區別乃著七志上之時人以比相如封禪焉

阮孝緒撮其叢殘指舊傳之五部

唐釋道宣廣弘明集載阮孝緒

一 梁書 阮孝緒字士宗陳留尉氏人也父彥之宋太尉從事中郎孝緒七年十三徧通五經天監十二年與吳郡范元琰俱徵並不到乃著高隱傳大同二年卒所著七錄等書二百五十卷行於世

（列傳曰孝緒）

五 困學紀聞十二 劉道原曰歷代國史其流出於春秋劉歆撰七略王儉撰七志史記以下皆附春秋荀勖分四部史記舊事入丙部阮孝緒七錄記傳錄記史傳由是經與傳分

又二 隋志二十 七錄十二卷阮孝緒撰

七錄序曰今所撰七錄斟酌王劉序經典錄為內篇第一序記傳錄為內篇第二序子兵錄為內篇第三序文集錄為內篇第四合術伎之稱以名一錄為內篇第五自斯已上皆內篇也佛法錄為外篇第一序仙道錄為外篇第二凡內外兩篇合為七錄

四 王充論衡正解篇曰叢殘滿車不成為道

南史宋明帝紀曰泰始六年置總明觀祭酒訪舉各一人舉士二十人分為儒道文史陰陽五部學

隋志經籍志曰梁初祕書監任昉躬加部集又於文德殿內列藏眾書華林園中總集釋典大凡二萬三千一百六卷而釋氏不豫焉梁有祕書監任昉殷鈞四部目錄又文德殿目錄其術數之書更為一部使奉朝請祖暅撰其名故梁有五部目錄普通中有處士阮孝緒博采宋齊已來王公之家凡有書記參校官簿更為七錄一曰經典錄紀六藝二曰記傳錄紀史傳三曰子兵錄紀子史兵書四曰文集錄紀詩賦五曰技術錄紀數術六曰佛錄七曰道錄其分部題目頗有次序剖析辭義淺薄不經

御製詩四集卷二十一有題宋人勘書圖詩卷九十有庚子虞雲山仙字詩卷四十五有題虞　虞遊春圖用卷後題者韻詩

三 勘書妙畫世摹展氏之圖

唐張彥遠歷代名畫記曰只如董伯仁展子虔並祖述顧陸僧繇而就中尤所偏勝者俗所共推展善屋木且不知董展同時展之屋木不及於董李嗣真云三休輪奐董氏造其微六轡沃若展生居其駿而董有展之車馬展無董之臺閣此論爲當

四 宣和畫譜卷一曰展子虔歷北齊周隋至隋爲朝散大夫而所畫臺閣一時如董展不得以窺其妙寫江山遠近之勢尤工今御府所藏二十北極巡海圖二石勒問道圖一維摩像一法華變相圖一授塔天王圖一摘瓜圖一按鷹圖一故實人物圖二人馬圖一人騎圖一挾彈遊騎圖一十馬圖一北齊後主幸晉陽圖六

一 宋黃伯思東觀餘論跋北齊勘書圖後曰僕頃歲嘗見此圖別本雖未見畫者主名特觀其人物衣冠華虜相雜意後魏北齊間人作及在洛見王氏本題云北齊勘書圖又見宋公次道亦始知爲楊子華畫其所寫人如邢子才魏收輩豈在其間乎宜其模矩乃爾今觀此本益知北土人物明甚則知子華之蹟爲無疑唐閻令稱子華自象人物以來曲盡其妙簡易標美多不可減少不可踰今詳其蹟信然第他本尚餘兩搨有屏軸隱几而仰視者有執卷搘頤而沈思者數輩蓋當時畫此者但一通也

攙搭延也無載隨寶蹟

李匡乂資暇録謂茶托始于唐崔甯今北齋畫圖已有之則知未必始自唐世亦猶蕭梁已有紫囊盛笏而唐史始于張九齡其同也覌此宜審定之

五 宋湯垕畫鑒曰展子虔畫山水法唐李將軍父子多宗之畫人物描法甚細隨以色暈余嘗見故實人物春山人馬等圖又見北齋後主幸晉陽宮圖人物面部神彩如生意度具足可為唐畫之祖

六 尋以上數説勘此圖不云展作展子虔不圖勘書繙宣和畫譜惟唐張南本及五代支仲元陸晃並有勘書圖藏在御府亦不云摹自子虔此或別有所出未學寡陋以俟多聞

二 晉書顧愷之傳曰愷之嘗以一廚畫糊題其前寄桓元皆其所深珍惜者元乃發其廚後竊取畫而緘閉如舊以還之紿云未開愷之見封題如初但失其畫直云妙畫通靈變化而去亦猶人之登仙了無怪色

此係要查大業拾遺記不同

捲幔飛仙史載隋宮之蹟

文獻通考百七十四經籍考曰煬帝正御書時裝華淨寶軸錦標於觀文殿前為書室十四間窗戶牀褥厨幔咸極珍麗每三間開方戶垂錦幔上有二飛僊戶外地中施機發帝幸書室有宮人執香爐前行踐機則飛仙下收幔而上戶扉及厨扉皆自啓帝出則復閉如故

大業拾遺記

唐武德訖乎天寶鈿軸弥增

唐書藝文志曰自漢以來藏書之盛莫盛於開元其著錄者五萬三千九百一十五卷而唐之學者自爲之書又二萬八千四百六十九卷可謂盛矣初隋嘉則殿書三十七萬卷至武德初有書八萬卷重複相糅王世充平得隋舊書八千餘卷太府卿宋遵貴監運東都浮舟泝河西致京師經砥柱舟覆盡亡其書貞觀中魏徵虞世南顏師古繼爲祕書監請購天下書藏于内庫以宮人掌之元宗命左散騎常侍昭文館學士馬懷素爲修圖書使與右散騎常侍崇文館學士褚无量整比會幸東都乃就乾元殿東序檢校元量建議御書以宰相宋璟蘇頲同署又借民間異本傳錄兩都各聚書四部有正有副

唐封演封氏聞見記大唐武德五年克平隋鄭公盡收圖書命司農少卿宋遵貴載之以船泝河西上行經底柱多被湮沒十存一二其目錄四部書大凡八萬六千九百六十六卷案此書及刪去猥俗無益教理者見在三萬六千七百八卷著在隋書經籍志自後卷帙頗增開元中定四部目錄大凡五萬八百五十卷

右分廣歷聖德頌曰右克一雷宸之祥一草木之異一蹄角之怪一毛羽之瑞書時群臣誦且墨大字金匙鈿軸以稱述頌義時君始書

唐張彥遠歷代名畫記四卷三論裝背褾軸條曰貞觀開元中內
府圖書一例用白檀身紫檀首紫羅褾織成帶以爲宮

唐六典大唐御府有四部書經庫書鈿白牙軸黃帶紅牙
籤史庫書鈿青牙軸縹帶綠牙籤子庫書雕紫檀
軸紫帶碧牙籤集庫書綠牙軸朱帶白牙籤

唐經籍志經庫書綠牙軸紅牙籤集庫書青牙軸縹
帶牙籤子庫書紫牙軸碧牙籤集庫書綠牙軸白牙籤

宋景祐繼以淯理牙籤重列

宋史藝文志曰

宋王明清揮麈前錄曰國朝承五代搶攘之後三館有書僅萬二千卷乾德以後平諸僭
浸廣太宗命儒學下詔搜訪民間以開元四部爲目館中所闕及三百卷已上者與一子出
身端拱元年分三館之書別爲書庫目曰祕閣真宗咸平三年詔中外臣庶家有收
得三館所少書籍每納一卷給千錢送館料判看詳委是所少書數及卷帙別無差
誤方許收納其所進書及三百卷以上量才試用與出身又令三館寫四部書二本
一置禁中龍圖閣一置後苑之太清樓以便觀覽八年榮王宮火延燔三館焚爇殆
遍於是出禁中本就館閱侍寫且命儒臣編類讎校校勘校理之官始於此也
嘉祐五年又詔中外士庶許上所闕書每卷支絹一疋及五百卷特與文資元豐中祕
書省三館併歸省中書亦隨徙元祐中重寫御前書籍又置校對黃本以館職資
淺者爲之又置重修晉書局不久皆罷宣和初蔡攸提舉祕書省建言四庫補御前
書籍所再訪天下異書以資校對以侍臣指人爲參詳官餘爲校勘又以白衣進士充檢
閱者數人及年皆命以官未畢而國家多故靖康之變詩書不存逮太上駐蹕南渡屢
下搜訪之詔獻書補官者凡數人秦熺提舉祕書省奏請命天下專委守臣又有旨錄
會稽陸氏所藏書上之今中祕所藏之書亦良備矣

宋史藝文志序曰[redacted]唐之藏書開元最盛為卷八萬有奇其間唐人所自為書幾三萬卷則舊書之傳者至是蓋亦鮮矣陵遲逮于五季干戈相尋[redacted]斯民不復見詩書禮樂之化周顯德中始有經籍刻板學者無筆札之勞獲覩古人全書然亂離以來編帙散佚幸而存者百無二三宋初有書萬餘卷其後削平諸國收其圖籍及下詔遣使購求散亡三館之書稍復增益太宗始於左昇龍门北建崇文院而徙三館之書以實之又分三館書萬餘卷別為書庫目曰祕閣閣成親臨幸觀書賜從臣及直館宴又命近習侍衛之臣縱觀羣書眞宗時命三館寫四部書二本置禁中之龍圖閣及後苑之[redacted]太清樓而玉宸殿四門殿亦各有書萬餘卷又以祕閣地隘分內藏西庫以

廣之其右文之意亦云至矣已而王宮火延及崇文祕閣書多煨燼其僅存者遷于右掖门外謂之崇文外院命重寫書籍選官詳覆校勘常以參知政事一人領之書成歸于太清樓仁宗既新作崇文院命翰林學士張觀等編四庫書倣開元四部錄為崇文總目書凡三萬六百六十九卷神宗改官制遂廢館職以崇文院為祕書省祕閣經籍圖書以祕書郎主之編緝校定正其脫誤則主于校書郎徽宗時更崇文總目之號為祕書總目詔購求士民藏書其有所祕未見之書足備觀采者仍命以官且以三館書多逸遺命建局以補全校正為名設官總理募工繕寫一置宣和殿一置太清樓一置祕閣自熙寧以來搜訪補輯至是為盛矣嘗歷考之始太祖太宗真宗三朝三千三百二十七部三萬九千一百四十二卷次仁英兩朝一千四

百七十二部八千四百四十六卷次神哲徽欽四朝一千九百六部二萬六千二百八十九卷三朝所錄則兩朝不復登載而錄其所未有者四朝於兩朝亦然最其當時之目為部六千七百有五為卷七萬三千八百七十有七焉迨夫靖康之難而宣和館閣之儲蕩然靡遺高宗移蹕臨安乃建祕書省於國史院之右搜訪遺闕屢優獻書之賞於是四方之藏稍稍復出而館閣編輯日益以富矣當時類次書目得四萬四千四百八十六卷至寧宗時續書目又得一萬四千九百四十三卷視崇文總目又有加焉自是而後迨於終祚國步艱難軍旅之事日不暇給而君臣上下未嘗頃刻不以文學為務大而朝廷微而草野其所製作講說紀述賦詠動成卷帙纍而數之有非前代之所及也雖其間釽裂大道疣贅聖謨幽怪恍惚瑣碎支

雜有所不免然而瑕瑜相形雅鄭各趣譬之萬派歸海四瀆可分繁星麗天五緯可識求約於博則有要存焉宋舊史自太祖至寧宗為書凡四志藝文者前後部帙有亡增損互有異同今刪其重複合為一志蓋以寧宗以後史之所未錄者倣前史分經史子集四類而條列之大凡為書九千八百十九部十一萬九千九百七十二卷云

宋史仁宗本紀曰明道二年十二月丁巳詔明年改元景祐 又孝宗本紀曰乾道九年十一月戊戌大赦改明年為淳熙元年

宋百歲寓翁楓窗小牘卷下曰崇寧二年五月祕閣書寫成二千八十二部未寫者一千二百十三部及闕卷二百八十九立限成程限繕寫錄政和七年十一月十四日改校書郎孫覿奏四庫書籍崇文旧目頃訪求遺書總目之外凡數百家幾萬餘卷請撰次增入總目合為一卷詔覿等撰次名曰祕書總目及汴京不守悉為金虜輦去車駕渡江詔搜江浙閩粵載籍四庫至四萬四千四百八十六卷較崇文旧目多一萬三千八百十七卷又思陵以萬幾之暇御書六經論語史記列傳刊石立於太學典籍之盛無愧先朝第奇祕闕遺較前少損所增多近代編述耳

宋百歲寓翁楓窗小牘卷下曰國朝開獻書之路祥符中獻書共千
九人賜出身仍書若七百五十四卷宣和五年三館參校榮州助教
張頤所進書二百二十三卷李東一百六十二卷皆係闕遺乞加褒賞
頤賜進士出身東補迪功郎七年取索到王闡張宿家藏書以
三館祕閣中目比對所無者凡六百五十八部二千四百一十七卷
闡補承務郎宿補迪功郎

南征俘玉元遷三館之儲

尚書序曰湯伐三朡俘厥寶玉 誼伯仲伯作典寶

三 宋吳處厚青箱雜記曰梁祖都汴廳事草創正明初始於今右長慶門東北創小屋數十間為三館湫隘尤甚太平興國中車駕臨幸顧左右曰若此卑陋何以待天下賢俊即日詔有司規度左昇龍門東北東府地為三館尋下詔賜名崇文院以東廊為昭文館書庫南廊為集賢院書庫西廊以經史子集四部為史館書庫凡六庫書籍正副本八萬卷斯亦盛矣

二 逸周書世俘解曰甲子商王紂取天智玉琰瑾身厚以自焚凡厥有庶告焚玉四千五日武王乃俘得舊寶玉萬四千庶則銷天智玉五在火中不銷凡天智玉武王則寶與周

四 俘商舊玉億有百萬

文獻通考經籍考曰祖宗藏書之所曰三館秘閣在左昇龍門北是為崇文院自建隆至大中祥符著錄總三萬六千二百八十卷

七 癸辛雜識續集曰至元庚寅內府故書於廣濟庫有出相彩畫者一部極奇不知歸之何人此皆書中之奇品也

齊東野語卷十二書籍之厄條曰世間凡物未有聚而不散者而書為甚[illegible]唐貞
觀開元最盛兩都各聚書四部至七萬卷宋宣和殿太清樓龍圖閣御府所儲
尤盛於前代今可考者崇文總目四十六類三萬六百六十九卷史館一萬五千
餘卷餘不能具數南渡以來復加集錄館閣書目五十二類四萬四千四百八十六
卷續目一萬四千九百餘卷其後靡不厄於兵火者

宋費袞梁谿漫志卷三曰唐三館昭文館史館集賢院是也五代
以來卑陋僅於右長慶門築屋數十間為三館國初太平興國二年度地
左昇龍門東北一新之以三館新修書院為崇文院[illegible]中大中祥符
八年又於右掖門外建院天禧初復於崇文外院以三館為額天
聖九年乃從三館於崇文院前列三館後建秘閣修史藏書
樓備皆甚麗也中興以來復建秘書省而三館之職歸之
沈德符野獲編曰故元起沙漠首立經籍所又設興文署以編集
經史收貯板刻

宋蔡絛鐵圍山叢談卷一曰唐有宏文館集賢史館皆圖冊之府本朝草昧至熙甯始大備西直左昇龍門建祕書省爲之巻賢其間并三館皆在焉號三館祕閣

太平御覽七百一十三引東宮舊事曰皇太子拜有柏書廚一柙書廚

一

南齋書曰陸澄終撰宋書竟不成王儉戲之曰陸公書廚也

宋史瀛國公本紀曰德祐二年春正月甲申元兵至皋亭山遣監察御史楊應奎上傳國璽降　二月辛丑率百官拜表祥曦殿詔諭郡縣使降大元使者入臨安府封府庫收史館禮寺圖書及百司符印告敕

北極營都明運十艘之軸由

一 尔雅釋天曰北極謂之北辰郭璞注曰極中也北辰天之中以正四時故名北極斗樞是 北極戴斗為其樞同

論語附坂曰北辰論語為政以德居其所共辰也宋邢昺疏曰極中也

二 明史成祖本紀曰

三 明史藝文志曰

沈德符野獲編曰國初克故元時太祖命大將軍徐達收其祕閣所藏圖書典籍盡解金陵又詔求民間遺書時宋刻板本有一書至十餘部者太宗移都燕山始命取南京所貯書每本一部以入北時永樂十九年也初貯左順門北廊至正統六年始移入文淵閣中則地窖遂禁密矣因前代並至正統十四年英宗北狩而南京所存內署諸書悉遭大火凡宋元以來秘本一朝俱盡矣自後北京所收雖置高閣飽蠹魚卷帙當如故也自宏治以後閣臣詞臣俱無人問及漸以散佚

莫不前徵邃古冉壺溯合雒之蹤

楚詞曰遂古之初誰傳道之（天問篇）

~~宋羅泌路史曰~~

御定佩文韻府卷九十九沿字下引鄭康成六藝論曰遂皇之後歷六紀九十一代至伏羲注六紀者九頭紀五龍紀攝提紀合雒紀連通紀序命紀凡六紀也

蔡邕太傅胡公碑楊景烈垂不朽仰邃古羅昆後

謝朓侍宴詩旁求邃古歷睠鴻名

梁簡文帝南郊頌遂遐邈邃古爰矣初分

李嶠雩詩官名光邃古蓋影耿輕埃

瑤碧空林青簡琳頻斯之篆

揚雄甘泉賦曰登椽欒而羾天門兮李奇曰羾音貢蘇林曰羾至也

御製詩四集卷二十三詠和闐玉如意曰白玉和闐富崖良春秋包匭羾天閶

秦王嘉拾遺記九卷曰太始元年魏帝為陳留王之歲有頻斯國人來朝其國有大楓木成林樹東有大石室可容萬人坐壁上刻為三皇之像天皇十三頭地皇十一頭人皇九頭皆龍身亦有膏燭之處緝石為床床上有漆痕深三寸床上有竹簡長尺二寸書大篆之文皆言開闢以來事人莫能識或言是伏羲畫卦之時有此書或言是蒼頡造書之處

西州片札辭點漆於將磨

一 後漢書杜林傳曰（林字伯山，扶風茂陵人也）：河南鄭興、東海衛宏等皆長於古學。興嘗師事劉歆，林既遇之，欣然言曰：林得與
其□諸矣。使宏得林，且有以益之。及宏見林，闇然而服。濟南徐巡始師事宏，後皆更受林學。林前於
西州得漆書古文尚書一卷，常寶愛之，雖遭艱困，握持不離身。出以示宏等曰：林流離兵
亂，常恐斯經將絕，何意東海衛子、濟南徐生復能傳之，是道竟不墜于地也。古文雖不
合時務，然願諸生無悔所學。於是古文遂行。

二 又儒林楊倫傳曰：扶風杜林傳古文尚書，林同郡賈逵爲之作訓，馬融作傳，鄭玄注
解，由是古文尚書遂顯於世。

三 又儒林衛宏傳曰：宏從大司空杜林更受古文尚書，爲作訓旨。時濟南徐巡師事
宏，後從林受學，亦以儒顯，由是古學大興。

元陸友墨史卷上魏韋誕條引蕭子良答王僧虔書曰：仲將之墨，一點如
漆

南雍殘文拾穿絲於已斷

南齊書文惠太子傳曰文惠太子長懋字雲喬世祖長子也宋元徽末隨世祖在郢昇明二年太祖將受禪世祖已還京師以襄陽兵馬重鎮不欲處他族出太子為持節都督雍梁二州郢州之竟陵司州之隨郡軍事左中郎將寧蠻校尉雍州刺史宋泰始中襄陽有盜發古冢者相傳云是楚王冢大獲寶物玉屐玉屏風竹簡書青絲編簡廣數分長二尺皮節如新盜以把火自照後人有得十餘簡以示撫軍王僧虔僧虔云是科斗書考工記所闕文也

晉書武帝紀曰咸寧五年汲郡人不準掘魏襄王冢得竹簡小篆古書十餘萬言

晉書束晳傳曰初太康二年汲郡人不準盜發魏襄王冢或言安釐王冢得竹書數十車師春一篇書左傳諸卜筮似是造書者姓名也武帝以其書付祕書校綴次第而以今文寫之

郄本猶携稾傳班固

梁書蕭琛傳曰琛字彥瑜蘭陵人天監元年出為宣城太守……北僧南度惟賫一葫蘆中有漢書序傳僧曰三輔舊老相傳以為班固真本琛固求得之其書多有異今者而紙墨亦好文字多如龍舉之例非隸非篆琛甚祕之及以書餉鄱陽王範範乃獻于東宮

又劉之遴傳曰時鄱陽王範得班固所上漢書真本獻之東宮皇太子令之遴與張纘到溉陸襄等參校異同之遴具異狀十事其大略曰案古本漢書稱永平十六年五月二十一日己酉郎班固上而今本無上書年月日字又案古本叙傳號為中篇今本稱為叙傳又今本叙傳載班彪行事而古本云稚生彪自有傳又今本紀及表志列傳不相合為次而古本相合為次總成三十八卷又今本外戚在西域後古本外戚次帝紀下又今本高五子文三王景十三王武五子宣元六王雜在諸傳秩中古本諸王悉次外戚下在陳項傳前又今本韓彭英盧吳述云信惟餓隸布實黥徒越亦狗盜芮尹江湖雲起龍驤化為侯王古本述云淮陰毅毅杖劍周章邦之傑子實惟彭英化為侯王雲起龍驤又古本第三十七卷解音釋義以助雅詁而今本無此卷

此條查抱朴子
吳而大不同宜以

爬羅織碎哉得諸玉枕石函

困學紀聞卷十二考史篇曰近世有素書一卷晁公武云□□亦疑統蓋東晉世亂之語晉有盜發張良冢得於玉枕中按此書亦依託也

宋朱長文吳郡圖經續記中卷曰旧傳禹治水過會稽夢人衣元纁告治水法并不死方在此石函中啟得之以藏包山石室吳人得之不曉以問孔子孔子曰此禹石函文所謂靈寶經三卷蓋即此也

左思吳都賦曰玉牒石記注曰說文曰牒札也石記刻石書傳記也又引東觀漢記曰封禪其玉牒文祕天子事也說文曰諜記也牒與諜同孝經鉤命訣曰封禪刻石紀號也

抱朴子曰吳王伐石以治宮室而於合石之中得紫文金簡之書

漢書郊祀志曰大夫劉更生獻淮南枕中洪寶苑祕之方

掇拾晴雲均給以螺丸麻紙

太平御覽六百五引東宮舊事曰皇太子初拜給香墨四丸又引陸雲與兄機書曰一日上三臺曹公藏石墨數十萬斤云消此燒復可用然不知兄頗見之不今送二螺

元陶九成輟耕錄曰魏晉時始有墨丸後有螺子墨亦墨丸之遺製

漢書司馬相如傳曰上令尚書給筆札

李肇翰林志曰凡賜與徵召宣索臣下曰詔用白麻紙慰撫軍旅曰書用黃麻紙

後漢書宦者傳曰蔡倫字敬仲桂陽人也永平末始給事宮掖和帝即位轉中常侍倫有才學自古書契多編以竹簡其用縑帛者謂之為紙縑貴而簡重並不便於人倫乃造意用樹膚麻頭及敝布魚網以為紙自是莫不從用焉天下咸稱蔡侯紙

宋張商英黄石公素書序曰按前漢列傳黄石公於圯橋所授張子房素書世人多以三畧爲是蓋傳之者誤也晉亂有盗伐子房冢於枕中獲此書計六篇上有秘誡不許傳於不道不神不聖之人若非其人必受其殃得其人而不傳亦受其殃嗟乎其慎重如此黄石公得子房而傳之子房不得其傳而葬之後五百餘年而盗獲之素書始傳於世

左思吳都賦曰玉牒石記注曰説文曰牒札也石記刻石書傳記也又引东觀漢記曰封禪其玉牒文秘天子事也説文曰諜記也牒與諜同孝經鉤命訣曰封禪刻石紀號也

抱朴子申吳王伐石以治宮室而於合石之中得紫文金簡之書

漢書郊祀志曰大夫劉更生獻淮南枕中洪寶苑秘之方

抱朴子者
必矢而大
不用寶以

掇拾畸零均給以螺丸麻紙

太平御覽六百五引東宮舊事曰皇太子初拜給香墨四丸 又引陸雲與兄機書曰一日上三臺 曹公藏石墨數十萬斤 云消此燒後可用 然不知兄頗見之不 今送二螺

二三五四

元陶九成輟耕錄曰漢晉時始有墨丸後有螺子墨亦墨丸之遺製

漢書司馬相如傳曰上令尚書給筆札

李肇翰林志曰凡賜與徵召宣索處分曰詔用白麻紙慰撫軍旅曰書用黃麻紙

後漢書宦者傳曰蔡倫字敬仲桂陽人也永平末始給事宮掖和帝即位轉中常侍倫有才學自古書契多編以竹簡其用縑帛者謂之為紙縑貴而簡重並不便於人倫乃造意用樹膚麻頭及敝布魚網以為紙自是莫不從用焉天下咸稱蔡侯紙

精鏐廣購一篇增十匹之酬

宋樂志加上壽聖皇太后尊號樂章曰寶鏤精鏐册鐫華玉

唐書藝文志曰元載為相奏以千錢購書一卷安禄山之亂尺簡不藏

隋書經籍志曰

隋志開皇三年祕書監牛宏表請分遣使人搜訪異本每書一卷賞絹一匹校寫既定本即歸主

述以其家藏國史百三十篇上獻

華贉重紹三品別兩廂之等

一宋周密齊東野語卷六曰思陵當干戈俶擾之際訪求法書名畫不遺餘力故紹興內府所藏不減宣政其裝褾裁制各有尺度印識標題具有成式出等真跡高麗紙贉（上中下等唐真跡）次等晉唐真跡蜀紙贉引首後贉卷縫用御府圖書印

一隋志（經籍志）曰煬帝即位秘閣之書限寫五十副本分為三品上品紅瑠璃軸中品紺瑠璃軸下品漆軸於東都觀文殿東西廂構屋以貯之東屋藏甲乙西屋藏丙丁

凡以窮搜放失攟文林藝圃之精

一 漢书司馬遷傳曰僕竊不自遜近自託於無能之辭網羅天下放失旧聞成一家之言

二 文選陸機文賦曰游文章之林府

三 梁昭明太子文選序曰歷觀文囿泛覽辭林

四 莊子天下篇曰惠施多方其書五車其道舛駁其言不中蓋藝苑之圃也

三 陳徐陵集在北齊与楊僕射書曰足下清襟勝託書圃文林

互鏡瑕瑜立聖域賢關之訓

一 禮記聘義曰瑕不揜瑜瑜不揜瑕忠也鄭注曰瑕玉之病也瑜其中間美者玉之性善惡不相揜似忠也

二 漢書贾捐之傳臣聞堯舜聖之盛也禹入聖域而未優

三 揚子法言曰

四 宋劉昌詩蘆浦筆記卷三曰董仲舒賢良策太学者贤士之所關也顏曰關由也世人乃以太学為賢關謬矣

結德輿而輨轄軌順經涂

一 [illegible]左傳襄公二十四年傳曰夫令名德之輿也（子產寓書也作子西告范宣子）

二 趙岐孟子題辭曰論語者五經之錧鎋 孫奭正義曰錧鎋者車軸頭鐵也說文云車鍵也

三 宋洪适隸釋 祝睦後碑曰七政錧鎋

四 漢史游急就篇曰輻轂輨轄輮轐

五 周禮考工記曰國中經涂九軌 鄭玄曰涂容九軌謂轍廣也

六 張衡東京賦曰經塗九軌城隅九雉

七 漢書司馬相如傳曰馳騖乎仁義之塗

八 後漢書蔡邕傳邕作釋誨曰騁馳乎典籍之崇涂

九 宋顏延之登巴陵城樓詩曰經涂延舊軌

韓子說林作鴈廣弥益百兩篇更弥贗鼎

王充論衡正說篇曰孝景帝時魯共王壞孔子教授堂以爲殿得百篇尚書於墻壁中武帝使使者取視莫能讀者遂祕於中外不得見至孝成皇帝時徵爲古文尚書學東海張霸案百篇之序空造百兩之篇獻之成帝帝出祕百篇以校之皆不相應於是下霸於吏吏白霸罪當至死成帝高其才而不誅亦惜其文而不滅故百兩之篇傳在世間者傳見之人則謂尚書本有百兩篇矣

漢書儒林傳曰世所傳百兩篇者出東萊張霸分析合二十九篇以爲數十又采左氏傳書敘爲作首尾凡百二篇篇或數簡文意淺陋成帝時求其古文者霸以能爲百兩徵以中書校之非是　師古注曰以霸私增加分析故與中書之文不同也中書天子所藏之書也

宋姚寬西溪叢語上曰真贗　贗偽也　韓非子云宋人求饞〻鼎〻魯人云真也宋人曰贗也

饞〻食旁

丹青失實或貽誚於王充

一漢王充論衡書虛篇曰俗語不實流為丹青丹青之文賢聖惑焉

二[redacted]後漢書曰王充字仲任會稽上虞人也充少孤鄉里稱孝後到京師受業太學師事扶風班彪常游洛陽市肆閱所賣書一見輒能記憶遂博通眾流百家之言後歸鄉里屏居教授仕郡為功曹不合去好論說始若詭異終有理實著論衡八十五篇二十餘萬言

朱紫相淆訊齊蹤於鄭默

三 晉書鄭默傳曰默字思元起家祕書郎考覈舊文刪省浮穢中書令虞松謂曰而今而後朱紫別矣

四 唐釋道宣廣宏明集載阮孝緒七錄序曰魏晉之世文籍逾廣皆藏在祕書中外三閣魏祕書郎鄭默刪定舊文時之論者謂為朱紫有別

一 ~~隋書牛宏傳宏上表曰~~

一 後漢書張衡傳曰衡上疏曰宜收藏圖讖一禁絕之則朱紫無所眩典籍無瑕玷矣

二 後漢書陳元傳元上疏曰夫明者獨見不惑於朱紫

甚乃別風淮雨惜奇字而偏留

一 梁劉勰文心雕龍練字篇曰尚書大傳別風淮雨帝王世紀云列風淫雨別列淮淫字似潛移淫列義當而不奇淮別理乖而新異傳毅制誄已用淮雨固知愛奇之心古今一也

三 漢書藝文志曰又以六體試之課最者以為尚書御史史書令史六體者古文奇字篆書隸書繆篆蟲書 師古注曰奇字即古文而異者也（古文謂孔子壁中書）

四 又揚雄傳曰劉棻嘗從雄學作奇字

二 盧文弨鍾山札記卷一別風淮雨條曰尚書大傳越裳以三象重九譯而獻白雉其使請曰吾受命吾國之黃耇曰久矣天之無別風淮雨意者中國有聖人乎鄭康成注淮暴雨之名也自後諸書所引皆作烈風淫雨若說苑辯物篇書舜典正義詩蓼蕭臣工及周頌譜正義所引皆与有作別風淮雨者劉彥和雕龍練字篇[redacted]云尚書大傳有別風淮雨帝王世[redacted]別列淮淫字似潛移淫列義當而不奇淮別理乖而新異傳毅制誄已用淮雨元長作序亦用別風[redacted]案古文苑載傳毅作北海靖王興誄云白日幽光淮雨杳

冥但其文不全今雕龍誄碑篇所載爲後人易以氛霧杳冥矣蔡中郎集中有太尉楊賜碑云烈風淮雨不易其趣今俗閒本淮雨改作雖𡕒余所見者宋本也安知烈風不亦出後人所改乎元長序無致唯陸士龍九愍有思振袂於别風之語於彦和所舉之外又得此二證

案盧所令本[redacted]文心無元長二語盧據宋本也見原注

下條

四 後漢書何敞傳注：銅陽，旧縣。章懷注：銅陽，縣名，屬汝南郡，故城在今豫州新蔡縣北。水經注云：葛陂東出為銅水，俗謂之三丈陂。

三 漢書地理志曰：汝南郡 ● 銅陽 應劭曰：在銅水之陽。孟康曰：銅音紂。

六 水經：汝水又東南逕平輿縣南。郦道元注：汝水又東南，左會澺水，澺水又東南左迆為葛陂，陂水東出為銅水，俗謂之三丈陂，水逕銅陽縣故城南。應劭曰：在縣在銅水之陽。漢明帝永平中封衛尉陰興子慶為侯國也。縣有葛陵城，建武十五年更名封鮦侯銚丹為侯國。

五 後漢書吳祐傳：祐長子鳳，子愷，遷銅陽侯相。章懷注：銅陽，縣，屬汝南郡，音紂。

武如許緑紂紅踵駮文而莫誤 悟

一 顏氏家訓勉學篇曰有一才學重臣新得史記音而頗紕繆誤反顓頊字頊當為許緑反錯作許緣反遂謂朝士言從來謬音專旭當音專翾耳此人先有高名翕然信行朞年之後更有碩儒苦相究討方知誤焉

二 盧文弨鍾山札記卷二鮦有紂音條曰漢書地理志汝南郡鮦陽孟康曰鮦音紂後人疑其音不合輒於其下增作紂紅反不知鮦元有兩音而鮦陽縣自當音紂顏師古漢書高帝紀注云李登呂忱並音貰武制反而今之讀者謂與射同引地名射陽作貰為證此說非也然今之為射自當是假借亦猶鮦陽音紂蓮勺音酌當時所呼別有意義豈得即定其名以為正音乎據此則鮦陽斷不讀紂紅反明矣玉篇鮦直壟切鱧魚也又直久切廣韻徒紅切又直冢直柳二切系之[illegible]繹之入鯉大鮦重音重又逕拱反是則玉篇廣韻亦明有紂之一音非誤明矣近人表中有一條云洌風兩惜許字而偏個許緣紂紅踵駮文而莫悟因以紂紅配許緣得毋亦以紂紅為正音乎

案後漢書陰興傳封興子慶為鮦陽侯章懷注亦云鮦音紂

一 蘭臺度賄多奴賄改漆經

四 後漢書宦者呂強傳曰李巡以爲諸博士試甲乙科爭第高下更相告言至有行賂定蘭臺漆書經字以合其私文者乃白帝與諸儒共刻五經文於石蔡邕等書丹於碑自是爭者用息

五 又儒林傳序曰章句漸疏多以浮華相尚私行金貨定蘭臺漆書經字以合其私文熹平四年靈帝乃詔諸儒正定五經刊於石碑爲古文篆隸三體書法以相參檢樹之學門

二 後漢書百官志曰蘭臺令史六百石掌奏及印工文書

三 周禮小宰疏曰御史中丞秩千石內掌蘭臺圖籍

棗板摹傳遂致亞誤尊閣本

明楊士奇文淵閣書目題本曰各書自永樂十九年南京取來一向於左順門北廊收貯未有完整書目近奉旨移貯文淵閣東閣臣等逐一打點清切編置字號寫完一本總名文淵閣書目請用廣運之寶鈐識備照庶無遺失

叢校尊傳遂至誤尊閣本

卷十

周半千鈔從注子篇曰勸學篇　篇子　青出之藍作青取之於藍未必皆有所備焉

平存山所本潤作章本潤君子所備矣作好經書矣賊誤作賊五本作五帝

惜本共見建本未必非然不勝紀

宋姚宏校戰國策本有孫朴書後曰臣自元祐元年十二月入館即取曾鞏三次所校定本及蘇頌錢藻等不足本又借劉敞手校書肆印賣本參校放比鞏所校補去是正凡三百五十四字八年再用諸本及集賢院新本校共五百五十餘字遂爲定本可以修寫黃本入

祕閣本……家所說

朱文公韓文考異序曰

校祕書總目鄭夾漈復議校讐

三

四

通志總序曰冊府之藏不患無書校讎之司未聞其法欲三館無素餐
之人四庫無蠹魚之簡千章萬卷日見流通故作校讎之略

書錄解題目錄類曰崇文總目一卷景祐初學士王堯臣同聶冠卿郭稹呂公綽王洙歐陽修等撰定凡六十六卷諸傳皆有論議歐公文集頗見數條今惟此六十六卷之目耳題云紹興改定

宋吳自牧夢粱錄卷九祕書省條曰祕書省在天井坊之左舊都建於禁中紹興間以殿司寨基建省有殿扁曰右文之殿祕閣在殿後供奉御書數書圖古[illegible]器等兩廡列累朝制書石刻國史實錄院在殿東

提舉觀閣在殿西道山堂在閣後東西二閣監少之位丞簿館職閣列於西廊堂之前著作之庭在堂後有小軒置石刻東坡畫竹于中西有四閣著作著佐之位國史日歷所在庭東廊有汗青軒秘纂會要所在著作庭西廊日歷會要 經史諸子四部庫共七庫俱列於殿外東西兩廡也列庫在著作庭之右

而文苑英華彭叔夏重加辨證

一 書錄解題曰文苑英華一千卷太平興國七年命學士李昉扈蒙徐鉉宋白等閱前代文集撮其精要以類分之續又命蘇易簡王祐等至雍熙三年書成

王明清揮麈後錄曰

二 ~~文獻通考作雍熙七年~~太平興國中諸降王死其旧臣或宣怨言太宗盡收用之寘之館閣使修群書如冊府元龜文苑英華太平廣記之類廣其卷帙厚其廩祿贍給以役其心多卒老於文字之間云

四 總目卷一百八十六集部總集類一曰文苑英華辨證十卷宋彭叔夏撰……

三 困學紀聞十七評文篇曰太宗實錄雍熙三年十二月宋白等上文苑英……
真宗景德四年八月詔館閣分校文苑英華以前所編次未允令擇古賢文章重加編錄
芟繁補闕換易之卷數如舊祥符二年命覆校

五 六

宋周必大文苑英華跋曰：文苑英華雖祕閣有本，然舛誤不可讀。嘗屬荆帥范仲藝、均倅丁介稍加校正。晚幸退休，求別本與士友詳議，疑則闕之，詳注逐篇之下。

宋彭叔夏文苑英華辨證序略曰：蓋公進英華，國命以校讎之者下。當權用功益審。叔夏嘗聞太師益公先生之言曰：校書之法，實事是正，多聞闕疑。叔夏年十二三，手鈔太祖皇帝實錄，興衰治亂之源，闕一字，意謂必是治亂，後得善本，迺作治忽，信知書不可以意改。文苑英華一千卷，字畫魚魯，篇次混淆，比歲經孝宗皇帝乙覽，付之御前校勘官，轉失其真。公既退老，即國命以校讎，屢見淺聞寡見謬誤，猶考訂商搉，用工為多。散在本文，覽者難偏，因會稡其說，以類而分，多舉數端，不復具載。小小異同在所弗錄，元注頗略，今則加詳。其未注者，併附此篇，勒成十卷，名曰辨證云。

從未有重熙累洽雯華懸紫極之運

一 班固東都賦曰至於永平之際重熙而累洽 章懷太子注曰熙光也洽沾也

三 潘岳西征賦曰厭紫極之閑敞 李善注 、、、

二 漢書李尋傳曰紫宮極樞通位帝紀

稽古崇儒册府蘭臺之館

一 尚書孔傳曰稽考也能順考古道而行之者帝堯孔穎達正義曰鄭元信緯訓稽爲同訓古爲天言能順天而行與之同功

二 後漢書章帝紀建初八年詔曰五經剖判去聖彌遠先師微言將遂廢絕非所以重稽古求道真也其令羣儒選高才生受學以扶微學廣異義焉

七 匠京新記曰平津侯自以布衣爲丞相乃開東閣營客館以招天下之士其一曰欽賢館以待大賢次曰翹材館以待大才次曰接士館以待國士其有德任毗贊佐理陰陽者處欽賢之館其有才堪九列將軍二千石者居翹材之館其有一介之善一方之藝居接士之館

又曰河間王德築日華宮置客館二十餘區以待學士

四 唐書藝文志類書類曰張太素策府五百八十二卷

五 宋 宋敏求春明退朝錄下曰真宗詔諸儒編君臣事迹一千卷曰冊府元龜

弥綸宙合[redacted]大[redacted]小之無遺

一 周易繫辭上傳曰易与天地準故能弥綸天地之道

六 論語子張篇子貢曰賢者識其大者不賢者識其小者何晏集解引孔安國曰賢与不賢各有所識

四 世說新語排調篇劉峻注引尸子曰往古来今曰宙

三 淮南原道訓高誘注曰四方上下為六合

五 太平御覽天部引尸子曰聖人以日圖光乃盈尺光滿天下聖人居室而所燭弥綸六合

二 管子有宙合篇

二

桓公五年穀梁傳曰鮑卒何為以二日卒之春秋之義信以傳信疑以傳疑又桓十四年曰書夏五傳疑也

文選揚雄羽獵賦歷五帝之寥廓涉三皇之登閎韋昭曰注登高也閎大也

韓愈城南聯句危望跨飛動冥升躡登閎

金模特建寶恩周驗如
今日者也
唐主勅乾元殿頒日授曆也而緒碧落仙構翠存接竈鑰
而賀黃圖金模閣起
蔡邕獨斷陛下者陛階也所由升堂也天子必有近臣執兵陳于陛
側以戒不虞謂之陛下者羣臣與天子言不敢指斥天子故呼在陛下
者而告之因卑以達尊之意也

四庫全書表注二

欽惟

皇帝陛下

瑞席蘿圖（淮南子覽冥訓曰：援絕瑞，席蘿圖，黃雲絡，前白螭，後奔蛇。注曰：蘿圖，致圖籍而席之。）（女媧之功，上際九天，下契黃壚，服應龍，驂青虬。）

神凝松棟

（明董斯張廣博物志卷十六宮室部引蔣子曰：堯曰：余坐華殿之上，森然而松生於棟；余立檽廊之內，霈然而雲生於牖。）

二

播威稜於十曲響震靈鼉

宋羅泌路史曰舊唐書音樂志曰黃帝涿鹿有功作棡鼓曲有靈夔吼雕鶚爭石墜崖壯夫怒之斂 宋真宗御製新稜舞紀曰軒轅出師涿鹿以棡鼓為警衛其曲有十一曰靈雷發驚二曰猛虎駭三曰鷙鳥擊四曰龍媒蹀五曰靈夔吼六曰鵰鶚爭七曰壯夫奮八曰熊羆哮咆九曰石盪崖十曰波盪壑

一

漢書李廣傳武帝報李廣書曰威稜憺乎鄰國 李奇曰神靈之威曰稜 蘇林曰憺猶動也

〇〇〇

◎

三

御製詩四集卷十六癸巳有

御製將軍阿桂奏報收復小金川全境詩以誌事一首

御製詩四集卷三十五丙申有將軍阿桂奏攻克噶喇依賊巢紅旗報捷喜成凱歌十首曰

夔

左思吳都賦曰訪靈夔於鮫人劉逵注曰山海經云東海中有獸如牛蒼身無角一足入水則風其聲如雷以其皮冒鼓聞五百里名曰夔

洽文德於四溟地開神鷟

一毛詩江漢篇曰矢其文德洽此四國

二國語周語曰周之興也鸑鷟鳴於岐山

三文選左思吳都賦劉淵林注曰鸑鷟鳳雛也

御製詩四集卷三十一甲午題詠額摩鳥詩曰嘎拉巴之鳥其邦靚已雖忽隨番船到因命繪形看佛朗機人俄大紅海島攢異圖還具說惟恐後爲彈性善拂爲猛嘉炎最畏寒通身毛作縷垂嗉肉標丹翅毛那能翥尻髮頗亦安評咸無可奚丞曾匪有心于世乐休徵瑞古初未紀官琛禽雖不育聊作異

聞觀詩後

御記曰西洋人所記額摩鳥圖記云額摩鳥古今圖籍未載西洋舊

無此種於其國一千五百九十七年當明萬曆二十五年丁酉紅毛國人始得自嘎拉巴海島攜來西洋云即彼國亦罕覯也後六年紅毛國人復於嘎拉巴得二鳥皆不能畜當本朝康熙十年辛亥有勝老櫻佑海島頭目自印度國購佑船購得獻之佛朗機亞國王畜之四年死國王命工詳圖其狀鳥高五尺五寸自頂至頸一尺五寸俱無毛惟腦後短毛甚稀頭頸翠其連背處及嗉皆紅紫色嗉下垂贅肉兩片長寸二分廣六分許下圓如茄袋亦紅紫色嘴上下瞬同他鳥頂冠高三寸骨自頂鋼稜起至嘴左右三分如裂形色堅緻若牛角近嘴兩孔為鼻其目大六七分睛正圓外黃暈類獅子睛其光色

如金剛石也目上眉彎如月兩耳孔大三四分顯露呈露其旁微其黑色毛舌入喉間長可五分許翅藏兩脇毛下甚小有大管五黑色而無翎排次如人指長約三四寸自脊至膝上毛生一管中不類他鳥翎羽故僅足蔽體無助飛騰也尻形如鶴而不甚長翎脛以下皮如鱗甲圖經寸許無似鶴脛而大足三趾無距爪堅實有力紅毛人言能向後攫物又言每歲脱毛時翅隨脱又言無舌無翅骹之皆不足信也此鳥在噶拉巴舊名額摩在佛朗機名格素爾性極馴以手撫之輒依人而立卓以許物皆就食而常飼則惟蔬穀亦愛食魚飲啄必仰首而吞蓋以舌在喉間不能舐取耳

帝嬀題詠已題九萬瓊牋

一 文選晉木華海賦曰昔在帝嬀臣唐之代李善注曰帝嬀謂舜也尚書釐降二女於嬀汭孔安國曰舜所居嬀水之汭也

二 ~~太平御覽卷六百五~~ 宋朱長文墨池編卷十中注引語林曰王右軍為會稽令謝公就乞牋紙撿挍庫內有九萬枚悉與之桓宣武云逸少不節

三 御製詩四集卷十七重華宮茶宴廷臣及內廷翰林用四庫全書聯句復得詩二首注曰御花園摛藻堂中本就大內所有書籍分四庫貯之曾有詩云芸篇富有卷牙籤分四部云云

四 御製詩四集卷二十五天祿琳琅鑒藏舊版書籍聯句注曰宋版及影宋鈔金元入選諸書如四庫全書例以經史子集為次其元明版則多舉其尤佳者入詠 臣陸費墀注曰曾經 御題者計三十二種

御製詩四集卷三十三筆硯匣詩注曰自臨御以來所作詩篇已編刊者
初集四千一百五十首二集八千四百六十三首三集一萬一千
七百十九首又自壬辰至乙未詩未刻者三千九百五十七首通
計共二萬八千二百八十九首
御製詩四集卷八十古希詩曰愛樂終郡向何託積成三萬首餘吟

如
御注曰時方蒐輯遺書派詞臣校勘分別鈔刊彙為四庫全書
梁皇侃論語疏曰劉向者辟彊之孫德之子前漢時為中壘
校尉之官若今皇城使也其人博學經史

臣向編摩更緝三千寶牘

後漢書蘇竟傳曰竟與劉龔書曰走昔以摩研編削之才與國師公從事出

入校定祕書

盧文弨羣書拾補録宋槧本有漢劉向說苑序曰護左都水使者光禄大夫臣向言所校中

書說苑雜事及臣向書民間書一條別篇目更以造新事十萬言以上編曰新

苑皆可觀臣向昧死 又 宋槧本盧文弨拾補劉向序録曰護左都水使者

光禄大夫臣向言

戰國策卷首有漢劉向序録曰護左都水使者光禄大夫臣向言所校中

戰國策書中書餘卷錯亂相糅莒之 護左都水使者光禄大夫臣向所

校戰國策書錄

史記滑稽傳曰東方朔初入長安至公車上書凡用三千奏牘公車令兩人共持舉其書僅然

勝之人主從上方讀之止輒乙其處讀之二月乃盡

說文曰牘書版也 據後漢書竇武王允傳注引

御製詩四集卷二十一題宋人勘書圖詩曰寄語新編四庫者漢家中壘可能

博收竹素仍沿天祿之名

一　文選張景陽（協）雜詩十首曰遊思竹素園李善注引風俗通曰劉向為
二　孝成皇帝典校書籍皆先書竹為易刊定可繕寫者以上素也今
東觀竹素（書）也
○陳徐陵玉臺新詠序曰垂諸竹素題以日月
四　梁班固西都賦曰天祿石渠典籍之府
五　宋王觀國學林卷四天祿條曰西漢未央宮有天祿閣以藏祕書揚雄校書天祿閣
是也觀國按天祿者獸名也後漢靈帝中平二年復修玉堂殿鑄銅人四
黃鐘四及天祿蝦蟇等按太子注曰天祿獸也時使掖庭令畢嵐鑄銅人列
於蒼龍元武闕外鐘懸於玉堂及雲臺殿前天祿蝦蟇吐水於平門外者鄧州南
陽郡北有宗資碑旁有兩石獸其膊一曰天祿一曰辟邪　又後漢宦者張讓傳
□使掖庭令畢嵐鑄天祿蝦蟇吐水於平門外轉水入宮又後漢輿服志
皇后謁廟服步搖以黃金為山題貫白珠為華燕雀赤羆天鹿辟邪南山豐大特六獸觀
國按此則天祿為獸不疑矣

御製詩四集卷二十五重華宮茶宴廷臣及內廷翰林等用天祿琳瑯聯句是日復成二律詩注曰辨訂舊版書爲天祿琳瑯自甲子年始舊所藏宋版中頗有未確今經訂正改撤者亦有原辨疏漏今爲考定增入者又

御製天祿琳瑯鑒藏舊版書聯句臣福隆安注曰書自乾隆甲子重裝以來凡有所得均識書年月以誌鑒藏先後又

御注曰舊藏宋金元明版書籍彙爲天祿琳瑯近因重校天祿琳瑯舊藏凡僞充宋元槧印者俱詳加別擇改正又

御注曰天祿琳瑯之書貯於昭仁殿乃昔日皇祖寢宮也

抱朴子曰孔鄭之門耳聽口受者滅絕而訛以素書爲世寶也 御覽六百二

珍比琳琅永付長恩之守

一 爾雅釋地西北之美者有崑崙虛之璆琳琅玕焉郭璞注曰璆琳美玉名琅玕狀如珠也

二 楚辭九歌曰鏘璆鳴兮琳琅

魏何晏景福殿賦曰垂環玭之琳琅

三 元伊世珍瑯嬛記曰司書鬼曰長恩除夕呼其名而祭之鼠不敢囓蠹魚不生原注出致虛閣雜俎　案瑯嬛記爲明代桑悅僞托

御定子史精華亦收此條引祕閣閒話考鄭樵通志小説家有宋吳淑祕閣閒談四卷或即桑悅盜竊所本歟然吳書久佚近代不可復見伊世珍雖僞而存目在雜家類中校仍引伊書以便檢核

御製詩四集卷二十五天祿琳瑯鑒藏舊版書籍聯句臣陸錫熊注曰每部用乾隆 御覽之寶及天祿琳瑯兩璽閒有用舊用文淵閣及

内府圖書等章

乃猶尋端竟委溯支絡於詞源

論語叩其兩端

禮記學記篇曰三王之祭川也或源也或委也鄭注曰委流所聚

毛詩蒹葭傳曰逆流而上曰溯洄

查

御製詩四集卷二十五天祿琳瑯鑒藏舊版書籍聯句臣陸費墀注曰

御製三閣記並以水言文淵匯萬有源委一貫以四部為六義乃詩之淵源也

緯地經天探精微於義海

漢劉向新序曰單襄公曰經之以天緯之以地經緯不爽天之象也

左思魏都賦曰天經地緯理有大歸

禮記中庸篇致廣大而盡精微梁昭明太子文選序曰論則析理精

微

文選陸機文賦曰論精微而朗暢

國語周語下　〔小字旁注〕

昭陽詔歲

特紬翰府之藏永樂遺編御製詩四集卷二十九閏十二月存字題四庫全書詩注曰四庫全書始於癸巳歲開館

俯拾文樓之帙

總目卷一百

類書類存目曰永樂大典二萬二千八百七十七卷

明姜紹書韻石齋筆談卷上曰成祖敕儒臣纂修永樂大典一部係湖廣王洪等編輯徵名四方文墨之士累十餘年而就計二萬二千一十一卷一萬一千九十五冊目錄六十卷因卷帙浩繁未遑刻板止寫原本一部至宏治間藏之金匱遷嘉靖卅六年大內回祿世宗亟命搶救幸未焚毀因命閣臣徐文貞階復令儒臣照式摹鈔一部當時供謄寫者一百八名每人日鈔三葉自嘉靖四十一年起至隆慶元年始克告竣

御製詩四集卷十五經畬書屋即事詩

御注曰昨下詔訪求遺書安徽學政朱筠言翰林院所有永樂大典中多秘籍及檢閱果往往惜其依韻旁羅綜貫多濫列體裁不能精當因派翰林等分校命內廷大學士等總其成並取大典所載完善本及內府舊儲外省採購各種詳為校勘分別應刊應鈔按經史子集分部彙目名曰四庫全書並取大典所載世所罕見之書以次呈閱仍酌其純駮題詩卷端評正之　又卷十七四庫全書聯句序中詩注曰翰林院所有永樂大典特命內廷大學士等為總裁掄選翰林分司校擇以備並選石渠天祿之儲臣經畧伊詩注曰永樂大典每十冊為一函計一千一百餘函翰林三十人旬派分閱按日程功

御製詩四集卷十一癸巳命校永樂大典因成八韻示意有序曰翰林院署度有永樂大典一書蓋自皇史宬移貯者初不知其名也比以搜訪遺籍

取精擇醇

安徽學政朱筠奏以校録是書為請，廷議允行。奏既上，敕取首函以進，見其採掇蒐羅，極為浩博，且中多世不經見之書，雖原册已什之一，固不足為全體累也。第彼別部區函，意在貪多務得，細大不捐，而編類分字，踳駁不倫，則由當時領書局者惟一姚廣孝，因而濫引細流，遑其猥瑣之識，雅俗並陳，并釋典道經悉為闌入，其奚當於古柱下史藏書之義。乎因命內廷大學士等為總裁，揀選翰林官三十人，分司校勘，先為發凡起例，俾諸所從事。蓋其蕪之屏，其散之裒，其完善者存之，已流傳者弗再登，言二氏者在所擯。依經史子集為部次，俟其成，付之剞劂，當以四庫全書名之。夫四庫之目，始於荀勖，而盛於唐時，自來志藝文者，大都以是為準，較原書斥之於韻字之末者，純駁何啻霄壤，俾以廣區宇之依用，嘉惠來學，詎非萬世

也林之津逮而表章闡佚之餘爲之正其名而訂其失又詎非
是編之大幸乎系以詩而序之識始事也大典纂者永樂時搜
羅頗見費心堅蕙收釋道天籟叢書閲濃彙惜弗全未免
取裁失踳駁要資稽古得尋沿爰多遂致六書混割裂都
緣正韻牽彼有别謀漫深論我惟爰古命重編詞林排次
俾分任編閲鉛黄更總研何不可徵惟杞宋甯容少誤致天
淵崇文藉以備四庫擷什因而示茲年

御製詩四集卷六十五四庫全書薈要聯句序注曰世但知嘉靖中重繕永
樂大典不知永樂六年已詔復寫一部見趙友同存軒集送禮部郎
員外復命序中則即著其役未也後繕錄未竟而中輟至世宗
乃續寫耳

尔雅歲名曰太歲在癸曰昭陽

例取許吳興韻海劉裴雜多

二 唐書藝文志小學類曰顏真卿韻海鏡源三百六十卷
一 唐書別集藝文志別集類曰顏真卿吳興集十卷
三 書錄解題曰真卿之推五世孫嘉祐中宋敏求惜其文不傳乃集其刻於金石者
為十五卷今本序文劉敞所作乃云吳興沈氏編輯兩存沈之名
唐封演聞見記曰永明中沈約文詞精拔盛解音律遂撰四聲譜文章八病
有平頭上尾蜂腰鶴膝以為自靈均以來此秘未覩由是遠近文學轉相祖述天寶
末平原太守顏真卿撰韻海鏡源二百卷未畢屬蕃寇憑陵拔身濟河遺
失五十餘卷廣德中為湖州刺史重加補葺更于正經之外加入子史釋道諸
書撰成三百六十卷其書於陸法言切韻外增出一萬四千七百六十一字先起說
文為篆字次作今文隸字仍具別体為證然後注以諸家字書解釋既畢徵
九經兩字以上取其句末編入本韻爰及諸書皆倣此自有聲韻以來其撰述該備
未有如顏公此書也大歷二年入為刑部尚書進上之奉勅宣付秘閣賜絹五百匹

困學紀聞卷八曰顏魯公在湖州集文士摭古今文字爲韻海鏡源
三百六十卷以包荒萬彙其廣如海自末尋源照之如鏡崇文總目
僅存十六卷今不傳
御製詩四集卷十七四庫羣書全書聯句詩注曰翰林院所存有永樂大典鈔多世
不經見之書原書依洪武正韻編排遂至部次淆亂

體宏於孟蜀書林蒐羅繁富

書錄解題卷十四書林韻會一百卷無名氏蜀書坊所刻規摹韻類題選而加詳焉

案書林韻會實宋代之蜀刻耳非孟蜀也以書錄解題校之所謂韻類題選乃實嘉祐六年進士袁轂容直知處州時所撰附書林韻會又在袁轂後矣郡齋讀書志有書林韻海一百卷不題撰人云宋許冠所編蓋即一書而異名矣

榛楛宜翦

命刊削其讕言

一 文選陸士衡文賦曰彼榛楛之勿翦李善曰榛楛喻庸音也郭璞山海經注榛小栗楛木可以為箭

二 御製詩四集卷十七彙輯四庫全書聯句詩注曰原書純駁混淆道經釋典悉行闌入 特命槩從芟削

三 漢書藝文志曰讕言十篇不知作者如淳曰讕音粲爛師古曰說者引孔子家語云孔穿所造非也

四 劉勰文心雕龍諸子篇曰迄至魏晉作者間出讕言兼存瑣語必錄

瀝液堪珍

數比

排其墜簡

唐李善上文選注表曰：崇山墜簡，未議澄心。

後漢書張衡傳衡思玄賦曰：漱飛泉之瀝液。文選陸士衡文賦曰：傾群言之瀝液。

李善注曰：瀝液，微流也。

此條改入簡束句下

世說新語注引文士傳曰：束晳字廣微，博學多識。元康中，有人自嵩高山下得竹簡一枚，上兩行科斗書，司空張華以問晳，晳曰：此明帝顯節陵中策文也。檢核果然。

二

御製詩四集卷十七彙輯四庫全書聯句詩注曰：該書之散見各韻者，並為條揀彙編，俾復成完帙。

焦桐漆斷重膠百衲之琴

後漢書蔡邕傳曰吳人有燒桐以爨者邕聞火烈之聲知其良木因請而裁、為琴果有美音而其尾猶焦故時人名曰焦尾琴焉

李綽尚書故實曰李汧公取桐孫之精者雜綴為之謂之百衲琴用蝸殼為徽其、間三面尤絶異通謂之響泉韻磬絃一上可十年不斷

宋袁文甕牖閒評曰嘉祐錄載李汧公好百衲琴用蝸殼作徽

宋趙希鵠洞天清錄曰湖南有范氏曾宇主歸范連州自能斷琴今有一琴在圻州質參政家其琴面乃用方二三寸小桐木片以膠漆湊成之名曰百衲

宋蔡絛鐵圍山叢談卷六曰唐李汧公先歸善琴乃自眾靈材為之曰百衲琴流傳當祐陵時亦入九禁

古罍銅斑合鑄九金之鼎

毛詩我姑酌彼金罍 傳曰人君黃金罍 正義曰此無文也故異義罍制韓詩説云〻毛詩説金罍酒器也諸臣之所酢人君以黃金飾尊大一碩

左傳宣公三年傳曰（王孫滿）昔夏之方有德也貢金九牧鑄鼎象物使民知神姦

史記孝武帝紀曰禹收九牧之金鑄九鼎

秦王嘉拾遺記曰禹鑄九鼎五者以應陽法四者以象陰數使工師以雌金爲陰鼎以雄金爲陽鼎

復以羽陵蠹餘賸或有存留

穆天子傳曰仲秋天子東遊次于雀梁蠹書于羽陵郭璞注曰謂
暴書中蠹蟲因云蠹書也

宛委藏餘不無佚漏

越王無余外傳曰
吳越春秋曰禹登宛委山發金簡之書案金簡玉字得通水之理禹傷父功不成
乃案黃帝中經歷蓋聖人所記曰在于九山東南天柱號曰宛委赤帝在闕其巖
之顛承以文玉覆以盤石其書金簡青玉為字編以白文皆瑑其文禹乃東
巡登衡山血白馬以祭仰天而嘯因夢見赤繡衣男子自稱玄夷蒼水使者聞帝
使文命于斯故來候之東顧謂禹曰欲得我山神書者齋於黃帝巖嶽之下三月庚子登
山發石金簡之書存矣禹退又齋三月庚子登宛委山發金簡之書案金簡玉字得

通水之理

丹詔徧徵汲古之家[十行]

後漢書循吏傳序曰：光武以手迹賜方國者，皆一札十行，細書成文。

唐韓愈集秋懷詩第五首曰：歸愚識夷塗，汲古得脩綆。

御製詩四集卷七十七重華宮茶宴廷臣及內廷翰林用四庫全書聯句復得詩二首注曰：初下採訪遺書之旨，應無寧之意，必揣中疑有忌諱干礙字面，以致觀望。因復諭各省，以既下詔訪求遺籍，豈肯尋摘瑕疵，罪及收藏家之理？令各明切曉諭，釋其疑畏，於是天下之書踴躍呈獻。

七錄緗囊，廣啓獻書之路

二 隋書經籍志曰：荀勖更著新簿，但錄題及言，盛以縹囊，書用緗素。

三 梁昭明太子文選序曰：詞人才子，則名溢於縹囊；飛文染翰，則卷盈

乎緗帙

四 漢書藝文志序曰漢興改秦之敗大收篇籍廣開獻書之路

五 隋書牛宏傳曰宏以篇籍遺逸上表請開獻書之路

一 廣宏明集錄 梁阮孝緒七錄序曰孝緒少愛墳籍長而弗倦臥病閑居傍無塵雜晨光纔啓緗囊已散宵漏既分綠帙方掩凡為錄有七故名七錄

困學紀聞周禮篇[illegible]記馬融云孝武開獻書之路周官出於山巖屋壁

逸經斷策出自大航

隋書經籍志曰孔子觀書周室得虞夏商周四代之典刪其善者為百篇編而序之遭秦滅學至漢唯濟南伏生口傳二十八篇又河內女子得泰誓一篇獻之漢武帝時魯共王壞孔子宅得其末孫惠所藏之書字皆古文孔安國以今文校之得二十五篇其泰誓與河內女子所獻不同又濟南伏生所誦有五篇相合安國並依古文開其篇第以隸古字寫之合成五十八篇其餘篇簡錯亂不可復讀安國又為五十八篇作傳晉世祕府所傳有古文尚書經文今無有傳者至東晉豫章內史梅賾始得安國之傳奏之時又闕舜典一篇齊建武中吳姚方興於大航市得其書奏上比馬鄭所注多二十八字於是始列國學

待對

宋胡三省通鑑釋文辯誤卷五曰大航朱雀航也在建康朱雀門外秦淮水上

唐陸德明經典釋文曰東晉梅賾奏上孔傳古文尚書亡舜典一篇購不能得乃取王肅注堯典從慎徽五典以下分爲舜典篇以續之齊建武中吳興姚方興采馬王之注造孔傳舜典一篇云于大航頭買得之上之梁武帝時爲博士議曰孔序稱伏生誤合五篇皆文相承接所以伏誤舜典首曰若稽古伏生雖昏耄何容合之遂不行用

御製詩四集卷十七彙輯四庫全書聯句詩臣福隆安注曰各省大吏蒐集所屬遺書彙送京師　都下藏書之家及四方仕宦咸以書獻人思甄錄爲幸

雜卦殘篇發得老屋

王充論衡正說篇曰至孝宣皇帝之時河内女子發老屋得逸易禮尚
書各一篇奏之宣帝下示博士然後易禮尚書各益一篇

隋書經籍志曰及秦焚書周易獨以卜筮得存唯失說卦三篇後河内女子
得之

錦帆擬舶孟家東洛之舟

通志藝文略[illegible]類曰僞蜀王建[illegible]

[illegible]

畢沅續資治通鑑卷四宋紀太祖紀曰乾德四年初帝遣右拾遺孫逢吉至成都收蜀圖書法物五月乙亥逢吉還所上法物皆不中度悉命焚毀圖書付史館

玉軑飛軨吳氏西齋之軸

一 楚辭離騷曰齊玉軑而並馳王逸注曰軑轄也

二 揚雄甘泉賦曰肆玉軑而下馳漢書晉灼注曰軑車轄也師古曰軑音大又音第　案漢書玉軑並用金旁晉灼注文則从馬部此表所用係從文選也

三 文選枚乘七發曰駕飛軨之輿善注引尚書大傳曰未命為士車不得有飛軨又引鄭元注曰如今窗車也

四 後漢張衡東京賦引薛綜注曰飛軨以緹紬廣八尺長拄地畫左青龍右白虎繫軸頭取兩邊飾

五 梁沈約宋書禮志五卷曰漢制乘輿金根車皆朱班重轂兩轄飛軨轂外復有轂施轄其外復設轄施銅貫其中東京賦曰重輪貳轄疏轂飛軨飛軨以赤油為之廣八寸長注地繫軸頭謂之飛軨也

六 旧唐書吳兢傳曰兢家聚書頗多嘗目錄其卷第號吳氏西齋書目

郡齋讀書志曰吳氏西齋書目一卷唐吳兢錄其家藏書凡一萬三千四百六十八卷

齋東野語卷十二書籍之厄條曰士大夫之家所藏古今書籍唐吳兢西齋一萬
三千四百餘卷　唐書藝文志目錄類曰吳氏西齋書目一卷吳兢撰
新唐書百三十二吳兢傳曰吳兢汴州浚儀人少厲志貫知經史惟與魏元忠朱
敬則游二人居當路薦兢才堪論撰詔直史館修國史遷右拾遺內供奉
神龍中改右補闕累遷起居郎　玄宗立以母喪去官服除拜諫議大
夫復修史　睿宗崩實錄留東都詔兢馳驛取進擇官以父喪解終
喪為太子左庶子進封長垣縣男久之坐書事不當貶荊州司馬累遷洪
州刺史坐累下除舒州　天寶初入為恒王傅卒年八十
宋史藝文志目錄類曰吳兢西齋書目錄一卷

鱗排玉宇多王粲之所未聞

一 文選揚雄甘泉賦曰駢羅列布鱗以雜沓兮

三 總目卷百五十一薛廉集條曰廉字輔之福清人咸通三年進士官至水部郎中黄巢亂後不知所終 案粲字或粲之誤 [illegible]

[illegible]

二 文選潘安仁射雉賦曰文翮鱗次 何晏景福殿賦曰綺錯鱗比

四 晉張華博物志曰蔡邕有書萬卷末年載數車於王粲

三國魏志王粲傳曰（魏書二十一）粲字仲宣山陽高平人也曾祖父龔祖父暢皆為漢三公父謙為大將軍何進長史獻帝西遷粲徙長安左中郎將蔡邕見而奇之時邕才學顯著貴重朝廷 聞粲在門倒屣迎之粲至年既幼弱容貌短小一坐盡驚邕曰此王公孫也有異才吾不如也吾家書籍文章盡當與之年十七司徒辟詔除黄門侍郎不就乃之荆州依

劉表。表卒，粲勸表子琮歸太祖，太祖辟為丞相掾，賜爵關內侯。後遷軍謀祭酒，魏國既建，拜侍中。博物多識，問無不對。初，粲與人共行，讀道邊碑，人問曰：「卿能闇誦乎？」曰：「能。」因使背而誦之，不失一字。觀人圍棊，局壞，粲為覆之。其彊記默識如此。性善算，作算術，略盡其理。善屬文，舉筆便成，無所改定，時人常以為宿構。著詩賦論議垂六十篇。

新唐書王播傳：（播與弟炎、起皆有名）曰王起（字舉之）天下書無不讀，一經目弗忘。記纂淵海百八十一引記。釋褐、校書郎，補藍田尉，李吉甫辟為淮南掌書記，以殿中侍御史入為集賢殿直學士。元和末，累遷中書舍人，拜禮部侍郎，賜金紫，拜河南尹，進吏部侍郎。方播以僕射居相，避還，曾改兵部，為集賢殿學士，拜陝虢觀察使，入拜尚書左丞，以戶部尚書判度支，罷，出為武昌，授兵部尚書，以檢校尚書右僕射出為山南東道節度使，加銀青光祿大夫，復以兵部尚書召判戶部，俄加皇太子侍讀。文宗上文好古學，起以敦博顯，兼太常卿、禮儀使，開成三年入翰林為侍講學士，改太子少師，詔月益仙韶院錢三十萬。武帝立，為山陵鹵簿使、東都留守，召為吏部尚書，判太常卿，典貢舉

鱗排玉字多王粲之所未聞

一　文選揚雄甘泉賦曰駢羅列布鱗以雜沓兮

三　總目卷百五十一蘇角集條曰愿字輔之福清人咸通三年進士官至水部郎中黃巢亂後不知所終　案：余字或粲之誤[illegible]

[illegible]

二　文選潘安仁射雉賦曰文翮鱗次何晏景福殿賦曰綺錯鱗比

四　晉張華博物志曰蔡邕有書萬卷末年載數車於王粲

三國魏志王粲傳曰（魏書二十一）粲字仲宣山陽高平人也曾祖父龔祖父暢皆為漢三公父謙為大將軍何進長史獻帝西遷粲徙長安左中郎將蔡邕見而奇之時邕才學顯著貴重朝廷聞粲在門倒屣迎之粲至年既幼弱容狀短小一坐盡驚邕曰此王公孫也有異才吾不如也吾家書籍文章盡當與之年十七司徒辟詔除黃門侍郎不就乃之荊州依

劉表卒，粲勸表子琮歸太祖，太祖辟為丞相掾，賜爵關內侯。後
遷軍謀祭酒，魏國既建，拜侍中。博物多識，問無不對。初，粲與人共行，
讀道邊碑，人問曰：卿能闇誦乎？曰：能。因使背而誦之，不失一字。觀人圍
棊，局壞，粲為覆之。其彊記默識如此。性善算，作算術，略盡其理。善屬文，舉
筆便成，無所改定，時人以為宿搆。著詩、賦、論、議，垂六十篇。

新唐書王播傳曰：王起天下之書無不讀，一經目弗忘。記纂淵海百六十一張記釋禍、
播與弟炎、起皆有名。
字舉之。
校書郎，補藍田尉，李吉甫辟為淮南掌書記，以殿中侍御史入兼集賢殿直學
士。元和末累遷中書舍人，拜禮部侍郎，敬宗拜河南尹，進吏部侍郎。
進戶部尚書、左僕射，封魏郡公，授山南西道節度使，同中書門下平章事。宣宗立，
檢校司空，四卒，年八十八。起嗜學，非寢食不輟，廣天下之書無不讀，一經目弗
忘也。
韶院錄 三十年，武帝立，為宣陵鹵簿使，京都留守，召為吏部尚書，判太常卿，典貢舉。
入翰林為侍講學士，改太子少師，詔月益仙

筍束金繩函張華之所莫識

三 太平御覽一條

一 王嘉拾遺記曰浮提之國獻神通善書二人佐老子撰道德經垂十萬言寫以玉牒編以金繩貯以玉函

神異記　引河圖曰[illegible]以黃玉為柙白玉為檢黃金為繩紫芝為泥

四 唐韓愈集贈崔立之評事詩曰深藏篋笥時一發戢戢已多如束筍

二 後漢書方術列傳序曰神經怪牒玉策金繩關扃於明靈之府封縢於瑤壇之上者靡得而闚也

五 秦王嘉拾遺記卷九曰張華字茂先挺生聰慧好觀祕異圖緯之部捃採天下遺逸自書契之始考驗神怪及世間閭里所說撰博物志四百卷奏於武帝武帝詔詰問卿才綜萬代博識無倫遠冠羲皇近次夫子今見卿此志驚所未聞異所未見

六 補世說新語一條在後二頁下

太平御覧卷八十一引春秋運斗樞曰舜以太尉受號即位為
天子五年二月東巡狩至于中月与三公諸侯臨觀黄龍五彩負
圖出置舜前圖以黄玉為匣如櫃長三尺廣八寸厚一寸四合
而連有户白玉檢黄金繩芝為泥封兩端

光明繭紙朱題芸帙之名

唐李肇國史補曰宋亳間有繭紙
唐段公路北户録曰
御製詩四集卷十三宜芸館詩曰内府富圖書芸編随處有
齊東野語卷十綃綫條曰坡翁醉中為河陽鄭倅書所見日視之綫
乃綃也遂自題於後云古未有以綃紙近世失之云蓋古人多以綃為綫
烏絲欄乃織成為卷而書所謂蠒紙者亦以繭為紙也
宋李石續博物志曰倉頡解詁云芸蒿似邪蒿可食魚豢典略云芸香辟
紙魚蠹故藏書臺稱芸臺
宋沈括夢溪筆談曰古人藏書辟蠹用芸香芸香草也今人謂之七里香者
是也葉類豌豆作小叢生其葉極芬香秋後葉間微白如粉污辟蠹殊
驗予判昭文館時曾得數株於潞公家移植祕閣後

鐇屈廬章紫泥槐廳之印

西京雜記曰鄒陽几賦其辭曰龍螭鳥迴鳳去鸞歸

宋沈括夢溪筆談卷一曰學士院第三廳學士閣子當前有一巨槐素號槐廳旧傳居此閣者多至入相學士爭槐廳至有抵徹前人行李而強據之者

西京雜記曰中書以武都紫泥為璽室

西京雜記曰初修上林苑羣臣遠方各獻名果異樹有槐六百四十株

文選何晏景福殿賦曰芸若充庭槐楓被宸

南齊王儉褚淵碑文曰儀刑祕書丞贊道槐庭司文天閣善注曰周礼面三槐三公位焉

唐趙璘因話錄曰都堂南門東道有古槐垂陰至廣相傳夜深聞絲竹之音省中即有人入相者俗謂之音聲樹

困學紀聞卷之十八考史古篇曰周顯德六年始有符契事之辛為驍

周礼掌節　鄭氏注曰璽節者今之印章也

唐吳兢樂府古題要解　下卷曰盤中詩右盤屈書之傅休奕作末云當從中央周四角

御製詩四集卷十七題輯四庫全書聯句注曰內外敬錄書籍皆鈐以翰林院印俟書籍局告竣仍給還其家並酌予題詠以旌勤學俾世守珍藏益增藝林佳話

乾隆三十九年五月十四日

奉聖訓曰命進到各書於篇首用翰林院印並加鈐記載明年月姓名於書面頁俟將來辦竣後仍給還各本家自行收藏

紅藥隔院曹司對設於東西

三 周礼匠人九室鄭注曰如今朝堂諸曹治事處疏曰據漢法言之朝之左右為廬舍者也

一 西京雜記曰上林有紫梨

四 續漢书百官志●曰成帝初置尚书四人分為四曹世祖承遵後分為二千石曹
又分客曹為南北主客曹凡六曹

六 宋书符瑞志曰術士杜瓊曰古者名官職不言曹自漢以來官盡言曹吏
言屬曹卒言侍曹

二 雲仙雜記曰九仙殿銀井有紫藥二株枝葉交結宫中呼為雌雄樹原注出
金鑾密記

五 文献通考職官三曰建安中魏武為丞相置徵事二人曰厂　亦西曹大軍還
鄴乃省西曹時毛玠為东曹掾与崔琰諸谓不行欲谋并省咸欲省东
曹皆曰旧西曹為上东次之宜省東曹也魏武知其情令曰日出於东月盛於
西凡人言方亦復先东遂省西曹

七 唐李商隱集寄令狐学士詩曰秘殿崔嵬拂彩霓　曹司今在月亦西

御製詩四集卷十七彙輯四庫全書聯句詩注曰校勘書者於原心亭列席校勘遺書於寶善亭列席

葛洪西京雜記後序曰洪家有劉子駿漢書百卷首尾无題但以甲乙丙丁記其卷數先父傳之歆欲撰書編錄漢事未得構而亡故書無宗本止雜記而前后無事類後好事者以意次第之始甲之癸為十帙十卷合百卷

青鏤濡系品第詳分其甲乙

一　廣宏明集載梁阮孝緒七錄序曰惠懷之亂其書略盡江左草創十不存一存及著作郎李充始加刪正因荀勗舊簿四部之法而換其乙丙之書沒略衆篇總以甲乙為次

二　隋書經籍志曰東晉之初漸更鳩聚著作郎李充以勗旧簿校之其見存者但有三千一十四卷充遂總沒衆篇之名但以甲乙為次

三　梁書紀少瑜傳曰少瑜字幼瑒嘗夢陸倕以一束青鏤管筆授之文詞因此大進

魏書孫惠蔚傳曰惠蔚既入東觀上疏曰觀閣旧典篇第殘落臣今依前丞臣盧昶所撰甲乙新錄欲裨殘補闕

宋書范蔚宗傳曰班氏最有高名既任情無例不可甲乙

查付

天潢演派光連太史之河

文選思元賦注引樂緯曰商為五潢宋均曰五潢天津之别名也

漢書天文志曰西宮咸池曰天五潢

北史崔廓傳廓答豫章書曰伏惟令王殿下稟潤天潢承輝日觀

北史魏宗室傳論曰魏氏始自幽都肇基帝業上谷公等分支若木疏派天潢

爾雅九河曰徒駭曰太史曰馬頰曰覆釜曰胡蘇曰簡曰絜曰鈎盤曰鬲津

隋書音樂志曰五戢馭帝籙欝矣當天命方定五靈官先廣八風令文昌氣似珠太史河如鏡　案此辭庾信集有

卿月澄暉彩接文昌之宿

尚書洪範曰卿士惟月

漢書天文志曰斗魁戴筐六星曰文昌宮魁下六星兩兩而比者曰三能

晉書天文志曰文昌六星在北斗魁前天之六府也又曰三台六星兩兩而居起文昌抵太微一曰天柱三公之位也在人曰三公在天曰三台主開德宣符也西近文昌二星曰上台為司命主壽次二星曰中台為司中主宗室東二星曰下台為司祿主兵所以昭德塞違也

後漢書明帝紀曰帝謂羣臣曰郎官上應列宿

總司序錄叨楊億之華資

宋通志藝文略類書類曰：冊府元龜一千卷，景德中詔王欽若、楊億編歷代君臣事迹，惟取經史、國語、戰國策、管子、孟子、韓子、淮南子、晏子、呂氏春秋、韓詩外傳，其餘小說雜說不取。

~~宋史楊億傳~~

宋釋文瑩玉壺清話卷四曰：楊大年二十一歲為光禄丞，賜及第，太宗極稱愛。後修冊府元龜，王相欽若總其事，詞臣二十八人分撰篇序，下詔須經楊億刪定，方許用之。

宋史卷三百五楊億列傳曰楊億字大年建州浦城人七歲能屬文雍熙初年十一太宗聞其名詔江南轉運使張去華就試詞藝連三日得對試詩賦五篇下筆立成下制授祕書省正字淳化中改太常寺奉禮郎獻二京賦命試翰林賜進士第遷光祿寺丞~~上金明池頌~~至道二年遷著作佐郎真宗即位超拜左正言詔修太宗實錄凡八十卷億獨草五十六卷出爲乞外補就養知處州還拜左司諫知制誥賜金紫景德初以家貧乞典郡詔令知通進銀臺司兼門下封駁事俄判史館會修冊府元龜億與王欽若總其事其序次體例皆億所定羣寮分撰篇序詔億竄定方用之三年召

為翰林學士又同脩國史大中祥符初加兵部員外郎戶部郎中五年以疾請告往視因得疾請歸省不待報而行憲官劾儀不俟命授太常少卿分司西京冊府元龜成進秩祕書監七年病愈起知汝州會加上玉皇聖號表求陪預即代還以為參詳儀制副使知禮儀院判祕閣太常寺天禧二年拜工部侍郎明年權同知貢舉坐考校差謬降授祕書監丁內艱起復工部侍郎四年復為翰林學士又兼史館脩撰判館事權景靈宮副使十二月卒所著括蒼武夷穎陰韓城退居汝陽蓬山冠鼇等集內外制刀筆共一百九十四卷

分類校讎列任宏之清秩

漢書藝文志曰至成帝时诏步兵校尉任宏校兵書太史令尹咸校數術侍醫李柱國校方技 又曰至於孝成帝命任宏論次兵書為四種

左思魏都賦讎校篆籀李善曰風俗通曰按劉向別錄讎校一人讀書校其上下得謬誤為校一人持本一人讀書若怨家相對

銀袍應

召驂雲路以彈冠

楚辭漁父篇曰沐者必彈冠注曰拂土芥也 王逸

漢書蕭育傳曰育爲人嚴猛尚威居官數免稀遷少與陳咸朱博爲友著聞當世往者有王陽貢公故

長安語曰蕭朱結綬王貢彈冠言其相薦達也

文選左思招隱詩曰彈冠去埃塵

御製詩四集卷十七彙輯四庫全書聯句詩注曰在籍進士舉人撥派分校者五人

宋魏了翁謝恩詩鶴立銀袍天北闕龍飛金榜殿西頭

馬祖常貢院詩杏園三月換銀袍

粉署徵士記仙郎而題柱

初學記居處部引漢官儀曰省中皆以胡粉塗壁紫素界之畫古烈士又見通典尚書郎奏事明光殿省中皆以胡粉塗壁畫古賢烈士唐錢起寄李侍御兼郎官八韻詩粉署花驄入月霜端詩乘

唐……詩曰秦地立春傳太史漢宮題柱憶仙郎

史記司馬相如傳曰

宋蘇易簡續翰林志上林春融千花萬卉爭妍罷宴絕上必曲宴宰相勳舊召兩制詞臣俯龍池垂金鉤舉觴賦詩終日而罷上嘗謂宰執曰詞臣實神仙之職也

御製詩四集卷十七韋粉四庫全書聯句詩注曰翰曾及國子監官屬亦有選預纂修遺書者

懷鉛提槧學官顧效其一長

一　西京雜記曰揚子雲好事常懷鉛提槧從諸計吏訪殊方絕域四方之語以爲裨補輶軒所載亦洪意也

二　書錄解題曰方言十三卷末載劉歆書其略云天下上計孝廉及內郡衛卒會者常抱三寸弱翰齎油素四尺以問其異語歸即以鉛摘次之於槧　葛洪雜記蓋本雄書所云也

五　御製詩四集卷十七蒙聯四庫全書聯句詩注曰奏派中書助教等官司

三　全書覆校分校事

四　劉熙釋名曰槧板長三尺者也

宋板方言揚雄後序曰會者雄常把三寸弱翰齎油素四尺以問其異語歸即以鉛摘次之於槧二十七歲於今矣

覆查

切線割圜博士亦研其九術

魏劉徽九章算術注序曰昔在庖犧始畫八卦以通神明之德以類萬物之情作九九之術授周公制礼而有九数之名九数之流則九章是矣

漢書百官公卿表曰博士秦官掌通古今秩比六百石多至数十人

宋沈括夢溪筆談曰凡圜田既能拆之須使会之後圜古法惟以中破圜法拆之其失有及三倍者予別有拆會之術置圜田徑半之以為弦又以半徑減去所割数餘者為股各自乘以股除弦餘者開方除為勾倍之為割田之直徑以所割之数自乘退一位倍之又以圜徑除所得加入直徑為割田之弧再割亦如之減去已割之数則再割之数也此造微之術古之所不到者

唐書儒学傳序曰貞觀六年广学舍千二百区三学益生員并置書算二學皆有博士

周髀算經曰算之法出於圓方圓出於方方出於矩矩出於九九八十一

藝文類聚引漢官儀曰博士秦官也博者通博古今士者辯於然否

後之

之後 乃少字

十 後漢書鄭玄傳玄通九章算術 李賢注曰九章算術周公作也凡有九篇方田一粟米二差分三少廣四均輸五方程六傍要七盈不足八鉤股九

七 文獻通考五十六職官十曰元豐七年詔四選命官通算學者許於吏部就試其合格者上等除博士

五 唐六典卷二十一引漢官儀曰文帝置博士七十餘人為待詔

八 周禮保氏鄭注曰鄭司農云九數方田粟米差分少廣商功均輸方程贏不足旁要今有重差夕桀句股也 孔疏曰方田已下皆依九章算術而今有重差夕桀句股 此漢法增之 今九章以句股替旁要則旁要句股之類也

九 禮記少儀正義曰九數之名也 本多誤 傳寫脱錯 方田一粟米二差分三少廣四商功五均輸六方程七贏不足八旁要九云今有重差句股

北鄭司農指漢時云今世粹九數之內有重差句股二篇其重差即

與旧數差分一也古旧數旁要而以句股替之為漢之九數即今之九章

也馬翁千寶等更云今有夕桀各為二篇未知所出

驗也

唐張鷟朝野僉載曰駱賓王好以數對如秦地重關一百二漢家

十三

雜宮三十六時號算博士

二

明利瑪竇幾何原本第一卷界說曰凡論幾何先從一點始自點引之為線線展為面

面積為體是名三度又第三卷界說曰凡直線切圜界過之而不與界交為

切線凡兩圜相切而不相交為切圜凡直線割圜之形為圜分

遂乃別開書局特分署校宋洪邁容齋隨筆持古圖條曰政和宣和間朝廷置書局以數十計
龍墀御製詩四集卷十七是校四庫全書聯句詩注曰就翰林院署設局編纂
唐韓偓詠鵲詩高處營巢親鳳閣靜時閑語上龍墀

增置鈔胥競抽毫於虎僕

御製詩四集卷十七題粹四庫全書成句詩注曰選舉貢監生字畫端楷者就　武英殿書局分領繕寫

一　杜甫　詩曰乞米煩佳客鈔詩聽小胥

謝希逸月賦抽毫進牘以命仲宣

二　宋朱長文墨池編卷十九引張華博物志逸文曰有獸緣木文似豹名虎僕可、以取為筆　楊慎談苑醍醐卷七虎僕條曰皇甫松大隱賦書抽虎僕射用牛蝓遂乃別開書局，特分署務。宋洪邁《容齋隨筆·博古圖》條曰：政和、宣和間，朝廷置書局以數十計。

龍墀

御製詩四集卷十七題校四庫全書聯句詩注曰：就翰林院署設局編纂。

唐韓偓詠鵲詩：高處營巢親鳳闕，靜時閑語上龍墀。

增置鈔胥競抽毫於虎僕

御製詩四集卷十七彙輯四庫全書聯句詩注曰選舉貢監生字畫端楷者就　武英殿書局分領繕寫

一杜甫　詩曰乞米煩佳客鈔詩聽小胥

謝希逸月賦抽毫進牘以命仲宣

宋史張亢傳　曰今言邊事者衆朝廷或即奏下或再詳究以聞或付有司前條方行後令即變胥吏有鈔錄之勞官府無商略之暇邊防軍政一無定制

圖與史並陳左右粉本鈎摹

通志總序曰古之學者左圖右史不可偏廢

元夏文彥圖繪寶鑑曰滕王元嬰唐宗室也善丹青喜作蜂蝶朱景元嘗得見其粉本詞繇巧之外曲盡精理

唐朱景元唐朝名畫錄曰神品篇曰明皇天寶中忽思蜀道嘉陵江水遂假吳生驛駟令往寫貌及回日帝問其狀奏曰臣無粉本並記在心後宣令於大同殿圖之嘉陵江三百餘里山水一日而畢

唐書楊綰傳曰性沈靜獨處一室左右圖史凝塵滿席澹如也

隸与蝌兼備古今絲痕竵扁

宋沈括夢溪筆談卷十七曰江南徐鉉善小篆映日視之畫之中心有一縷濃墨當其中至于屈折處亦當中無有偏側處乃筆鋒直下不倒側故鋒常在畫中此用筆之法也鉉嘗自謂吾晚年始得竵扁之法凡小篆喜瘦而長竵扁之法非老筆不能也

[illegible]

工辨窳良悉稽研於計簿

續漢志郡國志吴郡海鹽下劉昭注曰案今計偕簿於故治今謂為當湖

史記五帝本紀曰舜居河濱器不苦窳晉灼曰窳病也餘乳反

觀何晏景福殿賦曰覩器械之良窳

漢書儒林傳曰孝文時太常議為博士官置弟子五十人復其身太常擇民年十八以上儀狀端正者補博士弟子郡國縣官有好文學者令與計偕師古曰隨上計吏俱至京師

周禮……曰歲終則令正治而致事鄭注曰上其計簿孔穎達疏曰漢時計考吏謂之計吏擁其衙無記致其要之也又歲終則令羣吏致事注曰使齎歲盡文書來至若今上計疏曰漢之朝集使謂之上計吏謂上一年計會文書及功狀也

大宰職文與此不同

工辨窳良悉稽研於計簿

九 續漢志郡國志吳郡海鹽下劉昭注曰案今計偕簿猶於治今語為當湖

一 史記五帝本紀曰舜居河濱器不苦窳晉灼曰窳病也餘乳反

二 魏何晏景福殿賦曰規矩器械之良窳

四 漢書儒林傳曰孝文時太常議為博士官置弟子五十人復其身太常擇民年十八以上儀狀端正者補博士弟子郡國縣官有好文學者令與計偕師古曰隨上計吏俱至京師

太宰職文與此不同

三 周禮……曰歲終至台而治事鄭注曰上其計簿孔穎達疏曰漢時計

天官太宰歲終則令百官府各正其治受其會聽其致事與所注不同

注下一條是小宰職

人……計……曰清之新年……計……

漢書宣帝紀黃龍元年詔曰上計簿具文而已又云御史察計簿疑非實者按之

漢書匡衡傳曰郡空國界上計簿

漢書貢禹傳曰郡國擇巧便史書習於計簿

漢書武帝紀元光五年紀曰徵吏民有明當世之務習先聖之術者縣次續食令與計偕師古曰計者上計簿使也郡國每歲遣詣京師上之偕者俱也令所徵之人與上計者俱來而縣次給之食後世訛誤因承此語遂總謂上計為計偕闞駰不詳妄為解說云秦漢謂諸侯朝使曰計偕偕次也晉代有計偕簿又改偕為階失之彌遠致誤後學

漢書武帝紀太初元年紀曰春還受計于甘泉師古曰受郡國所上計簿也若今之諸州計帳

[illegible]

提綱挈領董成其職掌監修

宋鄭文寶筆記曰（雜說篇）振其領，群毛整；提其綱，萬目張。

三國志魏書二十四崔林傳曰（崔林）散騎常侍劉劭作考課論，制下百僚。林議曰：萬目不張，舉其綱；衆毛不整，振其領。

荀子勸學篇：若挈裘領。

意林載桓譚新論云：舉網以綱，千目皆張；振裘持領，萬毛自整。

趙邠卿孟子知者無不知章章旨云：振裘持領，正羅維綱。

補闕拾遺覆勘者官兼詳定

太平御覽職官部引漢官儀曰侍中便蕃左右與帝升降

卒思近對拾遺補闕百寮之中莫密於茲

唐杜佑通典曰補闕拾遺武太后垂拱中置補闕拾遺二官

以掌供奉

漢書司馬遷傳曰〔功〕太史公書序略以拾遺補闕藝〔藝〕成一家之言本達書第八行此注來

御製詩四集卷十七晕辑四庫全書聯句口詩注曰每分校二員設覆校

一員重加磨勘俾譌舛益為精審

庀器預儲於將作棐几筠籃

續漢書百官志曰將作大匠一人二千石承秦曰將作少府景帝改爲將作大匠

漢書百官公卿表曰將作少府秦官景帝中六年更名將作大匠如氏曰舊監將作大匠主材

晉書王羲之傳曰羲之嘗詣門生家見棐几滑淨因書之後爲其父刮去門生驚懊累日

傳餐徧給於大官珉糜珠餡

漢書百官公卿表曰太官掌御膳飲食

續漢書百官志曰太官令一人掌御飲食左丞甘丞湯官丞果丞各一人

雲仙雜記曰李德裕奢侈每食一杯羹其費約錢三萬雜珠玉寶貝雄黃朱砂煎汁為之過三煎即棄其滓 原注出博異志

後漢書鍾離意傳注引蔡質漢官儀曰尚書郎入直臺中太官供食五日一美食下天子一等

北堂書鈔設官部引漢舊儀曰太官令一人秩六百石掌膳羞饌具

太平御覽飲食部引漢官儀曰尚書郎直太官供餅餌五熟

御製詩四集卷十七幸翰四庫全書聯句詩注曰分校各員特命內府司官辦給飲膳

王保定摭言曰韋澳孫宏大中時同在翰林上在太液池中宣二學士尋宣賜銀餅餡食之甚美二公因茲苦河魚者數夕上竊知笑曰卿不禁事朕日進十數未嘗有損銀餅餡皆乳酪膏腴所製也

八 葉夢得避暑錄話卷下曰唐御膳以紅綾餅餤爲重昭宗光化中放進士榜得裴格等二十八人以爲得人會燕曲江乃令太官特作二十八餅餤賜之

七 山谷集 詩曰廚人清曉送瓊糜

二 漢書韓信傳曰令其裨將傳餐曰今日破趙會食

宋葉紹翁四朝聞見録乙集曰予方修宣和沈腦燭事
適讀王竹西侍郎奏劄，又知當時御爐炭樣方廣皆有
尺寸，炭紋必如胡桃紋、鵓鴿色。

温鑪園炭纹凝鵓鴿之青

宋史食貨志曰兩浙轉運司檄發州市御爐炭須胡桃紋鵓鴿色守臣王居正以
為言上曰隆冬附火取溫煖而已豈問炭之紋色乎命罷之

御製詩四集卷十七第轉四庫全書臚句詩注曰今校各員　特命並於
盛夏頒冰隆冬給炭六
宋周煇清波雜志卷中曰南渡後省司降樣下外郡置御爐
炭胡桃紋鵓鴿色者若干斤　知婺州王居正論奏高宗曰朕平居
衣服飲食且不擇美惡隆冬附火止取溫煖豈問炭之紋色
也詔罷之

朗覽涵冰色映玻璃之白

三　二　一　五　四　七

宋書礼志曰仲春之月啟冰室夏祠用鑑盛冰室一鑑以禦温氣蠅蚋三御殿及太官膳羞並以鑑供冰

周礼地官曰淩人掌冰正歲十有二月令斬冰三其淩春始治鑑祭祀供冰鑑賓客供冰鄭注曰鑑如甄大口以盛冰置食物於中以禦温氣疏曰漢時名為甄即今之甕是也

宋戴埴鼠璞四卷二曰今用青色琉璃皆銷冶石汁以眾藥灌而成之始於元魏月氏人商販到京能鑄石為琉璃採鑛鑄之自此賤不復珍非真物也

唐釋元應一切經音義曰頗梨此云水玉大論云此寶出山石窟中過千年冰化為頗梨案西域多饒此寶非冰所化也但石之類耳

秦王嘉拾遺記卷八曰孫亮作綠琉璃屏風甚薄而瑩澈

宋周必大玉堂雜記下卷三曰朝臣遇節序賜予學士院若侍從以上或
庶僚權直猶三伏賜冰一擔時果五品[illegible]乙未初伏必大以待制侍
講賜流糸斗酒四斗時果七楪冰一擔視庶官直院為稍增以短表
謝支快行家食錢三千五折酒錢三百別賜冰一擔支食錢一千
蓋
宋葉夢得石林燕語卷五曰[illegible]祖每歲有內侍省例賜新
火冰之類
梁孝元皇帝金樓子箴戒篇曰齊鬱林王嘗取武帝衣箱開之
有金射雉玻璃貫納等悉賜左右
段成式酉陽雜俎曰千歲積冰結為玻璃

花甎入直地同兜率天宫

一 李肇國史補曰御史故事大朝會則監察押班常參則殿中知班殿中得立五花磚

三 唐李程傳曰學士入署常視日影爲候程性嬾日過八甎乃至時號八甎學士

七 唐沙门元應一切經音義卷十八阿毗曇心論注曰兜率哆經中或作兜駃多或言兜率陀皆訛也正言覩史多此云知足亦云妙足也

又 ■■唐段成式酉陽雜俎■貝編曰三十三天有夜摩天兜率陀天化樂天他化自在天

五 周礼稿人冗食鄭注曰冗食者謂留治文書若今尚書郎之屬諸直上者（外内朝）疏曰引漢法說之謂以次當直留在朝宿

二 唐李肇翰林志曰北庭前堦有花甎道冬中日及五甎爲入直之候李程性嬾好晚入恒過八甎乃至衆呼爲八甎學士

文苑英華卷 沈詢授翠樓淄青節度使制曰頃自移窗九棘緩步八磚

陰時夫韻府羣玉天字下引法念經曰若持不殺不盜不邪婬不妄
語兩舌惡口綺語得生兜率羅夭陀天

蓮炬兮行人到嫏嬛福地

唐令狐綯傳曰綯爲翰林承旨夜對禁中燭盡帝以乘輿金蓮華炬送還院吏望見以爲天子來及綯至皆驚

伊世珍瑯嬛記曰張茂先博學强記嘗爲建安從事游於洞宮遇一人於途問華曰君讀書幾何華曰華之未讀者則二十年内書蓋有之也若二十年外則華已盡讀之矣其人論議超然華頗内服相與歡甚因共至一處大石中忽然有門引華入數步則別是天地宮室嵯峨引入一室中陳書滿架其人曰此歷代史也又至一室曰萬国志也每室各有奇書惟一室屋宇頗高封識甚嚴有二犬守之華問故答曰此皆玉京紫微金真七瑛丹書紫字諸祕籍指二犬曰此龍也華歷觀諸室書皆漢以前事多所未聞者如三墳九丘檮杌春秋亦皆在焉華心樂之欲賃住數十日其人曰君癡矣此豈可賃地耶即命小童送出華問地名對曰瑯嬛福地也

宋趙升朝野類要卷四曰官牒子上司尋常追呼下司吏属

只以片紙書所呼叫因依差走吏勾集

唐王勃七夕賦曰王母瓊箱蔫(?)生約

瓊箱牒篋全搜幐囊帷蓋之餘

三 說文曰牒札也

四 後漢書儒林傳序曰初光武遷還洛陽其經牒秘書載之二千餘兩自此以後參倍於前董卓移都之際吏民擾亂自辟雍東觀蘭臺石室宣明鴻都諸藏典策文章競共剖散其縑帛圖書大則連為帷蓋小乃制為幐囊章懷太子注曰幐亦幐也音徒恒反說文曰幐囊也

五 戰國趙策曰蘇秦說李兌曰橐輪蓬篋言羸幐負書擔橐

應劭風俗通曰文帝即位為天子躬自節儉集上書囊以為殿帷

隋書經籍志曰董卓之亂獻帝西遷圖書縑帛軍人皆取為帷囊

二 陶宏景真誥曰侍女皆捧赤玉箱二枚

一 說文曰瓊赤玉也

六 梁書昭明太子傳曰幐帙充積傳累遙分

七 唐書馬懷素傳曰時文籍盈漫皆炱朽蟫斷籤幐紛舛

此條記對

芝殿籤排共列木扇金華之謬

史記孝武本紀曰元封元年甘泉更置前殿夏有芝生殿防内中

（宋樂史）太平寰宇記卷三十一引漢旧儀曰武帝於甘泉宮更置前殿始廣諸宮室有芝生甘泉殿邊房中

范蔚宗後漢書顯宗孝明帝紀曰永平十七年是歲甘露仍降樹枝内附芝草生殿前

顏氏家訓書證篇曰或問東宮旧事何以呼鴟尾爲祠尾答曰張敞者吳人不甚稽古隨宜記注逐鄉俗訛謬造作書字耳吳人呼祠祀爲鴟祀故以祠代鴟字又金花則金傍作華窗扇則木傍作扇諸如此類專輒不少

漢書宣帝紀曰神爵元年金芝產函德殿銅池中（元康四年）

舊唐書肅宗紀曰……年延英殿御座梁上生玉芝一莖三花上製玉靈芝詩

御製詩四集卷十七彙輯四庫全書聯句詩自注曰旧時刊本間有訛謬缺並爲訂正補完

漢書武帝紀元封二年又郊祀志有芝生甘泉殿房内中

程材效技各一一而使吹

一漢王充論衡有程材篇有效力篇三文選梁劉孝標演連珠曰明主程才以效業

二文選陸機文賦曰辭程才以效技

四韓子内儲説曰齊宣王使人吹竽必三百人南郭處士請為吹竽宣王

説之廩食以數百人宣王死湣王立好一一聽之處士逃

累牘連篇遂多多而益辦

隋書李諤傳諤曰連篇累牘不出月露之形

漢書韓信傳曰上嘗從容與信言諸將能各有差上問曰如我能將幾何信曰陛下不過能將十萬上曰如公何如曰如臣多多益辦耳

朱霖辟惡攡書何止百城

陳徐陵玉臺新詠序辟惡生香聊防羽陵之蠹蝕

晉崔豹古今注曰辟惡車秦制也

魏書列傳第七十九逸士李謐傳謐本曰[illegible]每曰丈夫擁書萬卷何假南面百城

又四門小學博士孔璠等學官四十五人上書曰竊見故處士趙

郡李謐鳩集諸經廣校同異每曰丈夫擁書萬卷何假南面百城

文選曹植贈丁儀王粲詩曰壯哉帝王居佳麗殊百城李善注引

謝承後漢書曰黄琬拜豫州歲邁百城

如淳注文選任
彥昇宣德皇后
后令注引宣對

瀋漬隃麋削藁甯惟兩屋

初學記文部引漢官儀曰尚書令僕丞郎月賜隃麋大墨一枚小墨一枚 太平御覽六百五引蔡質漢官文同

漢書地理志曰右扶風隃麋縣

漢書孔光傳曰光祿爲光祿勳復領尚書諸吏給事中如故凡典樞機十餘年守法度修故事時有所言輒削草藁如氏曰所作起草爲草藁

史記屈原傳曰懷王使屈原造爲憲令屈平屬草藁未定

任昉爲宣德皇后令梁王曰公文擅雕龍而成輒削藁

文獻通考經籍考卷一百九十三李燾曰溫公通鑑……張新安言洛陽有資治通鑑草藁盈兩屋黃魯直閱數百卷訖無一字草書此溫公所謂平生精力盡於此書也

周禮築氏爲削鄭注曰今之書刀疏曰古者未有紙筆則以削刻字

譬入衆香之國目眩瞀於花光

晉書衛恒傳恒作隸勢曰近而察之心亂目眩
後漢書韋彪傳曰彪族子義義次兄豹數辭公府辟命以病去司徒劉愷復辟
之豹曰犬馬齒衰且眩瞀沸疾不堪久待章懷太子注曰眩瞀風疾也瞀亂也謂視不
明之貌也眩音縣瞀音亡遘反
山海南山經曰鵲山有木焉其狀如穀而黑理其華四照郭璞曰言有光焰若木華赤
其光照下地亦此類也
宋楊萬里木樨初發詩曰移將天上衆香國寄在梢頭一束金
國朝華希閔廣事類賦佛有衆香國爲淨土合惟香積自[illegible]注引
維摩經上方界佛土有國名衆香維摩居士遣化菩薩往衆香國禮
佛又遊香國乃是塵句注云合璧米元章晚年學禪有得臨卒焚香清
坐舉拂示衆曰從香國中來從香國中去合掌而逝

宛遊群玉之峯神愕眙於寶氣

山海西山經曰又西三百五十里曰玉山郭是西王母所居也郭璞注曰此山多玉石因以名云穆天子傳謂之羣玉之山先王之所謂策府

班固西都賦曰雖輕迅與僄狡猶愕眙而不能階李善注引字書曰愕驚也音五各反又引字林曰眙驚貌也音丑吏反李善文選注曰眙字曰刺吏切

文選左思吳都賦曰窺東山之府則瓌寶溢目

豈但鴻都多士識閱見所未曾

後漢書靈帝紀曰光和元年始置鴻都門學生章懷太子注曰鴻都門名也於內置學時其中諸生皆敕州郡三公舉召能爲尺牘辭賦及工書鳥篆者相課試至千人焉

後漢書蔡邕傳曰熹平四年與堂谿典楊賜馬日磾張馴韓說單颺等奏求正定六經文字靈帝許之邕乃自書冊於碑使工鐫刻立於太學門外於是後儒晚學咸取正焉及碑始立其觀視及摹寫者車乘日千餘兩填塞街陌云

蔡邕傳又曰帝好學自造皇羲篇五十章因引諸生能爲文賦者本頗以經學相招後遂至數十人並待制鴻都門下

實拎虎觀諸儒罷研媸而莫決

後漢書孝章帝紀曰：建初四年冬十一月，詔曰：漢承暴秦，褒顯儒術，建立五經，為置博士。孝宣皇帝立大小夏侯尚書，後又立京氏易。至建武中，復置顏氏嚴氏春秋、大小戴禮博士。此皆所以扶進微學，尊廣道藝也。中元元年詔書，欲使諸儒共正經義，頗令學者得以自助。於是下太常、將、大夫、博士、議郎、郎官及諸生諸儒會白虎觀，講議五經同異，使五官中郎將魏應承制問，侍中淳于恭奏，帝親稱制臨決，如孝宣甘露石渠故事，作白虎議奏。後漢書魯恭傳曰：恭為郡吏，太傅趙憙聞而辟之。肅宗集諸儒於白虎觀，恭特以經明得召與其議。又後漢書賈逵傳曰：肅宗好古文尚書、左氏傳。建初元年，詔逵入講北宮白虎觀、南宮雲臺。又後漢書丁鴻傳曰：肅宗詔鴻與廣平王羨及諸儒樓望、成封、桓郁、賈逵等論定五經同異於北宮白虎觀，鴻以才高論難最明。又後漢書班固傳曰：固遷玄武司馬。天子會諸儒講論五經，作白虎通德論，令固撰集其事。又後漢書楊終傳曰：終言先帝時，微群儒論定五經於石渠閣方今天下少事宜如石渠故事於是詔諸儒於白虎觀論考同異焉會終坐事繫獄博士趙博校書郎班固賈逵等以終深曉春秋表請之即日貰出乃得與於白虎觀焉　又後漢書孝明八王傳曰陳敬王羨博涉經書與諸儒講論於白虎殿　又後漢書儒林傳曰建初中大會諸儒於白虎觀考詳同異連月乃罷　又魏應傳曰時會諸儒於白虎觀使應專掌難問　又李育傳曰建初元年衛尉馬廖舉育方正為議郎後拜博士四年詔與諸儒論五經於白虎觀育以公羊義難賈逵往返皆有理證最為通儒

文選陸機文賦曰混妍蚩而成體

後漢書趙壹文苑傳曰壹作刺世疾邪賦曰榮納由於閃榆孰知辨其蚩妍

說文曰妍慧也釋名曰蚩癡也文選文賦李善注引李登聲類曰蚩騃也

所頼蓉函

睿鑒提玉尺以量材

隋書律志曰世說稱有田父於野地中得周時玉尺便是天下正尺荀勖試以校尺所造金石絲竹皆短校一米

周禮司烜氏鄭注曰鑒鏡屬取

五代史趙光逢傳在唐以文行知名時人稱其方直溫潤謂之玉界尺

舊五代史唐書趙光逢字延吉幼嗜墳典動守規檢議者目之為玉界尺

宋黃伯思東觀餘論論書條曰我居清空表君處紅埃中仙人持玉尺度君多少才玉尺不可盡君才無時休此上清寶典李太白詩也

御製詩四集卷十七彙輯四庫全書聯句詩臣程景伊注曰擇其中之完善者先彙目進呈　我皇上擇取披覽　示以去取權衡焉

仰奉

天裁握銀華而鑒物 鑒字句與上二句重疑本作照

御製詩四集卷十八新正含經堂詩注曰近命詞臣校勘四庫全書每取原

書披閱或繕寫進呈見其中有義解踳駁紀載失實輒

為題識卷端辯論書之卷端亦有舉其謬舛處諭諸臣隨時

訂正者

莊子　篇曰至人之用心若鏡郭象注曰鑒物無錯

太平御覽卷七百一十七鏡部引東宮舊事曰皇太子納妃有著衣大鏡

尺八寸銀花小鏡尺二寸漆匣盛蓋銀花金薄鏡三枚

初披卷軸共掇零璣即荷

絲綸錫寵君完璧

二 說文曰璣珠不圜者 世說新語惠帝賈后傳注並查

一 文選任昉蕭公行狀曰所遺箴銘緝成卷軸

吳澄易翼辨顛倒手陰陽

表書第四卷又易纂言十卷易纂言外翼八卷

總目

五十二

楊簡詩音斥混淆乎周漢

表言第十五卷之慈湖詩傳

宋史卷四百七楊簡列傳曰

稗官剿說刪馬角之荒唐

表言第一百四十三卷存目之燕丹子

一 漢書藝文志曰小說家者流蓋出於稗官街談巷語道聽塗說之所造也如氏曰王者欲知閭巷風俗故立稗官使稱說之師古曰稗官小官漢名臣奏唐林請省置吏公卿大夫至都官稗官各減什三是也

三 唐書藝文志小說家類曰燕丹子一卷燕太子撰

四 隋書經籍志小說家類曰燕丹子一卷丹燕王喜太子

五 文獻通考子部小說家曰燕丹子三卷中興藝文志丹燕王喜太子此書載太子丹與荊軻事又引周氏涉筆曰燕丹荊軻事既卓偉倚記所載亦甚偏奇今觀燕丹子三篇與史記所載皆相合似是史記（本事）也烏頭白馬生角機橋不發史記則以怪誕削之進金擲蛙膾千里馬肝截美人手史記則以過當削之惟琴姬得隱

諸史記則以徵所聞謝之司馬遷不獨文字雄深至於識見高
明超出戰國以後其事蹟附百家誣謬亦豈可勝計哉

七
總目凡例第十八條曰至於其書雖歷代著錄而實一無可取如燕丹
子陶潛聖賢羣輔錄之類經
聖鑒洞燭其妄者則亦斥而存目不使溷淆

二
禮記曲禮篇曰毋剿說　鄭注曰

八
御製詩四集卷十七蒐輯四庫全書聯句臣錢大昕注曰小說家誣誕最
多悉從節取臣胡高望注曰大典內燕丹子三篇蒙
擷出後人纂集不必鈔存

十
莊子天下篇曰謬悠之說荒唐之言　郭象注曰

九
宋百歲寓翁楓窗小牘卷下曰余家所藏燕丹子一序甚可附載

于此目無秦技無人然後可以燕丹子有言不信有劍不神不可不讀燕丹子從太虛置恩怨以名教衡之意氣便可焚却燕丹子此荊軻事也有燕丹而後有荊軻也秦威太蘇燕怨太激威怨相軋所為白虹貫日和歌返徵我國知其事之不成倚柱一笑所語報太子而成其為荊卿者乎余每歷夫不能學亦不須讀第不忍付之宵燭而餘之以副子家卷軸惜無作者姓名耳

六 宋史藝文志小說類曰燕丹子三卷

譯史傳聞摘象胥之譌異

表一卷四十六卷

欽定遼金元三史國語解

一 御製詩四集卷八十古希詩曰龍乘不息法一健象譯由來通六音句下
御注曰國語自幼習之六歲習漢書乾隆八年始習蒙古語二十五年平回部遂
習回語四十一年平兩金川方習番語昨四十五年因班禪來謁並習唐
古忒語今蒙古及回語已精通其番語唐古忒語亦能解名物器數而尚弗
純熟未能言達予之始宗然並國語及漢文則已通六處語音矣

二 御製詩四集卷六十五四庫全書薈要聯句朱珪注曰該書所載遼金
元人地名音譯訛舛者詳覆
欽定三史國語考及同文韻統一一改正

醮章祈福發凡於劉跂之詞

表奏章二十五卷又學易集

七 書錄解題曰學易集二十卷朝奉郎東光劉跂斯立撰忠肅公摯之長子也與其弟蹈同登元豐二年進士第元祐初以其父在言路故府不得用紹聖以後復坐黨家連蹇終其身晁景迂誌其墓

五 杜預春秋左氏傳序曰其發凡以言例皆經國之常制據舊例而發義傳不言凡曲而暢之也

六 困學紀聞卷六左氏篇曰釋例終篇云稱凡者五十其別四十有九

三 凡例第十三條曰二氏之書必擇其可資考證者其經懺章咒並凜遵諭旨一字不收宋人朱表青詞亦槩從刪削

乾隆四十年十一月十七日

聖訓曰據四庫全書總裁將所輯永樂大典散片各書進呈內宋劉跂

学易集十二卷中有青詞一體乃道流祈禱之章非斯文正軌
前田題胡宿集見其有道院青詞命删去刊行今翻致因已身
服茶受年瑣事用青詞致告尤為不經再所進書內有類此鈔錄
之王質雪山集其中亦有青詞一種並當一律從删
御製詩四集卷六十五四庫全書薈要聯句臣李汪度注曰青詞錄詮
乃道家祈禱所用致語亦教坊部褒之詞宋人每闌入文集
殊乖正軌謹仰遵
聖訓删其尤淺陋者即間有錄入亦加駁正
宋洪遵翰苑羣書有楊鉅翰林學士院舊規中有道門青詞例曰維某
年月歲次某月朔某日辰嗣皇帝臣署謹差某銜威儀某大師賜紫
某處奉依科儀修建某道場幾日謹稽首上啟虛無自然元始天
尊太上道君太上老君三清衆聖十極靈仙天地水三官五嶽衆官三
十六部衆經三界官屬宮中大法師一切衆靈臣聞云云尾云謹詞

宋史劉摯傳曰摯卒免其子官与家屬徙英州徽宗立子跂詣闕歸葬跂雖為文章遭黨事為官拓落家居避禍以壽終

語錄參禪示例於齋匾之記

第九十二卷之 永嘉齋匾記讀書法

通志藝文略釋家類語錄子雜類曰德山和尚語錄一卷雲門和尚語錄一卷龐居士語錄一卷保寧語錄一卷淨因語錄一卷投子語錄一卷秀禪師語錄一卷懷和尚語錄一卷海會語錄二卷寶華新和尚語錄一卷雪竇明覺大師住洞庭語錄一卷汾陽第二代語錄一卷百丈常禪師語錄一卷汾陽昭二和尚語錄一卷雲門匡真大師對機語錄二卷三角山和尚語錄一卷風穴昭和尚語錄二卷富沙信老投機語錄一卷寶峰崇蘊和尚語錄三卷

囙巳南車指路陟道岸而衢亨

宋沈括夢溪筆談卷二十四曰方家以磁石磨針鋒則能指南磁石之指南猶柏之指西

文選張衡東京賦曰幸見指南於吾子李善注引桓譚上便宜曰管仲桓公之指南

周易大畜象辭曰上九何天之衢亨李鼎祚集解曰

晉崔豹古今注曰大駕指南車起黃帝與蚩尤戰於涿鹿之野蚩尤作大霧兵士皆迷於是作指南車以示四方遂擒蚩尤

舊唐書王元感傳曰魏知古稱其所撰五經之指南

世說文學篇殷中軍條注引僧肇維摩經注曰波羅蜜此言到彼岸也

梁沈約宋書禮志第五曰

古今注輿服第一大駕指南車起黃帝與蚩尤戰於
涿鹿之野蚩尤作大霧兵士皆迷於是作指南車以
示四方遂擒蚩尤而即帝位故後常建焉舊說
周公所作也周公治致太平越裳氏重譯來貢白
雉一黑雉二象牙一使者迷其歸路周公錫以文錦
二疋軿車五乘皆爲司南之制使越裳氏載之以南
緣扶南林邑海際朞年而至其國使大夫宴將
送至國而還亦乘司南而背其所指亦朞年而還
至始制車轄轊皆以鐵還至鐵亦銷盡以屬巾車
氏收而載之常爲先導示服遠人而正四方車法具在

上方故事漢末喪亂其法中絶馬先生鈞而作焉今
指南車馬先生之遺法也馬鈞曹魏時人

北斗旋杓揆文星而度正

漢書天文志曰北斗七星所謂旋璣玉衡以齊七政杓攜龍角用昏建者杓杓自華以西南孟康曰杓斗柄也傳曰斗第七星法太白主杓斗之尾也天文志又曰斗為帝車運于中央臨制四海分陰陽建四時均五行移節度定諸紀皆繫於斗　斗魁戴匡六星曰文昌宮

續漢書天文志曰攻曰天極北辰星合元垂耀建帝形運機授度張百精

合當含字

四庫全書表注 三

洎乎羣書大聚，品雜金沙

漢書司馬遷傳贊曰：劉向、揚雄博極羣書。

文選左思蜀都賦曰：金沙銀礫。劉逵注曰：永昌有水出金，如糠在沙中。

聖訓弥彰，鑒澄珠礫

文選左思吳都賦曰：覩其璝碌，而不窺玉淵者，未知驪龍之所蟠也。[redacted]

御製詩四集卷十七彙輯四庫全書聯句詩。臣英廉注曰：[redacted]各[redacted]書中[redacted]是非不勅於四部，特命俱詳加甄別。臣觀保注曰：凡書之不經及偽託者，概從擯斥。

文心雕龍知音篇曰：麟鳳與麏雉懸絕，珠玉與礫石超殊。

詁經忌鑿黜錯簡於竄文

二　後漢書蘇竟傳曰竟以經籍去聖久遠依傳穿鑿疑誤後學

本書朱軾周易傳義合訂不用[illegible]陳鄭國[illegible]為

聖製纂輯朱軾國朝文襄奏以見詁經當有法

一　說文曰詁訓故言也　此條本鄭興傳注查

三　大戴禮記盛德篇第六十六曰明堂月令赤綴戶也白綴牖也二九四七五三六一八後周盧辯注曰法竄文　記用九室故取此以為其制也

因學紀聞大戴篇曰大戴禮盧辯注非鄭氏朱文公引明堂篇鄭氏注

云法竄文未考北史也

四　困學紀聞卷一讀易曰劉牧謂河圖洛書同出於伏羲之世

五　郡齋讀書志曰劉長民易十五卷皇朝劉牧撰又鉤隱圖三卷劉牧撰有歐陽永叔

序而其文殊不類

六　總目卷六經部易類六第曰周易傳義合訂十二卷　國朝朱軾撰軾

字若膺，高安人，康熙甲戌進士，官至大學士，謚文端。是編因程子易傳、朱子易本義互有異同，為參校以歸一是，又不沒兩可其說以從岐貳，而附以諸儒之論。其有實勝傳義者，則舍傳義以從之。凡例有曰：遺象言理，自王輔嗣始；捨象有理，舍是言理，不知理安在矣。即納甲飛伏，不可謂非易之一端。況中爻互卦，倒與倒見，尊經者陰之顯而易明者乎？又稱卦有對易、反易，又稱宋元以來易因於四聖人之精義，全無干涉。今一概不錄云云。其全書宗旨具見於斯。其軾存之日未刊。乾隆丁巳，兩廣總督鄂彌達始為校付剞劂。蒙
皇上親灑宸翰，稱其簡而當，詳而不支，鉤深探賾而不鑿，蓋玩之熟故擇言也精，體之深故析理也密。天下萬世伏繹
聖謨，亦均能得讀易之津梁，曉然知所向方也。又豈獨軾之幸哉。

總目易類後序曰盈虛消息理之自然也理不可見聖人即數以觀之因立象以著之函於互體變爻錯綜貫串易之數無不盡易之理無不通易之象無不該矣左氏所載即古占法其條理可覆案也宋人以數言易已不近於人事又欲務究數之所以然於是由畫卦推奇偶由奇偶推河圖洛書由河圖洛書演為黑白方圓縱横順逆至於汗漫而不可紀曰此作易之本也及其解經則象義爻象又絕不本圖書立說豈畫卦者一數繫辭者又別一數耶今所編錄其支離曼衍者則竟退置術數家明不以魏伯陽陳摶等方外之學淆六經之正義也

論史從心瀾編年於麟筆

袁書陳壽三國志

御批通鑑綱目乾隆四十一年七月二十日

聖訓曰閱帝在當時力扶炎漢志節凜然乃史世所謚並非素壽名陳壽於

蜀漢有嫌所撰三國志多存私見遂不為之論定豈得謂公經前

世祖章皇帝曾降

諭旨封為忠義神武大帝以褒揚盛烈朕復於乾隆三十二年降旨加靈佑二

字用示崇奉夫以神之義烈忠誠海內咸知敬祀而正史猶存舊謚隱寓

譏評非所以傳信萬世也今當鈔錄四庫全書不可於沿陋習所有志內關

帝之謚應改為忠義第本傳於沿已久民間所行必廣難於更易著武

英殿將此旨刊載傳末用垂久遠其官板及內府陳設之書並著

改刊此旨一體增入

杜預春秋左氏傳序曰絶筆於獲麟之一句者所感而起固所以為終也

立言乘體四明之錄必刪

表章胡宿集

晉孫綽天台山賦曰序曰登陸則有四明謝宗靈運山居賦注曰天台四明相

接連

乾隆四十年十一月十七日

聖訓曰據四庫全書館總裁將所辦永樂大典散片各書進呈內有宋劉跂

學易集其中有青詞一體非斯文正軌前因題胡宿集見其有道

院青詞教坊致語之類命刪去刊行而鈔本仍存其舊

據目文恭集五十卷補遺一卷宋胡宿撰

贋古證真五柳之名宜辨

表章晉羣輔錄蒙

聖訓字希儒撰

宋張顒正斧隱筆記曰退之与崔十六詩前計頗乖張居然見真贋之字

字也云僞物也蓋出韓非子古止用鴈字

陶潛集五柳先生傳曰先生不知何許人也宅邊有五柳因以為號焉

總目卷百　數也數存目一日聖賢羣輔錄　卷、、、

御製詩四集卷十七曩輯四庫全書聯句臣胡高望注曰

上以聖賢羣輔錄必非陶潛所著

諭令駁正

七籤三藏法除釋老之篇

郡齋讀書志曰雲笈七籤一百二十卷張君房等撰纂君房祥符中謫官甯海時至祖降朝廷盡以祕閣道書付杭州俾戚綸陳堯臣校正綸等同王欽若薦君房專其事銓次得四千五百六十五卷於是掇其藴奥總萬餘條成是書仁宗時上之

隋書經籍志曰大業時又令沙門智果於東都内道場撰諸經目分別條貫以佛所說經爲三部一曰大乘二曰小乘三曰雜經及又有戒律並有大小及中三部之别

郡齋讀書志四十二章經條曰佛書自晉宋以來至梁武帝華林之集入中國者五千四百卷曰經曰論曰律謂之三藏傳於世盛矣厥後達磨西來以三藏皆筌蹄故直指人心俾之見性由是禪學興焉今世佛書三藏之外凡講說

之學類律學也凡問答之類禪學也

卷總目卷百十　釋家類總敘曰

御製詩四集卷六十五四庫全書薈要聯句注曰漢志於道家外別出神仙家後世混而為一殊失其本今薈錄

御注道德經及王弼老子注莊子列子關尹子文子鶡冠子抱朴子以存道家之旧其神仙家言荒忽無稽概從刪汰又曰佛書自有金藏不宜與經史並列故薈要及全書俱置弗錄其有關涉釋門典故如法苑珠林之類以其可助詞章全書中間採取之而薈要則擇較精亦未略及也

宋史藝文志道家類曰張君房雲笈七籤百二十卷

五蠹铯九奻排斥申韩之术

韩非子五蠹篇曰学者言古者带剑者近御者及商工之民此五者邦之蠹也

马总意林引刘向新序录曰申子名不害河东人郑时贱臣挟术以干韩侯秦兵不敢至学本黄老急刻无恩非霸王之事 又引刘向韩子序录曰秦始皇重韩非书曰寡人得与此人游死不恨矣李斯姚贾害之与药令自杀始皇悔遣赦之已不及

文心雕龙诸子篇曰至如商韩六虱五蠹弃孝废仁轘药之祸非虚至也

漢書藝文志曰法家者流蓋出於理官信賞必罰輔以禮制易曰先王以明罰
飭法此其所長也及刻者爲之則無教化去仁愛專任刑法而欲以致治至於
殘害至親傷恩薄厚

毒深孔雀無容校寫其青詞

表言明嚴嵩鈐山堂集經 卷百七十六存目頁

醫訶东駮采滬存目

集部别集類存目三曰鈐山堂集三十五卷明嚴嵩撰嵩字惟中分宜人事迹具明史姦臣傳嵩雖怙寵擅權其詩在流輩之中乃獨為迥出王世貞樂府變云孔雀雖有毒不能掩文章亦公論也然迹其所為究非他文士有才無行可以節取者比故吟咏雖工僅存其目以明彰癉之義焉

明史姦臣列傳曰

唐李肇翰林志曰凡太清宫道觀薦告词文用青藤纸朱字谓之青词

巧謝璇璣未許增添其錦字

表言第十五卷存用之迴文類聚補遺

出餘卿題目回文類聚三卷桑世昌澤卿集以璇璣圖為本初而益併及

近世詩詞且以玉道御製冠於篇首

蘇漢出桂衡傳田妙士蓋璇璣之圖

唐武后璇璣圖序曰前秦苻堅時扶風竇滔妻蘇氏名蕙字若蘭滔鎮襄陽絕蘇氏音問蘇氏因織錦為迴文五彩相宣縱廣八寸題詩二百餘首計八百餘言縱橫反覆皆為文章

下傳

六

郡齋讀書志曰[redacted]唐韓偓[redacted]字致光京兆人龍紀元年進士累遷諫議大夫翰林學士昭宗幸鳳翔進兵部侍郎承旨朱全忠怒貶濮州司馬榮懿尉天祐初挈族依王審知而卒香奩集沈括筆談以為和凝所作凝既貴惡其側豔故詭稱偓耳或謂括之言妄許彥周詩話[redacted]高秀實言元微之詩豔麗而有骨韓偓香奩集麗而無骨李端叔云香奩韓偓詩誦其序云咀五色之靈芝香生九竅咽三危之瑞露美動七情秀實云勸不得也

七

文獻通考[redacted]經籍七十曰香奩集一卷石林葉氏云世傳韓偓香奩集皆豔辭閨房不雅馴或疑江南韓熙載所為誤以為偓然余所藏偓詩百餘篇中有一二篇絕相類豈其流落無聊中姑以為戲乎

夢溪筆談卷十六曰和魯公凝有豔詞一編名香奩集凝後貴乃嫁其名為韓偓今世傳韓偓香奩集乃凝所為也凝生平著述分為演綸遊藝孝悌疑獄香奩籯金六集自為游藝集序云予有香奩籯金二集不行於世凝諱其名又欲後人知此凝之意也

乾隆四十六年十一月初六日

聖訓曰昨閱四庫館進呈書內有朱存孝編輯迴文類聚補遺一種內載美人八詠詩詞意媟狎有乖雅正夫詩以溫柔敦厚為教孔子不刪鄭衛所以示刺示戒也故三百篇之旨一言蔽以無邪即美人香草以喻君子亦當原本風雅歸諸麗則所謂託興遙深語在此而意在彼也自玉臺新詠以後唐人韓偓輩務作綺靡之詞流為香奩艷體漸入淫靡尤而效之詩格更為卑下今美人八詠內所列麗華髮等詩毫無寄託輒取俗傳鄙褻之語曲為描寫無論詩固不工即其編造題目不知何所證據朕輯四庫全書當採詩文之有關世道人心者若此等詩句豈可以體近香奩概行採錄所有美人八詠詩著即行撤出此外各種詩集內有似此者亦著該總裁督同總校分校等詳細檢查一併撤出以示朕釐正詩體崇尚雅醇之至意欽此

小山鹽曲削去奩脂盞之作篇 晉崔豹古今注曰淮南王淮南小山之所作也淮南成仙小山之徒乃作淮南王之曲焉

二 欽書第二百卷詞曲類存目之張小山小令

唐書藝文志別集類曰韓偓詩一卷又香奩集一卷

三 通志藝文略曰韓偓詩一卷又香奩集一卷

十五 旧唐書敬宗紀曰丙子浙西觀察使李德裕奏詔令當道造盞子二十具計用銀一萬三千兩金一百三十兩

四 案宋晏幾道亦号小山有小山詞一卷在一百九十八卷總目凡例第十三條曰石孝友之金谷遺音張可久之小山小令臣等初以相傳舊本姑為錄存並蒙

五 皇上指示命從屏斥

九十

太平御覽七百一十七引孫仲奇妹書曰鏡與粉盤與郎香奩與若
又引廣志曰面脂魏興以來始有之

馬祖常宮詞曰八稜翡翠鈿千層脂盝雞粧石寶
句[illegible]似女詞府九十下無字
唐書李德裕傳曰敬宗立侈用無度詔浙西上脂盝粧
具

玉海曰祥符二年學士楊億等上景德傳燈錄三十卷本僧
道原所獻詔億等刊定六年八月御製法寶錄序自天竺七
佛至達摩西來傳至法眼凡五十二世一千七百人語錄

金谷新詞刊酒肆歌樓之句

秦書第十二卷詞曲類存目有金谷遺音

明楊慎丹鉛總錄曰余舊得宋人石刻（金谷序今不傳）其辭曰余以元康六年從太僕卿出為使持節監青徐州諸軍事征虜將軍有別廬在河南界金谷澗中或高或下有清泉茂林衆果竹柏藥草之屬莫不畢備又有水碓魚池土窟其為娛目歡心之物備矣時征西大將軍祭酒王詡當還長安余與衆賢共送往澗中晝夜遊宴屢遷其坐或登高臨下或列坐水濱時琴瑟笙筑合載車中道路並作及住令與鼓吹遞奏遂各賦詩以敘中懷或不能者罰酒三斗感性命之不永懼凋落之無期故列敘時人官號姓名年紀又寫詩著後後之好事者其覽之哉

案序見文選潘安仁金谷詩所引而楊錄較詳故全錄引此

宋孟元老東京夢華錄序曰新聲巧笑于柳陌花衢按管調絃于茶坊酒肆

凡詩詞隱之處進誤點丹黃

梁書庾肩吾傳曰太宗在藩與湘東王書曰朱丹既定雌黃有別

陸龜蒙出居賦序且用丹黃稗説貽于好事

二句一韵
二句廿字十韵
中隔十六句

一經
聖主之精衡以照影並分白黑

韓詩外傳有王之侍若別黑白
唐韓愈集雜詩曰古史散左右詩書置後前惜哉抱所見白黑未及分
魏劉邵人物志材理篇曰夫辭有理勝者有辭勝理勝者正白黑以廣論釋微妙而通之
馬總意林尹文子曰名有三科一曰命物之名方圓黑白是也
淮南訓曰聖人之見是非若黑白之別於目　此條後出朱濬詩注引
王充論衡實知篇曰詹何坐弟子侍有牛鳴於門外弟子曰是黑牛也而白蹄詹何曰然是黑牛也而白其蹄使人視之果黑牛而以布裹其蹄
漢書薛宣傳曰宣為中丞執法殿中舉奏部刺史郡國二千石所貶退稱進白黑分明繇是知名

至於銅籤報夜

紫殿

勤披

〔四〕三輔黃圖曰帝又起紫殿雕文刻鏤黼黻以玉飾之

〔二〕明高得暘明皇秉燭夜遊圖詩曰知更宮女報銅籤

〔五〕後漢書班固傳曰固上兩都賦曰放泰紫之圓方李賢注引劉向七略曰明堂之制內有太室象紫宮

〔一〕唐姚思廉陳書本紀曰世祖文皇帝諱蒨字子華始興昭烈王長子也永定三年六月景午高祖崩遺詔徵世祖入纂即皇帝位天康元年四月六月諡曰文皇帝世祖起自艱難知百姓疾苦一夜內刺閨取外事分判者前後相續每雞人伺漏傳更籤於殿中乃勑送者必投籤於階石之上令鎗然有聲云吾雖眠亦令驚覺也

〔六〕文選謝元暉直中書省詩曰紫殿肅陰陰彤庭赫宏敞李善注曰紫殿紫宮也漢書成紀曰神光降集紫殿

〔三〕隋顏之推家訓卷六曰或問一夜何故五更答曰漢魏以來謂為甲夜乙夜丙夜丁夜戊夜皆以五為節

玉案開緘

一 文選張衡四愁詩曰何以報之青玉案李善注曰玉案君所凴倚

丹毫親詠

三 宋朱長文墨池編有宋白中正三字孝經序曰揮灑丹毫古風穆湯

四 程大昌演繁露曰唐志宣政殿朝日殿上設黼扆躡席熏鑪香案兩宰相兩省官對班於香案前百官班於殿庭人主既御黼座宰相兩省官拜訖乃始升殿

五 御製詩四集卷十三開益軒一首詩原注曰近因校勘永樂大典并訪求遺書勅詞臣分編四庫全書時取其中未經見者數種以備披覽閒亦品評題句

六

御製詩四集卷十七彙輯四庫全書聯句詩臣莊存與注曰永樂大典內所纂
出之書及諸臣所進遺編有關世教者咸
親灑宸翰題詩簡端日積日富

二

陸翽鄴中記曰石虎以宮人為女官門下通事以玉案行文書

五家易說岐塗互關其傳燈

隶書卷幸亡易傳燈

漢書藝文志曰及秦燔書而易為筮卜之書傳者不絕漢興田和傳之訖于宣元有施孟梁丘京氏列於學官劉向以中古文易經校施孟梁丘經而民間有費高二家之說唯費氏經與古文同

郡齋讀書志曰景德傳燈錄三十卷宋朝釋道原編其書披弈世祖圖采諸方語錄由七佛以至法眼之嗣凡五十二世一千七百一人獻於朝詔楊億李維王曙同加裁定億等潤色其文考正差謬遂盛行於世為禪學之源夫禪學自達磨入中原世傳一人凡五傳至慧能通謂之祖慧能之傳行思懷讓行思之後有良价號洞下宗又有文偃號雲門宗又有文益號法眼宗懷讓之後有靈祐慧寂號溈仰宗又有義元號臨濟宗五宗學徒遍於海內迄數百年臨濟雲門洞下日愈益盛

後漢書桓榮傳子郁傳曰顯宗自制五家要說以郁先師子甚見親厚常居中論經書問以政事帝自制五家要說章句

後漢書儒林傳曰前書云田何傳易授丁寬丁寬授田王孫王孫授沛人施讎東海孟喜琅邪梁丘賀由是易有施孟梁丘之學又東郡京房授易於梁國焦延壽別爲京氏學又有東萊費直傳易授琅邪王橫爲費氏學又沛人高相傳易授子康及蘭陵毋將永爲高氏學施孟梁丘京氏四家皆立博士費高二家未得立

總目卷三經部易類三曰易傳燈四卷永樂大典本諸家書目不著錄惟永樂大典題曰徐總幹而不著名字其子子東序謂其父嘗師事呂祖謙唐仲友考宋史徐僑嘗受業於祖謙著讀易記祖謙門人又有徐僑徐偉不能定其爲誰也傳燈本釋氏之語乃取之以名經解殊爲乖剌又謂易之爲書三聖津梁傳易緯之文謂爲夫子之作亦沿

歐陽修之誤又謂河圖縱横十五之妙配乾坤九六之數是尤駮
雜然其八卦揔論十六篇頗能得易之類例又謂易象該三代制
度如比九五當王用三驅與九二史巫紛若論易禮相通亦有證
據一知半解可取者頗不乏固說易者之所旁採爾

稿製詩四集卷二十題鄧子篤周易爰義曰華父師孫子其學傳紫陽
紫陽注周易獨繇卜筮方舉占亦有語恐人涉荒唐鄧乃宗正義
删繁取其誠釋文考陸氏並引馬鄭王簡以緝而頗致詳
吳尊當弗知希寶誠吉光闡宗徽君元孔門教用彰三易明周繇
蓋語取岐京軋健順四德坤順性隨倡弗牛而曰馬牝馬行无疆然
予更思之仍是一軋剛乾坤分既定餘卦類推明大錯弗失正十翼臣
立良出無蓋卓然四色立綱網豈待託其言用易誠有常四庫廣
搜羅越柽出珍藏欽刻俾歸之牖世文教昌是篇題五言用貴世

守長

御製詩四集卷十九題易祓周易總義八韻曰長沙撰總義觀象玩辭符總貫詮家解義通十翼扶人心即天地易理示規模多辯原成躁求精及涉鹿彼非諳此是書合兩攻殊昭覽廿卷皆頗嘉名契無明當平叛正派希未宏敷設曰不言好安能緊置

字

御製詩四集卷二十八題影宋鈔周易輯聞曰廣大無不備夫惟易道於輯聞傳涉水述學術先天觀彼多合聖切予斯體乾影鈔猶識宋遠矣編摩偏

御製詩四集卷四十五題易傳燈序曰是書舊署徐總幹撰而不著名其子序其父嘗師事呂祖謙唐仲友所學似當有稟承頗取樸氏傳燈謂爲經解標題謬盭甚矣其言君

子小人吉凶陰陽之義頗有闡發而所論河圖數象牽
附九宮則又乖於正道蓋其書純駁參半乃指斥後學差
誤得無責人則明而已乃昏歟以其褒貶於散帙之中亦
云希覯錄備四庫庶幾瑕瑜不掩參詳簡端識之正所以
惜之也徐氏隱名姓以何標題想亦自知過孝素盡卦由古聖
烟乃侍煙類梵陀學術東萊道未見習沿承敘讀傷訛明
云後學多差誤可識其人差已多

四氏書箋餘紙無詳乎括地

表第十一卷之禹貢指南禹貢說斷

一 毛詩孔穎達正義曰鄭於詩經既須之注猶此言箋故字林云箋表也識也鄭尊毛學表明毛言記識其事

二 晉張華博物志曰鄭注毛詩曰箋不解此意或云毛公嘗為北海郡守鄭是郡人故以為敬

三 博物志卷一引河圖括地象曰地南北三億三萬五千五百里

四 後漢儒林傳曰前書云濟南伏生傳尚書授濟南張生及千乘歐陽生歐陽生授同郡兒寬寬授歐陽生之子世世相傳至曾孫歐陽高為尚書歐陽氏學張生授夏侯都尉都尉授族子始昌始昌傳族子勝為大夏侯氏學勝傳從子建建別為小夏侯氏學三家皆立博士又魯人孔安國傳古文尚書授都尉朝朝授膠東庸生譚為尚書古文學未得立

六

總目卷十一經部書類一曰禹貢指南四卷宋毛晃撰晃宋史無傳其增注禮部韻略於紹興三十二年表進自署衢州免解進士蓋高宗時人也此本從永樂大典所載散附經文下謹綴錄為四卷以經文次第標列其大抵引爾雅周禮漢志水經注九域志諸書而旁引他説以證古今山水之原委而援據考證獨不泥諸傳附會之説故後來蔡傳多用之亦言地理者所當考證矣

五

唐書濮恭王泰傳曰司馬蘇勗勸泰延賓客著書如古賢王泰乃奏撰括地志凡五百五十篇

御製詩四集卷十七題毛晃禹貢指南六韻曰徵禹其魚功不刊導川敷
土下民安九州既奠爰分域四海會同亦宴瀾毛晃指南因有述文
淵闕氏乃為端焦竑志籍傳名著朱子説也取訓鑽千古根源乎
由瀾詳家附會概祛謾獨於分野稱星宿未識恢恢天道寬第四句
御注曰宋史藝文志不載是書明焦竑經籍志載禹貢指南一卷宋毛晃撰而
朱彝尊經義考則云未見又云文淵閣書目有之不著撰人書目成於楊
士奇與焦竑為同時人不應書存而佚其姓名豈未加深考耶
御製詩四集卷十七題陳經尚書詳解六韻曰帝王於事具心中勅要一言迴鮮
同數彼專通雜僅指得旨詳解足治躬卷成五十能探奥書視
半千未發蒙大典闕收誠惜漏休陽後購可稱功新興古籍代為根
本古堅精微與擴充詩義雲烟誰過眼珍斯片羽願研窮
御注曰經南宋嘉定間進士遠今五百餘年矣休陽汪森於康熙乙卯泛舟

濮川見金繩閣舊籍於市，盡數購歸，中有抄白本，乃尚書詳解也。經典
爭耜溪錢，經爲新興令，段徒清章以七教化爲首務。森跋云：經華述
更有毛詩講義，是森所爲識，亦無此種，或竟散佚無存，或後有收輯
之者，未可知也。

御製詩四集卷十九題傅寅禹貢說斷六韻曰：指南向已題毛晃說斷
若當屬傅寅。五服九州雖貢賦，三江四海析涯垠。積年累月而
窮究，繼晷焚膏亦苦辛。代易時陳因失舊，定訛補闕爲完新。猶台
要以知綫先終，彼宴辭注語頗更有許家雜著筆，流沙今越
海西濱。第八句

御注曰：朱彝尊經義考載宋傅寅禹貢詳解二卷，通志堂九經解亦
嘗刊入，錄原缺四十餘簡，今永樂大典所載則題曰說斷，並無詳解
之名，且經解所缺簡具在，並有多至數倍者，又卷前四圖，經
解誤入程大昌論中，茲亦從爲析簡原序，校定並緣之正訛補

闡釋詳盡為究也矣第十二句

御注曰禹貢疆域限於九州其極遠者至流沙而止今自平定準部回部以來幅員所拓西踰流沙萬餘里處在九州之外豈依經者說家所能盡乎

御製詩四集卷六十五四庫全書薈要聯句后係注曰禹貢山川家闕考證如經大易禹貢山川地理圖傳寓禹貢說斷毛晃禹貢指南並以永樂大典所載纂本一一訂補其殘闕

御製詩四集卷四十五題袁燮絜齋家塾書鈔曰議論持醇正興亡緼古今致意惟戒逸勝懲莫如欽欲惜未能全璧幸仍搜碎金流斯

矣滄度先已接下心

前車後鑒陳風雅於經筵

袁書第十五卷：絜齋毛詩經筵講義

說苑善說篇引周書曰前車覆後車戒

困學紀聞卷八曰元豐閒陸農師在經筵始進講義自時厥後上而經筵下而學校皆為支離曼衍之詞

總目卷十五經部詩類一曰絜齋毛詩經筵講義四卷宋袁燮撰此書其為崇政殿說書時撰進之本宋史藝文志直齋書錄解題皆不著錄朱彝尊經義考亦不列其名惟永樂大典頗載其文蓋失傳久矣宋代經筵講義多編輯別行燮此書議論和平頗得風人本旨於振興恢復之事尤再三致意可謂能以古義資啓沃矣謹以次編定釐為四卷皆國風也其雅頌諸篇則永樂大典闕載或輪番進講燮偶未當直歟

御製詩四集卷三十一題絜齋毛詩經筵講義曰講義要當重切
磋絜齋不事頌辭阿解經依注無爲異取古誡今有足多
雅頌詁篇惜已失風南數首出重羅黍離故國三致意其奈
辟王帶酖何

斜上旁行寓春秋於世本

表言第二十六卷 春秋釋例

隋書經籍志曰春秋釋例十五卷杜預撰

郡齋讀書志曰春秋釋例十五卷晉杜預注凡四十部集左傳諸例及地名譜第曆數皆顯其同異從而釋之

梁書劉杳傳曰王僧孺被敕撰譜訪杳血脉所因杳云桓譚新論云太史公三代世表旁行邪上並效周譜以此而推當起周代

漢書藝文志曰世本十五篇古史官記黃帝以來訖春秋時諸侯大夫

隋書經籍志曰世本二卷劉向撰又曰世本二卷宋衷撰

三國志杜畿傳裴松之注引王隱晉書曰預大觀羣典謂公羊穀梁詭辯之言又非先儒說左氏未究邱明意而橫以二傳亂之乃錯綜微言著春秋左氏傳經集解又參考衆家謂之釋例又作盟會圖春秋長曆備

成一家之學至老乃成尚書郎摯虞甚重之曰左邱明本為春秋作傳而左傳遂自孤行釋例本為傳設而所發明何但左氏傳故亦孤行預有大功名於晉室位至征南大將軍開府封當陽侯食邑八千戶

御製詩四集卷二十六題宋版春秋分記曰分記原通記尊王義寓中年經國為緯外抑内斯崇統著乃惟一會孫則以同為珍待宋槧豈暇可研窮

御注曰程公說宋甯宗時人所撰春秋分紀以史記法取左傳事稽為年表世譜名譜又為歷書天文五行諸書又分記周天王內魯外諸侯以及次國小國四夷之事條分縷析手因左氏義本聖經皆首記天王以見天下之一宗周分記諸國以見列國之所以異詳見公說自序其弟公許於乾祐三年刻梓以廣其傳

廬陵處士特申譽上之防

表言第二十六卷之春秋辨疑

三 直齋書錄解題曰春秋經辨十卷廬陵蕭楚子荊撰紹聖中貢禮部不第蔡京用事與其徒馮澥善言蔡將爲宋王莽楚遂不復仕死建炎中自號三顧隱客門人謚爲清節先生胡邦衡師事之誌其墓

按目卷二十六經部春秋類一曰春秋辨疑四卷宋蕭楚撰楚字子荊曾敏行獨醒雜志所著春秋經辨行於廬陵宋史亦載春秋經辨十卷此本題曰辨疑爲小異或後來更定史弗及詳歟今永樂大典所載則明人編輯也大旨主於統制歸天王多爲權姦柄國而發而持論正大有合尼山筆削之義每篇有注皆楚自作亦間有胡銓及他弟子所附入謹校正俾不相淆焉

御製詩四集卷十四題蕭楚春秋辨疑曰直道權臣退自怡著書胡趙

奉為師宗經傳具明卓見異注不為遷就詞非史信趙匡論
之詩作也辨釁疑一王天下無他義三變周公豈逆知可識代遷
多散佚允宜重錄表扶持瞠乎後仰發赫華無暇方慚下
筆唯

二 宗曾緻行獨闢新志卷六曰蕭楚字子荊名楚廬陵人紹聖間貢於鄉
不第因留太學時方尚詞賦子荊獨崇經術尤深於春秋會蔡京
當國黜春秋之學子荊憤然引還隱居講學曰蕭氏春秋經
辰尊王之義矣建炎四年卒以未嘗娶故無子有春秋經辨行
于廬陵

一 宋史藝文志春秋類曰蕭楚春秋經辨十卷

安定門人大著尊王之義

表言第二十六卷之春秋尊王發微經解

郡齋讀書志曰春秋尊王發微十二卷孫明復撰案明復治春秋不取傳注故得經之意為多常秩則譏之曰明復為春秋猶商鞅之法棄灰於道者有刑步過六尺者有誅語其失於刻也胡安國亦以秩言為然

文獻通考亦十二卷引石林葉氏曰孫明復春秋廢傳從經然不盡達經例又不深於禮學

讀書志睢陽子集傳曰孫明復晉州人居泰山深於春秋自石介以次皆師事之年四十不娶李廸相以其弟子妻之慶曆中以范文正富鄭公言之於朝除國子監直講嘗對邇英閣說詩上將以為侍講楊安國沮之而寢

總目卷二十六經部春秋類一曰春秋經解十三卷宋孫覺撰覺字莘老高郵人擢進士第官至御史中丞事蹟具宋史本傳覺早從胡瑗遊得其春秋之學大旨以抑霸尊王為主以三家之說校其當否且以穀梁為本其說

陸趙氏之說長於後之其所未聞則以安定先生之說解之今殘口義五卷已佚付其經論惟覺此書宋史藝文志載覺春秋經解十五卷又春秋學纂十五卷考書録解題載春秋經解一而無學纂王應麟玉海載春秋學纂而無經解 其學纂條下注曰其說以穀梁為本采左氏公羊 歷代諸儒以至師胡瑗說斷之分莊公為上下與今本一一相合然則學纂即別名宋志誤分為二矣

二 御製詩四集甲午一首題孫覺春秋經解六韻曰註疏春秋充棟影高郵作解費研磨學從安定居名第出臨川罷制科豎侍郎他相佩劍翼經春此匯操戈詆公列國事當思具抑伯尊王義不訛褒貶依然準平正折衷要是弗偏頗郘張珍弃今歸紀汲古源心有足多

御注曰[redacted]周麟之跋云初王荊公欲釋春秋以行而莘老之傳已出一見而有惎心遂詆聖經而廢之曰此斷爛朝報也不列於學官不用於貢舉 其後有年其說雖未必盡然而是書當時所重亦可見矣此書宋紹興間陽羨邵輯

任高郵時所鏤版郡齋檇李張顏又因其移書以周麟之跋語
附益卷末識而弃之今爲翰林紀昀所藏僅有鈔本耳
宋史卷三百四十四孫覺列傳曰

王元杰名同讞獄為雲谷之重儓

表言二十八卷之春秋讞義名與葉夢得春秋讞相亂

直齋書錄解題曰石林春秋讞葉夢得撰其序曰以春秋為用法之君而

已駁之有不盡其辭則欺民有不盡其法則欺君凡啖趙論三家之失為

辨疑劉氏廣啖趙之遺為權衡合二書正其差謬而補其疏略目之曰讞

總目卷二十八經部春秋類二曰春秋讞義九卷元王元杰撰元杰字子英

吳江人至正間御薦教授鄉里以終昔程子作春秋傳未成朱子論春秋亦

無專書元杰輯其緒言分擬經文之下復刪綴胡安國傳以盡其意安國在

朱子前而說則朱子後然則所學不以時代拘也恭讀

御題詩注以程朱之重儓目之允足破鄉曲豎儒守一先生之錮見又其書議葉

夢得之謬以讞為名亦經

御題證鋤尤足以戒刻深鍛鍊以法家說春秋者以其謹守舊文者善勝無師

詳諳故例錄存之而跋述

聖訓昭示其失如右

總目第四二十七卷經部春秋類二曰春秋讞二十二卷宋葉夢得撰是書抉摘三傳是非主於信經不信傳務治啖助趙匡之餘波於公羊穀梁左傳昌言排擊務持自喜瀾翻過甚要亦文章之豪惟古引春秋決獄不云以決獄之法治春秋名書以讞既為未允且左氏公穀皆經功存典籍加以推鞫之目尤屬未安是則宋儒藐視之錮習不可為訓者耳今據永樂大典過加撿核釐為左傳讞十卷公羊穀梁讞各六卷

御製詩四集卷四十五題王元杰春秋讞義曰雖訟予猶人無訟以為本春秋經世出道陳齊禮謹尊王而賤霸類是以示準人心與天理義斯以不泯讞有評獄義獄實刑之引春秋豈其務求精失之遠夢得已一誤元杰重復先後賢議前賢辯駁恣口吻

類此多標長充棟實繁盡第十三句

御注曰宋葉夢得作春秋讞不攘經世之志而專以評獄解經已失春秋本旨至元王元杰復撰讞義蓋未見葉夢得原本而名與相複其書編輯經朱從言後刪綴胡安國傳分綴經文之下而於三家末別標己意曰讞其於朱子一無異詞蓋默守前說一字不敢變削實難免重儓之誚云

御製詩四集卷六十五四庫全書薈要聯句臣蔡新注曰春秋予奪至公無專用深文之理自宋儒倡有貶無褒之說多方鍛鍊遂至葉夢得王元杰等多以讞名書事同治獄殊乖筆削大旨元杰春秋讞義仰奉御題聖明駁正今恭遵聖訓概不錄入薈要

宋史藝文志春秋類曰葉夢得春秋讞三十卷

洪咨夔蹤類探囊竊玉川之餘瀋

表吉二十六卷之春秋說

一 莊子胠篋篇曰將為胠篋探囊發匱之盜而為守備則必攝緘縢固扃鐍

二 唐書藝文志別集類曰玉川子詩一卷盧仝撰

三 宋洪邁容齋隨筆訪古圖條曰政宣間蔡京為政禁士大夫不得讀史

七 春秋三傳束高閣故其引用絕為乖盾

三 郡齋讀書志曰唐盧仝范陽人隱少室山號玉川子徵諫議大夫不赴唐史稱韓愈為河南令愛其詩厚禮之後死於甘露之禍

四 唐韓愈寄盧仝詩曰玉川先生洛城裏破屋數間而已矣春秋三傳束高閣

捐拖遺經究終始

國學紀聞卷六左氏篇曰啖趙以後憑私臆決甚而閣束三傳是猶入室
而不由戶也
總目卷二十八春秋三傳辨疑條注曰案韓愈贈盧仝詩仝與啖趙同時蓋
亦宗二家之說其所作春秋摘微已佚
總目卷二十七經部春秋類二曰春秋說三十卷宋洪咨夔撰咨夔字
舜俞於潛人歷官端明殿學士事蹟具宋史本傳本傳稱理宗初咨
夔爲考功員外郎忤史彌遠又言李全必爲國患爲李知孝梁成大所劾
歸鐵井七年是書蓋是時作也又本傳稱其有兩漢詔令擥鈔春秋說
等書不言卷數而永樂大典載吳潛所作咨夔行狀則春秋說實三十卷
今諸家書目皆佚此書惟大典尚多載其文謹編次仍爲三十卷大概多
從左氏而間亦參取公穀今並加案語焉

其中議論明鬯多前人所未發惟謂慶父出奔爲季子友故縱謂劉子單子以王猛入王城爲不知有君頗爲紕繆然棄短取長其卓然者不可沒也

宋史卷四百六洪咨夔列傳曰

四箴誤註寧知顏巷之心

御製詩四集卷題顏憲成解論語四勿曰克己為仁請問目告之四勿訓

稿親如何解作莊嚴法足識斯人學不醇

御注曰莊嚴二字出梵經憲成乃以為顏子莊嚴四體是何言耶更云顏子一身如水晶宮瑩徹玲瓏不復可以形色求則全捨禪僧論唾以注聖人之語矣夫不可形色求佛之所謂空空亦空耳聖門之學正教人以身體力行求之形色非禮四勿即克己為仁之注豈有二哉是解也足見憲成之學雜儒墨所謂非聖無法其東林倡說流而為門戶擅而為禍患不亦宜乎余故詩以闢之

二佛同歸轉隱尼山之量

表章第十卷之 此木軒四書說

[redacted] 袁宏漢紀曰西域天竺國有佛道焉佛者漢言覺

也將以覺悟群生也其教以修善慈心為本主不殺生專務清淨

御纂詩四集卷四十六題此木軒四書說見雲閣續學彙傳諸經說

方成又說也一剎不容有二佛此言果何說也歟

御注曰按袁熹此說論世語其較所作經說為優其中國不無可

節取闕及孟子以節觀於孝子章一語孔子不特春秋之世不

容有二聖以後更數千歲六經四子書苟未澌滅亦不得生

如孔子其人蓋於一剎不容有二佛也亦推崇孔子而擬不

於倫尊之國如是乎且以釋氏語闌入儒書尤乖說書之體若昌

黎謂荀揚大醇而小疵今謂此袁熹此書乃小醇而大疵耳

六經作繪全收詩楊甲圖中

三 秦書十十三卷有六經圖 宋史藝文志經解類曰楊甲六經圖六卷

六經圖七卷

四 直齋書錄解題曰東嘉葉仲堪思文重編按館閣書目有六卷昌州布衣楊甲鼎卿所撰撫州教授毛邦翰增補之

二 班固西都賦曰蓋六經而校德章懷注曰六經謂詩書禮樂易春秋

一 困學紀聞卷八經說篇曰六經始見於莊子天運篇治詩書禮樂易春秋六經

御製詩四集卷二十五天祿琳瑯鑒藏舊版書籍聯句匡王際華注曰楊甲六經圖有宋緝熙殿書籍印

御製詩四集卷二十五題宋版六經圖八韻曰太古圖先出後出者也哉

不奉圖非陳列首序識採要物列文彩允造徵典備六千年
燭照冊始五百載芸緗抗時惕日深儆戒惕夕乾朝守範圍傳
接都因英姓氏次銓選以正依韋六經啟日維窺道一已惟應
勵勅戒敬奉
禋宗陳組豆恪遵
家法服冠衣帝王學与傳生異罪我由他知我稀第二句
御注曰六經圖爲宗紹興中布衣楊甲所撰乾道初知撫州陳森曆七授毛
邦翰等編類補刻之爲圖百三有九第六句
御注曰當緝禮器鹵簿冠服樂器儀器武備六門續圖系說爲皇朝禮
器圖式并親製序文以衣冠乃一代昭度朕則依我朝之舊而不敢改
後世子孫當以朕志爲志不惑於流言以綿國祚於萬年深切垂戒
三致意焉

七緯成編知出自莊周書後

表言第六卷之乾坤鑿度

後漢書方術樊英傳注七緯者易緯稽覽圖乾鑿度坤靈圖通卦驗是類謀辨終備也書緯璇璣鈐考靈曜刑德放帝命驗運期授也詩緯推度災氾歷樞含神霧也禮緯含文嘉稽命徵斗威儀也樂緯動聲儀稽耀嘉叶圖徵也孝經緯援神契鉤命決也春秋緯演孔圖元命苞文耀鉤運斗樞感精符合誠圖考異郵保乾圖漢含孳佑助期握誠圖潛潭巴説題辭也

晁公武郡齋讀書志曰易乾鑿度二卷舊題蒼頡修古籀文鄭氏注按唐四庫書目有鄭元注詩書緯及有宋均注易緯而無此書其中多有不可曉者獨九宮之法頗與坤鑿度[illegible]題曰包犧氏先文軒轅氏演古籀文蒼頡修（乾坤鑿度二卷一作）按隋唐志及崇文總目皆無之至元祐田氏書目始

（載焉當是國朝人依託爲之）

隋書經籍志曰河圖二十卷河圖龍文一卷易緯八卷鄭元注尚書緯三卷鄭元注
尚書中候五卷鄭元注詩緯十八卷魏博士宋均注禮緯三卷鄭元注禮記
默房二卷宋均注樂緯三卷宋均注春秋災異十五卷郗萌撰孝經勾命
決六卷宋均注孝經援神契七卷宋均注孝經內事一卷說者云孔子既敘六經
以明天人之道別立緯及讖以遺來世又有洛罪級五行傳詩推度災汜歷樞
含神霧等書起王莽好符命光武以圖讖興遂盛行於世漢時又詔東平王蒼
正五經章句皆命從讖唯孔安國毛公王璜賈逵之徒獨非之以為妖妄宋大明中始
禁圖讖梁天監已後又重其制高祖受命禁之逾切煬帝即位發使四出搜
天下書籍與讖緯相涉者皆焚之為吏所糾者至死自是無復其學祕府之內
亦多散亡

後漢書張衡傳衡上疏曰讖書始出知之者寡劉向父子領校祕書閱定九流亦無
讖錄成哀之後乃始聞之春秋元命苞中有公輸班與墨翟事見戰國非春
秋時也又言別有益州益州之置在於漢世其名三輔諸陵世數可知

困学纪闻卷八曰郑康成注二礼引易说书说乐说春秋说礼家说
孝经说皆纬候也河洛七纬合为八十一篇河图九篇洛书六篇又别有
三十篇七经纬三十六篇易纬稽览图乾凿度坤灵图通卦验
是类谋辨终备书纬璇玑钤考灵耀刑德放帝命验运期授诗
纬推度灾氾历枢含神雾礼纬含文嘉稽命徵斗威仪乐纬
动声仪稽耀嘉汁图徵孝经纬援神契钩命决春秋纬演
孔图元命包文耀钩运斗枢感精符合诚图考异邮保乾图
汉含孳佑助期握诚图潜潭巴说题辞 又有尚书中候论
语谶在七纬之外隋焚其书今惟易纬存焉
总目卷六经部易类六附录曰乾坤凿度二卷案乾坤凿度隋
唐志崇文总目皆未著录至宋元祐间始出绍兴续书目有仓颉注

鑿度二卷後以爲鄭氏注乾鑿度有別本單行故亦稱此本爲乾鑿度經說謂隋禁讖緯無復全書今行於世惟乾坤二鑿度是也其書分上下二篇上篇論四門四正取象取物以至卦爻著策之數下篇論坤有十性而推及於蕩配陵配又雜引萬形經地形經制靈經著成經含靈孕誠緯文詞多聱牙不易曉故晁公武疑爲宋人依托胡應麟亦以爲元包洞極之流而胡一桂則謂有裨易教評騭紛然莫

謹伏讀

御製題乾坤鑿度詩定作書爲後於莊子而舉應帝王篇所云儵忽混沌分配乾坤太始以推求鑿字所以命名之義援據審核折衷至當臣等因考列子白虎通博雅諸書皆以太易太初太始太素爲氣形質之始與鑿度所言相符莊子於外篇天地篇及泰初有無之語而其他名目概未之見則儵忽渾沌寓言即南華氏之寓文作鑿度者後

本其義而緣飾之耳仰蒙
聖明刻示精確不刊洵永爲是書定論矣案七緯久佚於唐存者獨易
逮宋末而失盡其傳今永樂大典所載易緯具存多宋以後諸儒
所未見而此書實爲其一謹校定譌謬釐勘審正冠諸易緯之首
而恭疏其大旨於簡端

御製詩四集卷十三題乾坤鑿度曰乾坤兩鑿度撰不知誰氏籀孫昊天
帝言倉頡爲脩飾以余觀作者蓋後于莊子南華第七篇卒已
揭其旨儵忽鑿七竅竅通混沌死乾坤即儵忽渾沌寔太始乾坤
既鑿開太始斯淪矣言易祖羲辭頗覺近乎理靈圖測隱隱乃
成述讖緯有純亦有疵稽古堪資耳黃震着日抄所論亦非鄙欽
若斯是徵撫卷勵頤提

五音分配篆文互備其形聲

~~隸書第四十一卷之說文解字篆韻譜~~

宋晁公武郡齋讀書志曰說文解字韻譜十卷南唐徐鍇撰以許慎學絕取其字分譜四聲殊便檢閱惜不具載其解爲可恨~~按文獻通考~~四百八十九部有李巽巖~~說文五音韻譜~~序曰鍇之羨時銓若許氏偏旁奧窔不可不知因令鍇以切韻譜其四聲名曰說文韻譜余蒐訪歲久僅得其七八闕卷猶有以四聲則偏旁要未易見乃因司馬光所上類篇依五音先後悉取說文次第點排若魚貫然開編即可了也說文所無而類篇新入者皆弗取若有重音則但舉其先大抵皆以類篇爲定　又後序曰今編既啟虞館杭虞仲房謂某曰五音譜最諧實因徐氏此譜宜以徐氏爲本今編既~~從~~郭叙從徐氏則五音先後亦不復用類篇但取許氏本書次第之二也要須各行

御製詩四集卷二十三題說文篆韻譜曰徐鍇說文兄鉉序依於朱氏曝書藏制文遵古見識卓作釋趣今辨以詳許慎特嘉研六篆更飭何事變三蒼成編割裂異大典因字匯分韻述舊章惟是徵傳資訓詁信堪小學示津梁即看練谷勤收弆亦幸尊閱賞珍藏第二句

御注曰卷前有朱彝尊印記蓋曾為曝書亭所藏第七句

御注曰此書以韻標次音訓簡明便於檢閱實為小學津梁非若永樂大典之依韻採輯轉為割裂散見於此第十一句

御注曰練谷乃吳玉墀家藏書處

宋陳振孫直齋書錄解題曰說文韻譜十卷徐鍇撰取說文以韻類次之便于檢討鍇為作序

二史文參奇字各通其假借

表：書第四十一卷之班馬字類

書錄解題卷三曰班馬字類二卷參政嘉禾婁機彥發撰取二史所用古字及假借通用者以韻類之洪邁景盧作序

御製詩四集卷四十六題影宋鈔班馬字類曰采摭欣傳檇李婁居鉏影宋仍雕鏤前表原未範圍出班馬藉因輿字求書此朝經而暮誦嘉伊遠紹更旁搜披翻快處原緣悉旨笑異宗故大白浮

宋史藝文志小學類曰婁機班馬字類二卷

宋史卷四百十婁機列傳曰機字彥發 … 人

古香馣馤細辨班書

表書第一卷一宋刻前漢書

文選上林賦晻薆咇茀李善注引說文曰馣馤香氣奄藹也案今本說文無此條

御製詩四集卷二十五天祿琳瑯鑒藏舊版書籍聯句臣紀昀注曰此中如漢書唐書糾謬史經鑒賞流傳確有可據漢書前有趙孟頫王世貞像臣陸錫熊注曰內府藏本如前漢書資治通鑑綱目九家注杜詩皆

命寫

御容於卷端

御製詩四集卷二十六題宋版前漢書曰冤覓琳瑯天祿收因刊書目閱從頭吳藏本自趙魏國轉得重歸王弇州久入上方不知姓編四庫

識其由旧盈軒畢多佳玉卻美無餘大白浮第二句
御注曰内府旧藏宋槧前漢書為天祿琳瑯之冠茲因校勘四庫全書總目
後閱及之更覺其精妙罕匹第五句
御注曰其書初為趙子孟頫所藏入明則自陸顧兩家展轉流傳歸之王世貞
趙与王皆於卷前自畫其像王并有跋向雖題識簡端亦未及此
次之經之意也

碎腋穿連重刊薛史

素書第　卷之舊五代史

郡齋讀書志曰五代史一百五十卷皇朝開寶中詔修梁唐晉漢周書盧多遜扈蒙張澹李昉劉兼李穆李九齡同修宰相薛居正監修

御製詩四集卷三十三題舊五代史八韻曰上承唐室下開宋五代興衰紀非詳舊史原監薛居正新書重撰吉歐陽泰和獨用從優佚永樂分收究未彰四庫蒐羅今制創群儒排纂故編償殘缺斷簡研磨細合璧連珠體裁良遂佚已湮浮再顯果然紹遠蒐搜旁兩存例可據劉昫專注事曾倚馬光序以行之詩代序暢懷殷鑒念尤長

御注曰歐史既出遂與薛史並行當時以薛史為舊史歐史為新史至金章宗時始詔學官專用歐陽史於是薛史遂微元明以來傳本漸就湮沒永

樂大典雖載其文然割裂淆舛已非居正等篇第之舊因校四庫全書
詞臣等於永樂大典各韻所引薛史甄錄條繫得十之八九復採冊
府元龜太平御覽通鑑考異五代會要契丹國志北夢瑣言
諸書以補其缺並參考新舊唐書東都事略宋史遼史續通鑑
長編五代春秋九國志十國春秋及宋人說部文集并碑碣尚存
者以資辨證卷帙悉符原書而考核更加詳備書成呈覽館臣請
倣劉昫舊唐書之例列于廿三史刊布學官從之

御製又曰薛史文筆雖不及歐史謹嚴而敘事頗為詳核其是非亦不詭
於正司馬光通鑑多採用之
宋陳振孫直齋書錄解題曰五代史一百五十卷宰相薛居正子平撰開
寶中盧多遜扈蒙張澹李昉等所修居正蓋監修官也

宋史薛居正列傳曰居正字子平開封浚儀人清泰初登第晉天福
中華帥劉遂凝辟爲從事遂凝兄遂清領邦計奏署鹽鐵判
官開運初改度支推官宰相李崧領鹽鐵又奏署推官加大
理寺直遷右拾遺桑維翰爲開封尹奏署判官周廣順初遷
比部員外郎領三司推官旋知制誥周祖征兗州詔居正從行以勞
加都官郎中顯德三年遷左諫議大夫擢弘文館學士判官事六年使
滄州定民租未幾以材幹聞於朝擢刑部侍郎判吏部銓宋初遷戶
部侍郎太祖征親征李筠及李重進並留司三司俄出知許州建隆三
年入爲樞密直學士權知貢舉初平湖湘以居正知朗州乾德初加兵
部侍郎車駕將親征太原大發民饋運時河南府逃亡者四萬
家上憂之命居正馳傳招集浹旬間民盡歸業以本官參知政

事五年加吏部侍郎開寶五年兼淮南湖南嶺南等道都提舉三
司水陸發運使又兼門下侍郎監修國史又監修五代史踰年畢
錫以器幣六年拜門下侍郎平章事太平興國初加右僕射昭文館
大學士從平晉陽還進位司空卒年七十贈太尉中書令謚文惠居正
好讀書為文落筆不能自休子惟吉集為三十卷上之賜名文惠集

清流釁示鑒戒於東林

五代史雜傳曰李振常舉進士咸通乾符中連不中尤憤唐公卿及裴樞等七人賜死白馬驛振言太祖曰此輩常自謂清流可投之河使爲濁流也太祖笑之

唐书裴樞傳曰哀帝嗣位柳璨用事全忠以牙將張廷範爲太常卿樞以爲廷範勲臣自宜任用方鎮何用爲卿全忠怒璨即罷樞政事拜左僕射俄貶瀧州司戶參軍至滑州全忠遣人殺之白馬驛投於河初全忠佐史李振曰此輩自謂清流宜投諸河永爲濁流全忠笑而許之

表言第百七十二卷之涇皋藏稾

集部別集二十五曰涇皋藏稾二十二卷明顧憲成撰明末東林聲氣傾動四方君子小人互相搏擊置君國而爭門戶馴至於宗社淪胥猶蔓延詬爭而未已春秋責備賢者推原禍本不能不遺恨於清流憲成其始事者也考憲成與高攀龍初不過一二人相聚講學以砥礪節槩爲事迨其後標榜日甚攀附漸多遂致流品混淆上者或不免於好名其下者遂至依託門牆假借

羽翼用以快恩讐而爭進取非特不得比於宋之道學併不得希蹤於漢之黨錮故論者謂攻東林者多小人而東林不必皆君子亦公評也足見聚徒立說其流弊不可勝窮非儒者闇修之正軌矣惟憲成持身端潔且立朝大節多有可觀故姑錄其集并論末流之失以示炯戒焉

正統明尊存綱常於西蜀

表書第百五十三卷之穆修集

出錄解題曰穆參軍集三卷泰州司法參軍東平穆修伯長撰修祥符二年經明行修進士仕不遇困窮以死師事陳摶傳其易學以授李之才之才傳邵雍

總目卷八十八通鑑問疑劉羲仲條曰通鑑帝魏綱目改帝蜀今觀是書則以蜀比先晉擬紹正統是不但習鑿齒知先有此說即修通鑑時亦未嘗無人識及矣

御製詩四集卷十七題輯四庫全書聯句臣汪廷璵注曰欽定評鑑闡要於紀年繫統立法垂戒至為正大臣汪永錫注曰魏非正統之說發於習鑿齒本傳具載其論

御製詩四集卷四十九全韻詩詠漢昭烈曰平生非無用智謫後漢業心

不可據通鑑紀魏綱目漢斯義為正取搉覽

御注曰司馬光通鑑以魏紀年朱子綱目取春秋之義以昭烈承漢獻帝後紹漢遺統乃天下萬世公論故搉覽從綱目例

御製集四集卷五十一題郝經續後漢書第二首曰陳壽甯孫史筆人續之尊漢見誠醇獨嫌董卓仍列傳即未叛臣亦亂臣

御注曰陳壽三國志帝魏寇蜀論者非之繼司馬光作通鑑者不能訂其誤經所著續後漢書獨以蜀漢紹炎劉正統其識甚正

泝沿涑水袁朱之新例兼存

袁言第四十九卷之通鑑紀事本末

直齋書錄解題曰通鑑紀事本末四十二卷工部侍郎袁樞機仲撰樞自太學官分教嚴陵為此書其部居門目始終離合之間又皆曲有微意於以錯綜溫公之書其亦國語之流矣

又曰通鑑綱目五十九卷侍講新安朱熹元晦撰始司馬公通鑑有目錄舉要朱晦翁因別為義例著此書自為之序

宋李心傳建炎以來朝野雜記曰通鑑綱目今草本行於世者於唐肅宗朝直脫二年之事亦由門人綴緝前後不相顧也又自唐武德八年以後至於天祐之季甲子並差考求其故蓋通鑑以歲名書之而文公門人大抵多忽史學不熟歲名故有此誤然則該貫古今亦非可薄之事但不至於喪志可也

御製詩四集卷二十五天祿琳瑯鑒藏舊版書籍聯句自注曰資治通鑑綱目刻於溫陵別其綱為提要此本乃繼刻廬陵者綱目分行簡研

如春秋經傳例。袁樞通鑑紀事本末，按樞昉為此體，馮琦宋元紀事本末、谷應泰明紀事本末皆襲之。

御製詩四集卷二十六題宋版資治通鑑綱目曰：涑水創為開義例，紫陽述訂益精微。直傳一貫天人學，並揭千秋興廢機。敢謂朕治兮忘朕亂，念茲是耳懼茲非。三編惟此遵綱紀，輯覽曾無越範圍。錄出我安留面目，弃增天祿有光輝。外王內聖斯誠備，勿失朕膺永勅幾。第七句

御注曰：嘗命詞臣纂輯明史事為通鑑綱目三編，體例一準朱子，朕親為裁定，序而行之。第八句

御注曰：通鑑輯覽一書亦近年所纂，上自唐虞，下迄明末，凡有關政治得失者鉅細咸載，其中書法大旨亦仿朱子綱目之例，並摘要著論。

御製詩四集卷二十七題宋版通鑑紀事本末曰：涑水編年著通鑑，建安紀事別成書。興亡本末為金鏡，條理因依寫轉車。雖有增

泝洄涑水袁朱之新例兼存

袁言第四十九卷之通鑑紀事本末

直齋書錄解題曰通鑑紀事本末四十二卷工部侍郎袁樞仲撰

樞自太學官分教嚴陵為此書其部居門目始終離合之間又皆曲有微

……卷侍講新安朱熹元晦撰始司馬公通鑑有目錄

庚出藝文志曰兩都各聚書四部以甲乙丙丁為次

舉要朱晦翁因別為義例著此書自為之序

宋李心傳建炎以來朝野雜記曰通鑑綱目今草本行於世者於唐肅宗朝

直脫二年之事亦由門人綴緝前後不相顧也又自唐武德八年以後至於天

祐之季甲子並差考求其故蓋通鑑以歲名書之而文公門人大抵多忽史學

不熟歲名故有此誤然則謂貫古今亦非可薄之事但不必於袁志可也

御製詩四集卷二十五天祿琳瑯鑒藏舊版書籍聯句自注曰資治通鑑

綱目刻於溫陵別其綱為提要此本乃繼刻廬陵者綱目分行聞辨

如春秋經傳例袁樞通鑑紀事本末按樞昉為此體馮椅宋元
紀事本末谷應泰明紀事本末皆踵之

御製詩四集卷二十六題宗睿資治通鑑綱目曰涑水創為開義例紫陽述訂
益精微直傳一貫天人學並揭千秋興廢機敬勝治兮怠勝亂念茲
星耳聯茲那三編惟此遵綱紀輯覽曾為越範圍錄出外安留
面目弃增天祿有光輝外王內聖斯誠備勿失那膺永勅幾第七
句

御注曰嘗命詞臣纂輯明史事為通鑑綱目三編體例一準朱子朕親為
裁定序而行之第八句

御注曰通鑑輯覽一書亦近年所纂上自唐虞下迄勝朝凡有關政治得失者
鉅細咸載其中書法大旨亦仿朱子綱目之例並摘要著論

御製詩四集卷二十七題宗睿通鑑紀事本末曰涑水編年著通鑑建
安紀事別成書興亡本末為金鏡條理因依為精車雖有增

前斯數典便錄續後此開初溫習錢思承天祿玩味致

致曰聲予第五句

御注曰袁樞為是書依司馬光通鑑為紀記其前編則明初沈

胡陽所編及嘉校正之第六句

御注曰續編宋紀為明薛應旂編元明紀為陸邦瑞編時張溥論正明紀

則本朝谷應泰所編也

宋史藝文志史部編年類曰朱熹通鑑綱目五十九卷又提要五

十九卷袁樞通鑑紀事本末四十二卷

宋史藝文志史部編年類曰司馬光資治通鑑三百五十四卷又資

治通鑑舉要歷八十卷通鑑前例一卷稽古錄二十卷歷年圖

六卷通鑑節要六十卷帝統編年紀事珠璣十二卷歷代累年

二卷

宋史藝文志故事類曰司馬光涑水記聞三十二卷
宋史卷三百三十六列傳曰司馬光字君實陝州夏縣人也仁宗寶元初中進士甲科除奉禮郎簽書武成軍判官事改大理評事補國子直講樞密副使龐籍薦爲館閣校勘加集賢校理通判并州改直祕閣開封府推官修起居注判禮部進知制誥固辭改天章閣待制兼侍講知諫院進龍圖閣直學士神宗即位擢爲翰林學士光常患歷代史繁遂爲通志八卷以獻英宗悅之命置局祕閣續其書至是神宗名之曰資治通鑑自製序授之王安石起視事光遂求去以端明殿學士知永興軍宣撫使徙知許州趣入覲不赴請判西京御史臺歸洛資治通鑑書成加資政殿學士帝崩哲宗起光知陳州過闕留爲門下侍郎拜尚書左僕射兼門下侍郎卒謚曰文正

宋史卷三百八十九袁樞列傳曰樞字機仲建安人試禮部詞賦第
一調溫州判官教授興化軍乾道七年為禮部試官就除太學
錄出為嚴州教授樞喜誦司馬光資治通鑑苦其浩博乃區別
其事而貫通之號通鑑紀事本末參知政事龔茂良得其
書奏于上孝宗讀而嘉嘆以賜東宮及分賜江上諸帥他日上問
袁樞今何官茂良以實對上曰可與寺監簿於是以太宗正簿召
兼國史院編修官分修國史傳權工部郎官累遷兼吏部郎
官遷軍器少監除提舉江東常平茶鹽改知處州除吏部
員外郎遷大理少卿權工部侍郎仍兼國子監祭酒既而
貽兩秩光宗受禪詔復原官提舉太平興國宮知常德府寧
宗登位擢右文殿修撰知江陵府尋為臺臣劾罷提舉太平

興國宫閒讀 元年學年七十五

俗紀扶餘班范之訛傳並訂

後漢書東夷傳曰辰韓耆老自言秦之亡人避苦役適韓國馬韓割東界地与之〻有秦語故或名之為秦韓俗喜歌舞飲酒鼓瑟兒生欲令其頭扁皆押之以石

魏志曰辰韓在馬韓之東兒生便以石押頭欲令其扁今辰韓人頭皆扁

御製詩

後漢東夷傳列有夫餘國似与辰韓無涉

班書不言夫餘

至訛傳並行想有

黨碑再勒嗟擇盜而開門

春秋第五十七卷慶元黨禁

戰國趙策曰蘇秦說李兌之趙始合從說趙王曰臣聞明主絕疑去讒屏流言之迹塞朋黨之門

御製詩四集卷二十一題慶元黨禁曰宮闈通情侂胄求汝愚曾是失深謀慶元黨禍延邦國擇盜開門自有由

御注曰慶元初韓侂胄既專政用京鏜何澹劉德秀胡紘四人爲鷹犬斥逐異己者目爲僞黨宰執則趙汝愚留正王藺周必大四人待制已上則朱熹等十三人餘官則劉光祖等三十一人武臣皇甫斌等三人太學生楊宏中等六人士人則蔡元定呂祖泰二人皆以斥禁錮及鏜澹等相繼罷死始得追復而正人之淪亡者已不少矣侂胄任羣小以攻僞學終蹈誅殛自取其罪然跡其得志之由

则赵汝愚不能掩过致宁宗之立也汝愚时知枢密院求能通意于慈福者侂胄诡称为太皇太后亲属汝愚遣入白乃因内侍关礼请得入使谕之汝愚甚谕遂定侂胄由此遂谓有定策功依托肺腑居中用事奸饰日炽甚至窃弄擅兵权交通吴曦几乱国是汝愚亦因贻谪而殁宰臣当大事不以正道顾乃委信佥邪干求宫掖与以藉以居功不知适以贻害开门揖盗谁任其咎欤

宋史纪卷四朝闻见录也集曰先是考亭先生尝劝忠定既已用韩侂胄厚礼陈谢之然忠定屡以节钺居之国门外忠定犹豫未决而祸作先生弟门人曰韩乃卿乳母也宜早陈谢之违从用乳母乳其子初不为春儿去乳即以首饰羔帑厚遣之故语之陈谢韩后闻其语笑违从而心肯之故祸公者差轻

慶元黨禁序曰慶元大臣收召羣賢一新庶政而宮府之間近習竊柄一罅弗塞寖至瓦裂國家幾於危壞而不可救余於慶元黨禁而有感焉因記其首末淳祐乙巳至日滄州樵川樵叟序

宋俞文豹吹劍錄外集曰道學黨禁始於元祐間伊川出入呂申公之門東坡導諫議孔文仲奏頤為呂門五鬼之魁編管涪州崇甯二年范致虛言程頤邪說惑衆雖正典刑今復注出非毀朝政追毀出身以來文字紹興初秦檜引伊川門人胡康侯入經筵一年善類多位於朝及檜罷呂相朱相盡逐之明年趙忠簡為相尹和靖以布衣入講士大夫多緣託伊川門人進用桐廬喻樗自選人除正字中丞王居正行誥詞時號伊川三魂鼎為尊魂居正為強魂楊時為還魂言時死而道猶行也鼎去國司諫陳公甫言程氏之學

狂怪禍郡國禁之淳熙九年晦庵為浙東提舉按台州唐仲友不
法丞相王淮與唐姻故使察院陳賈彈之侍郎鄭丙目為偽學遂以
祠去十五年除兵部郎中侍郎林栗就問所著易解及論西銘
先生歷攻其失栗之志不平奏熹偏說欺慢出為江西提刑紹熙五
年趙丞相汝愚薦晦庵侍經筵會忠定有輔立之議侂胄
通志東朝遂居中用事誣忠定貶永州殿院劉德秀何澹交
章攻道學禍於朝出晦翁奉祠晦翁奉祠草封事欲明忠定
之冤門人蔡元定卜之遇遯之同人乃止慶元二年張貴謨指論太極
圖之非知舉葉翥倪思奏道學之魁鼓惑天下乞毀語錄之類是
科所取稍涉義理之說皆黜之六經論孟中庸大學為世大禁朝
論洶洶爭以晦翁為奇貨胡紘草疏欲上而遷去按察使沈繼祖上之
晦翁褫職蔡元定編置道州卒侍郎劉珏目為逆黨請置偽

学逆黨籍凡五十九人宰執則汝愚留正王藺周必大待制以上則
朱熹徐誼彭龜年陳傅良薛叔似章穎鄭湜樓鑰林大中
黄由黄黼何異孫逢吉餘官則劉光祖吕祖儉葉適楊方項安世
沈有開曾三聘游仲鴻吳獵李祥楊簡趙汝讜汝談陳峴范
仲黼汪逵孫元卿袁燮陳武田澹黄度詹體仁蔡幼学黄灝
周南吴柔勝李埴王厚之孟浩趙鞏白炎震武臣則皇甫
斌范仲壬張致遠太学生則楊宏中周端朝張衜林仲麟蒋
傅徐範士人◎蔡元定呂祖泰至嘉定初黨禁始解